Thieme

HINTERGRÜNDE

Gehirn und Moral

Ethische Fragen in Neurologie und Hirnforschung

Markus Frings, Ralf J. Jox

Georg Thieme Verlag
Stuttgart · New York

Prof. Dr. med. Markus **Frings**
Klinik und Poliklinik für Neurologie
Universitätsklinikum Essen
Hufelandstr. 55
45147 Essen

PD Dr. med. Dr. phil. Ralf J. **Jox**
Institut für Ethik, Geschichte und Theorie der Medizin
Ludwig-Maximilians-Universität München
Lessingstr. 2
80336 München

Bibliografische Information der
Deutschen Nationalbibliothek
Die Deutsche Nationalbibliothek verzeichnet diese Publikation in der Deutschen Nationalbibliografie; detaillierte bibliografische Daten sind im Internet über http://dnb.d-nb.de abrufbar.

Rüdigerstraße 14
70469 Stuttgart
Deutschland

www.thieme.de

Printed in Italy

Umschlaggestaltung: Thieme Verlagsgruppe
Umschlagsfoto: © SSilver – Fotolia.com
Redaktion: Dr. Kirsten Reimers, Hamburg
Satz: SOMMER media GmbH & Co. KG, Feuchtwangen
gesetzt in Arbortext APP-Desktop 9.1 Unicode M180
Druck: LEGO S.p.A, Vicenza

ISBN 978-3-13-198961-1 1 2 3 4 5 6

Auch erhältlich als E-Book:
eISBN (PDF) 978-3-13-198971-0
eISBN (epub) 978-3-13-198981-9

Geleitwort

Die *Neuroethik* ist eine interessante neue Disziplin, die erst zu Beginn des 21. Jahrhunderts entstanden ist. Seit der Jahrtausendwende hat sie sich von einem isolierten, akademischen Streben weniger Mediziner, Wissenschaftler, Philosophen und Ethiker zu einem etablierten Fachgebiet gewandelt, das in vielen Fakultäten, Abteilungen und Forschungseinrichtungen Beachtung findet.

Der Begriff „Neuroethik" kann sich auf zwei verschiedene Forschungsfelder beziehen: Die ethischen Probleme, die in der neurowissenschaftlichen Forschung, klinischen Neurologie und Neurochirurgie auftreten, und die neurowissenschaftliche Untersuchung der menschlichen Moralvorstellungen. Diese einander ergänzenden Bereiche sind zwar miteinander verwandt, bisher ist die wissenschaftliche Arbeit aber vor allem dem ersten Schwerpunkt gewidmet. Die Neuroethik als eine akademische Disziplin kann stolz auf zahlreiche Beiträge in angesehenen Zeitschriften, mehrere Lehrbücher, eine eigene wissenschaftliche Zeitschrift, eine internationale Fachgesellschaft mit einem jährlichen Kongress, universitäre Forschungsgruppen rund um den Globus und zahlreiche, gut besuchte Konferenzen verweisen. Das Fach Neuroethik ist also inzwischen gut von der Wissenschaftsgemeinde aufgenommen worden, und im letzten Jahrzehnt hat die „Society for Neuroscience" die Untersuchung ethischer Fragen sogar in ihr Leitbild aufgenommen.

An den meisten Universitäten und Forschungseinrichtungen behandelt die Neuroethik primär die ethischen Fragen, die im Zusammenhang mit neurowissenschaftlicher Forschung am Menschen entstehen.

Bislang ging es dabei um folgende Themen:
(1) Wie sollen Wissenschaftler mit Zufallsbefunden bei Studienteilnehmern umgehen, die freiwillig an Untersuchungen der Gehirnbildgebung teilnehmen?
(2) Ist es für Kliniker vertretbar, gesunden Menschen auf Wunsch Medikamente oder technische Verfahren zum Neuro-Enhancement zu verschreiben, damit diese eine höhere Leistung bringen und dadurch konkurrenzfähiger und erfolgreicher werden?
(3) Wie kann die Vertraulichkeit und Privatsphäre von Patienten und Probanden geschützt werden, wenn sie sich Studien mit funktioneller Gehirnbildgebung unterziehen, die zum Beispiel ihre Gedanken und Vorlieben verraten, gewaltsames oder antisoziales Verhalten vorhersagen, Erkrankungen vorhersehen oder die Verantwortung für persönliches Verhalten bewerten könnten?
(4) Wie werden menschliche Eigenschaften, personale Identität, freier Wille und die Würde des Menschen von invasiven Eingriffen in das Gehirn, etwa der tiefen Hirnstimulation, der Neuroprothetik oder der Neurotransplantation, beeinflusst?

Zweifelsfrei sind Studien über die ethischen Auswirkungen von neurowissenschaftlicher Forschung wichtig; es gibt aber keinen Grund, das Feld der Neuroethik kategorisch auf die Forschungsethik zu beschränken. Klinisch-ethische Fragen, die in der neurologischen und neurochirurgischen Praxis entstehen, sind ebenfalls angemessene Themen für die Neuroethik. Deshalb werden auch ethische Fragen analysiert, die bei der Diagnostik und Behandlung im Kontext von Hirntod, Bewusstseinsstörungen, Patienten auf der Neurointensivstation mit schweren Hirnverletzungen, Demenz, Lähmung, Neugeborenen und Kindern mit neurologischer Behinderung sowie der Neurogenetik entstehen.

Das einzigartige Merkmal der klinischen Neuroethik gründet auf der Tatsache, dass das Gehirn das den Menschen prägende Charakteristikum ist und eine Gehirnerkrankung oder -verletzung das Verhalten und die Fähigkeit zu Entscheidungen über medizinische Behandlung verändern kann.

Mit diesem Buch legen die Hochschullehrer Ralf Jox und Markus Frings qualitativ hochwertige Diskussionen vieler herausfordernder Themen vor, über die derzeit in der klinischen und forschungsbezogenen Neuroethik rege debattiert wird. Mit ihrem Fachwissen beleuchten sie forschungsrelevante, klinische und begriffliche Aspekte der von ihnen ausgewählten Themen. Die Kapitel bieten eine maßgebende und hilfreiche Einführung, um den Leser mit den ethischen Fragen von zehn wichtigen Themengebieten vertraut zu machen. Die Autoren haben alle Kapitel gleich aufgebaut und beginnen mit einem Fallbeispiel, um dem Leser die theoretischen Fragestellungen durch reale Fälle nahezubringen. Dann untersuchen sie jede Frage aus einer multidisziplinären Sicht, indem sie philosophische, medizinische, gesellschaftliche und rechtliche Aspekte einbeziehen. Vertiefende Informationen und Exkurse werden in Boxen hervorgehoben. Die Anregungen der Autoren liefern praktische Hilfestellungen, um diese Themen zu verstehen und damit umzugehen.

Herzlich gratuliere ich den Autoren Jox und Frings zu ihren durchdachten, ausgeglichenen, wohlformulierten und nützlichen Ausführungen zu diesen sehr relevanten und umstrittenen Themen. Der Leser dieses Buches erhält ein klares Verständnis der Faszination, der Vielschichtigkeit und der Herausforderungen der neuen Disziplin der Neuroethik.

April 2015
James L. Bernat, M.D.
Geisel School of Medicine at Dartmouth, Hanover, New Hampshire, USA
übersetzt von Kate Oden und Barbara Jobst, M.D.

Vorwort

Dieses Buch beschäftigt sich mit den besonderen ethischen Fragen, welche die Neuromedizin und die Hirnforschung aufwerfen. Es soll kein Lehrbuch der Ethik ersetzen. Vielmehr soll es in ganz konkreten Situationen weiterhelfen, die man als Mitarbeiter in der Neurologie, aber auch in verwandten Fachgebieten erlebt, als Patient oder Angehöriger erleidet und über die man als Student oder interessierter Laie mehr erfahren möchte. Das Buch soll einen neuen Blick auf klinische Abläufe eröffnen, zur Diskussion anregen und die Leser dabei unterstützen, selbstständig nach Lösungen für ethische Konflikte zu suchen.

Diese Konflikte werden zu Beginn eines jeden Kapitels anhand einer ausführlichen Patientengeschichte geschildert. Auf diese Weise steht der Patient, die Patientin als Person im Mittelpunkt, und Sie als Leserin oder Leser erhalten einen lebensnahen Einblick in das Problem. Nicht nur medizinisches Sachwissen wird vermittelt, sondern auch die historischen, rechtlichen und ethischen Hintergründe werden erläutert.

In den einzelnen Kapiteln werden an geeigneter Stelle Grundbegriffe der Ethik eingeführt und verschiedene ethische Konzeptionen vorgestellt. Die Boxen enthalten vertiefende Informationen, die unabhängig vom übrigen Text gelesen werden können. Durch die Verbindung der verschiedenen Wissensbereiche soll der Horizont in alltäglichen Situationen erweitert und die ethische Bewertung erleichtert werden. Die Beantwortung der ethischen Fragen überlassen wir grundsätzlich den Leserinnen und Lesern. In einigen Fällen beziehen wir aber durchaus auch Stellung.

Hierbei das richtige Gleichgewicht zu finden, war die eigentliche Herausforderung. Der klinisch tätige Arzt möchte strukturierte Handlungsempfehlungen geben, der Geisteswissenschaftler möchte Strukturen hinterfragen und zu neuen Erkenntnissen anregen. Wir hoffen, dass uns der Spagat zwischen Empfehlung und Anregung ausreichend gelungen ist. Er ist das Ergebnis vieler Diskussionen.

Im Abspann von Spielfilmen heißt es oft: „Die Handlung und die handelnden Personen dieses Films sind frei erfunden. Jede Ähnlichkeit mit toten oder lebenden Personen oder Persönlichkeiten des öffentlichen Lebens ist nicht beabsichtigt und wäre rein zufällig.“ Das Gleiche gilt auch für die Akteure in den Fallgeschichten dieses Buches. Aber jede dieser Geschichten hätte so stattfinden können. Zu jedem geschilderten Problemfall gibt es Erfahrungen und Anregungen aus der klinischen Praxis, die in dieses Buch eingeflossen sind. Daher wollen wir uns bei allen Patienten und Kollegen bedanken, denen wir in unserer ärztlichen Tätigkeit begegnet sind.

Außerdem möchten wir uns bei jenen bedanken, die uns bei verschiedenen Teilen des Manuskripts mit viel Unterstützung und Anregung begleitet haben: die Kolleginnen und Kollegen der Neurologischen Klinik der Universitätsklinik Essen Prof. Dagmar Timmann-Braun, Priv.-Doz. Dr. Marcus Gerwig, Priv.-Doz. Dr. Oliver Kastrup und Dr. Andreas Totzeck, sowie die Kolleginnen und Kollegen am Institut für Ethik, Geschichte und Theorie der Medizin der Universität München, insbesondere Prof. Dr. Georg Marckmann. Unser Dank gilt zudem Priv.-Doz. Dr. Ralph Weber von der Klinik für Neurologie am Krupp-Krankenhaus in Essen, Priv.-Doz. Dr. Niels Allert vom Neurologischen Rehabilitationszentrum in Bad Godesberg, Prof. Dr. Katrin Bürk von der Klinik für Neurologie der Universitätsklinik Marburg, und den guten Freunden Dipl.-Psych. Dr. Silke Jörgens von der Klinik für Psychiatrie und Psychotherapie der Universitätsklinik Münster und

Dr. Christian Rikken, Richter am Landgericht. Ganz herzlich danken wir Prof. Dr. James Bernat für sein freundliches Geleitwort sowie Kate Oden und Prof. Dr. Barbara C. Jobst für die hervorragende Übersetzung desselben. Unseren Frauen Carmen Frings und Lucia Jox danken wir für die unendliche Geduld und die vielen wichtigen Hilfestellungen.

Unser Dank gilt auch den Mitarbeitern vom Thieme Verlag, vor allem Basil Ringewaldt, der uns zu diesem Buch ermutigt hat. Bedanken möchten wir uns auch sehr bei Dr. Kristina Michael, die das Projekt mit viel Geduld begleitet hat, bei der Projektmanagerin Laura Bohnert und der Lektorin Dr. Kirsten Reimers.

Essen und München, im April 2015
Markus Frings und Ralf Jox

Autorenvorstellung

Prof. Dr. med. Markus Frings

Prof. Dr. med. Markus Frings ist Facharzt für Neurologie mit den klinischen Schwerpunkten Bewegungsstörungen, Epilepsien und Schwindelerkrankungen. Wissenschaftlich beschäftigt er sich vor allen Dingen mit motorischen Lernvorgängen, kognitiver Neurologie und medizinischer Ethik. Seit 2006 ist er als Oberarzt der Klinik für Neurologie an der Universitätsklinik Essen tätig.

PD Dr. med. Dr. phil. Ralf J. Jox

Privatdozent Dr. Dr. Ralf J. Jox ist Facharzt für Neurologie, Palliativmediziner und Philosoph. Er ist stellvertretender Vorstand des Instituts für Ethik, Geschichte und Theorie der Medizin an der Ludwig-Maximilians-Universität München und Leiter des dortigen Arbeitsbereichs „Klinische Ethik". Neuroethik, klinische Ethikberatung und Ethik am Lebensende sind seine Schwerpunktthemen.

Inhaltsverzeichnis

Wie frei sind wir wirklich? Erkenntnisse der Hirnforschung über Moral

Ralf J. Jox

Vom fürsorglichen Ordnungshüter zum herzlosen Kriminellen

Der Wartebereich der neurologischen Poliklinik war schon frühmorgens gut gefüllt. Der erste Patient von Frau Dr. Nguyen, Herr Förster, war ein „Erstvorsteller“, also jemand, der zum ersten Mal in die Poliklinik kam. Deshalb hatte sie für ihn etwas mehr Zeit eingeplant. Sie begrüßte ihn und seine Frau und begleitete die beiden ins Sprechzimmer. Das Ehepaar machte auf Dr. Nguyen einen freundlichen, aber angespannten Eindruck, wobei der 48-jährige Patient deutlich unbeschwerter schien als seine sichtlich nervöse Frau. Der Mann hatte einen festen Händedruck und kam der Ärztin ein wenig zu nah.

Als die Neurologin Herrn Förster fragte, was ihn in die Sprechstunde führe, entgegnete dieser schmallippig, das könne wohl besser seine Frau berichten. Diese übernahm sogleich das Wort: Sie wisse selbst nicht so genau, was ihrem Mann fehle, sei aber überzeugt, dass er eine mysteriöse Krankheit habe. In den letzten Wochen sei es immer wieder vorgekommen, dass ihr Mann nicht verstehe, was sie sage. Einmal habe sie ihn gebeten, die Wäsche in den Keller zu tragen, er habe aber stattdessen den Müll zum Container gebracht. Auch bemerke sie, dass er beim Reden manchmal besonders lang nach dem richtigen Wort suche und dann einfach seinen Satz abbreche.

Als Frau Dr. Nguyen nach weiteren Auffälligkeiten fragte, zögerte Frau Förster zunächst, warf ihrem Mann einen fragenden Blick zu und begann dann: „Ich weiß nicht, ob das auch etwas damit zu tun hat, aber mein Mann hat sich in den letzten Monaten sehr verändert. Er selbst will es nicht wahrhaben, aber ich bin nicht die Einzige in der Familie, der das aufgefallen ist. Wir haben zwei kleine Kinder, die noch in die Grundschule gehen, und mein Mann ist von Beruf Polizist. Er war immer ein liebevoller Familienvater, ein verantwortungsvoller Polizeibeamter und ein ruhiger, gelassener Mensch. Aber jetzt ist er oft aufbrausend, verliert schnell die Fassung und kann sich nicht gut beherrschen, selbst wenn wir Gäste haben. Er hat in zwanzig Jahren Polizeidienst immer die besten Bewertungen seiner Vorgesetzten erhalten und nie überreagiert, doch jetzt hat er zum ersten Mal ein Disziplinarverfahren am Hals, weil er einem unschuldigen, harmlosen Demonstranten ins Gesicht geschlagen und die Nase gebrochen hat."

Frau Förster berichtete weiter, auch zu Hause sei ihr Mann ein ganz anderer Mensch als früher. Er helfe kaum mehr im Haushalt, interessiere sich weniger für die Kinder, unterstütze sie nicht mehr bei den Hausaufgaben, verkrieche sich meist an seinem Computer, wo er sich mit irgendwelchen Spielen die Zeit vertreibe und Unmengen Kekse verschlinge. Überhaupt esse er in letzter Zeit mehr, bei Tisch warte er oft nicht einmal, bis die anderen auch etwas auf dem Teller hätten, sondern stürze sich gleich auf das Essen und schmatze dabei, was er früher nie gemacht hätte. Während er die letzten Jahre jede freie Minute auf dem Tennisplatz verbracht habe, sage er inzwischen seinen Tennisfreunden häufig ab. Obwohl Frau Förster nicht gerade freundlich von ihrem Mann sprach, saß dieser unpassend entspannt, fast provozierend lässig in seinem Stuhl, zuckte hin und wieder mit den Achseln und kommentierte einmal sogar: „Na, das ist aber zu viel des Lobes", was Dr. Nguyen sehr irritierte.

Dr. Nguyen konnte sich langsam ein Bild von ihrem Patienten machen und ahnte bereits, wo bei Herrn Förster das Problem liegen könnte. Sie fragte diplomatisch, aber unmissverständlich, ob sich im Liebensleben des Paares etwas verändert habe. Hierauf wollte Frau Förster nicht eingehen, dafür war ihr Mann umso auskunftsbereiter: Seine Frau sei nicht mehr interessiert an Sex, obwohl er selbst noch absolut potent sei und sie am liebsten jeden Tag zweimal glücklich machen würde. Es bleibe ihm keine andere Möglichkeit, als hin und wieder ins Bordell zu gehen, aber das habe er seiner Frau schon gesagt. Auf Nachfrage sagte er, er sehe darin kein Problem, treu sei er ja trotzdem. Frau Förster wurde sichtlich rot, sie schämte sich, dass die Details ihres Intimlebens ausgebreitet wurden, während Herr Förster unverdrossen weiter über Sex redete, es schien ihm sogar zu gefallen.

Dr. Nguyen erhob noch die weitere Anamnese, fand aber nur heraus, dass Herr Förster bisher kerngesund war, keine Medikamente nahm und keine Drogen konsumierte. Auf die Frage nach Krankheiten in der Familie erwähnte er, dass sein Großvater wohl im Alter demenzkrank gewesen sei, doch das habe er nicht wirklich erlebt, er sei damals noch zu klein gewesen. Die Ärztin führte nun die klinisch-neurologische Untersuchung durch, fand aber keine pathologischen Auffälligkeiten. Sie ordnete einige apparative Untersuchungen an und verabschiedete das Paar. Während sie den Beiden die Tür aufhielt, beobachtete sie, wie Herr Förster verstohlen einen silbernen Kugelschreiber vom Tisch der Ärztin einsteckte.

Einige Tage später lagen alle Untersuchungsergebnisse auf dem Tisch der Neurologin. Die Magnetresonanztomografie des Gehirns zeigte, wie sie erwartet hatte, einen leichten Gewebeschwund im Bereich der Stirn- und Schläfenlappen, in einer Stoffwechseluntersuchung fand man in diesen Regionen einen pathologisch verminderten Stoffwechsel. In Zusammenschau mit den Laborbefunden, den neuropsychologischen Tests und der eindrücklichen Präsentation des Patienten bei der Erstvorstellung lag damit die Verdachtsdiagnose auf der Hand: eine frontotemporale lobäre Degeneration vom Typ der Frontotemporalen Demenz (FTD) mit Verhaltensstörungen.

Als Dr. Nguyen das Ehepaar erneut in die Sprechstunde einbestellen wollte, konnte sie nur noch Frau Förster erreichen. Ihr Mann saß seit wenigen Tagen vorübergehend in Untersuchungshaft, da er zweimal hintereinander beim Ladendiebstahl ertappt worden war. Ihr Mann glaube immer noch nicht, dass er krank sei, berichtete Frau Förster, und habe auch kein Unrechtsbewusstsein, was den Diebstahl angehe. Sie klang verzweifelt und ratlos. Als Dr. Nguyen ihr von dem Verdacht auf die FTD erzählte und das Krankheitsbild erläuterte, reagierte sie erleichtert.

Aber zugleich gestand sie ein, dass sie nicht recht wisse, wie sie mit ihrem Mann in Zukunft umgehen solle: Solle sie jede Boshaftigkeit, jede Aggressivität und Gleichgültigkeit einfach verstehen und verzeihen, nur weil er krank war? Sie erlebe ihren Mann immer mehr als jemanden, der keine Moral mehr kenne, der nicht mehr wisse, was sich gehöre und was nicht. Das Verrückte sei jedoch, dass er von seiner Intelligenz nichts verloren habe und nicht wirklich dement oder gar verwirrt wirke. Sie fragte die Ärztin, wie es denn sein könne, dass ein Mensch „moralkrank" würde, ob es denn im Gehirn ein Moralzentrum gäbe, das bei ihm zerstört sei. Wenn ihr Mann seine Taten so geistreich und überzeugend verteidige, dann beginne sie sich zu fragen, was moralisch falsch und was richtig sei, ob sie wirklich das Recht habe, ihm Verfehlungen vorzuwerfen, ja ob es überhaupt Sinn mache, über Moral zu streiten. Was sei denn Moral eigentlich?

Moral, was ist das überhaupt?

Frau Förster ist konfrontiert mit tausenderlei Fragen, und diese letzte ist ohne Zweifel eine der grundlegendsten. Was ist denn eigentlich Moral – jene Moral, die bei Herrn Förster mutmaßlich krankhaft verändert ist? Schlägt man in Wörterbüchern und Enzyklopädien nach, um der Bedeutung dieses Wortes auf die Spur zu kommen, so fällt auf, dass Moral fast immer zirkulär definiert wird: indem nämlich mehr oder weniger synonyme Begriffe in die Definition einfließen. Da heißt es etwa, Moral sei die Gesamtheit sittlich-ethischer Grundsätze, Werte und Normen, Moral sei die Sittenlehre, oder Moral beziehe sich auf das sittliche Empfinden des Menschen. Philosophen kennen das Problem, dass sich bestimmte Begriffe nicht wirklich definieren lassen, zumindest nicht in dem Sinn, dass man sie aus anderen, grundlegenderen Begriffen herleitet. Allenfalls kann man Synonyme, Beispiele und Anwendungsfälle benennen. Das weist darauf hin, dass diese Begriffe zu den grundlegenden Begriffen selbst gehören – und dies scheint auch auf „Moral" zuzutreffen.

Wir kommen der Sache etwas näher, wenn wir das inzwischen außer Mode gekommene deutsche Wort „Sitte" heranziehen. Unter Sitte versteht man ein bestimmtes Verhaltensmuster, eine Gewohnheit, einen Brauch, der in einer sozialen Gemeinschaft an eine bestimmte Verbindlichkeit gekoppelt ist. Ebenso verweist das Wort Moral – das etymologisch über das französische *philosophie morale* letztlich aus dem Lateinischen stammt – zurück auf den römischen Philosophen und Staatsmann Cicero aus dem 1. Jahrhundert nach Christus, der den Begriff der *philosophia moralis* einführte. Er übersetzte damit einen griechischen Begriff des großen Philosophen Aristoteles, welcher von „êthikê theoria" sprach. Das Grundwort dazu war „êthos", was den Bedeutungsumfang von „Wohnsitz, Gewohnheit, Brauch, Charakter" hatte. Man bezog sich damit also auf ein bestimmtes Verhalten, das sich auf die gleiche Weise häufig wiederholte, und betonte einmal die sozialen Perspektive (Wohnsitz, Brauch), ein andermal die psychologische (Gewohnheit, Charakter).

Es wäre aber viel zu weit gefasst, würden wir all das unter Moral fassen, was in unserer Welt an Gewohnheiten, Bräuchen und Gepflogenheiten existiert, das allabendliche Zähneputzen genauso wie die Silvesterfeier. Offenbar sind es nur bestimmte Gewohnheiten, die wir als Moral oder Sitte bezeichnen, und zwar solche, die in der Regel durch drei Merkmale gekennzeichnet sind:

1. Moralische Regeln haben einen sehr hohen Grad an Verbindlichkeit, sie gelten unabhängig von bestimmten persönlichen Zielen („kategorisch") und beanspruchen unbedingte Geltung unabhängig von Ort oder Zeit („universal").
2. Moralische Regeln beziehen sich nicht auf abgegrenzte soziale Bereiche, sondern auf die menschliche Gemeinschaft als Ganze. Während etwa die sportliche Regel, einen Ball nicht mit der Hand anzufassen, nur in bestimmten Sportarten gilt, oder die Regel, Menschen mit Handschlag zu begrüßen, nicht in allen Kulturen üblich ist, hat die moralische Regel, Menschen nicht ohne Grund zu schlagen, in sämtlichen sozialen Kontexten ihre Gültigkeit.
3. Moralische Regeln haben dasjenige im Blick, was für den Menschen *als Menschen* gut ist, während etwa ökonomische Regeln jene Ziele verfolgen, die für den Menschen als Wirtschaftssubjekt gut sind, oder religiöse Regeln das zu befördern suchen, was für den Menschen als Gottgläubigen gut ist.

So, wie das Substantiv „Moral" ein grundlegender Begriff ist, sind es auch die Bezeichnungen, die in der moralischen Bewertung verwendet werden: gut und böse, richtig und falsch, geboten und verboten. Auch diese Begriffe werden nicht nur im moralischen Sinn benutzt, sondern auch im Sinne der Klugheitsregeln, der Spielregeln oder der kulturellen Gepflogenheiten: So sagt man etwa, ein Softwareentwickler habe ein bestimmtes Problem gut gelöst (im Sinne von zweckdienlich oder effektiv), ein Fußballspieler habe gut gespielt (im Sinne von geschickt, elegant, erfolgreich), ein Kandidat habe sich im Bewerbungsgespräch gut verhalten (im Sinne von erwartungskonform, höflich, gewinnend). Demgegenüber ist es eindeutig eine moralische Sprechweise, wenn man jemanden lobt, er habe einen guten Charakter, er sei gut zu seinen Kindern oder er habe als Bürgermeister eine gute Entscheidung zum Wohle der Bürger getroffen.

Obwohl die Begriffe Moral und Ethik auf denselben antiken Ursprung zurückgehen und nur einmal das lateinische und einmal das griechische Pendant darstellen, werden sie heute unterschiedlich verwendet. Ethik ist die Reflexion der Moral oder, enger gefasst, die wissenschaftliche Reflexion der Moral. Eine der vielen sozialen Anwendungsfelder, auf die sich Ethik beziehen kann, ist die Neurowissenschaft und ihre Auswirkungen in Medizin und Gesellschaft. Diese spezielle Form angewandter Ethik wird deshalb „Neuroethik" genannt. Der Begriff ist nur wenige Jahrzehnte alt, und eine ernsthafte wissenschaftliche Neuroethik begann sogar erst im Jahr 2002 mit einer Konferenz in San Francisco. Die Neuroethik befasst sich nicht nur mit den innovativen Neurotechnologien, wie sie auch in anderen Kapiteln dieses Buches thematisiert werden, sondern auch mit Inhalten und Ergebnissen der grundlegenden Hirnforschung, etwa zur Frage der Willensfreiheit oder eben der menschlichen Moral.

Der Begriff der Ethik

Ethik wird gemeinhin verstanden als das Nachdenken über Moral, die Begründung moralischer Normen beziehungsweise die Abstraktion moralischer Einzelfallurteile. Insofern stehen den eher emotional-intuitiven moralischen Urteilen, die sich auf konkrete Handlungssituationen beziehen (Moral), die kognitiv-abstrakten ethischen Urteile, die sich auf Handlungstypen beziehen (Ethik), gegenüber. Fasst man den Begriff Ethik auf diese Weise, so wird Ethik von quasi allen Menschen praktiziert, insofern alle versuchen, manche Handlungen mit Argumenten zu rechtfertigen und für andere nachvollziehbar zu machen.

Ein engerer Begriff von Ethik beschränkt diese auf die wissenschaftliche Reflexion von Moral, das heißt, auf eine methodisch strukturierte, systematische Reflexion, die hohen Qualitätsanforderungen zu genügen hat. Nach diesem Begriff wird Ethik auch als Morallehre oder Moralphilosophie definiert, für welche es Experten gibt, die besonders darin geschult sind.

Ethik als Moralphilosophie setzt sich aus verschiedenen Unterkategorien zusammen:

1. Die *normative Ethik* formuliert und begründet Sollensaussagen,
2. die *deskriptive Ethik* untersucht empirisch, wie der Ist-Zustand ethisch relevanter Bedingungen ist (Handlungspraxis, Einstellungen, Fakten der Wirklichkeit),
3. die *evaluative Ethik* geht der Frage nach, was ein gutes Leben beziehungsweise ein guter Zustand in der Welt ist, und
4. die *Metaethik* untersucht auf einer übergeordneten Meta-Ebene, wie wir über Ethik sprechen, inwiefern wir ethische Wahrheiten erkennen können und ob es objektive ethisch-moralische Tatsachen gibt.

Weiterhin unterscheidet man nach dem Anwendungsbereich eine allgemeine Ethik, die das gesamte menschliche Miteinander im Blick hat, und diverse Formen der angewandten Ethik (oder Bereichsethik), die sich jeweils auf einen bestimmten sozialen Kontext beschränken, zum Beispiel die Bioethik, politische Ethik, Medienethik und viele mehr.

Dass Moral überhaupt ein Thema der Neurowissenschaft darstellt, ist eine relativ junge Entwicklung. Seit der Antike war es die Domäne der Philosophie (und später auch der Theologie), sich mit Moral zu befassen, also Ethik zu betreiben. In allen Epochen der Philosophie war die Ethik ein wesentlicher Bestandteil philosophischer Bemühungen, und viele der prominentesten und wirkmächtigsten unter ihren Vertretern haben bedeutende Werke zur Ethik verfasst (zum Beispiel Platon, Aristoteles, Augustinus, Thomas von Aquin, Hobbes, Locke, Kant, Mill, Rousseau, Nietzsche, Rawls, Habermas).

Erst durch das Aufkommen der modernen Psychologie, die ihre inhaltlichen Wurzeln in der Philosophie hat, aber methodisch den naturwissenschaftlich-experimentellen Zugang verfolgt, hat sich die wissenschaftliche Beschäftigung mit Moral gewandelt. Die Moralpsychologie hat spätestens seit dem frühen 20. Jahrhundert versucht, mittels sozialpsychologischer Experimente die Moralität des Menschen besser verstehen zu lernen. Insbesondere interessierten sich Forscher wie der Schweizer Jean Piaget (1896–1980) und der US-Amerikaner Lawrence Kohlberg (1927–1987) für die Entwicklung der Moral im Laufe eines Menschenlebens, beginnend mit der frühesten Kindheit. Der Moralpsychologie ist es auch zu verdanken, dass die Frage der Motivation zum moralischen Handeln erneut in den Fokus einer wissenschaftlichen Betrachtung gerückt wurde (nachdem die neuzeitliche Philosophie dies im Gegensatz zur antiken und mittelalterlichen zunächst eher vernachlässigte).

Ende des 20. Jahrhunderts übernahm die Evolutionsbiologie zusammen mit der Genetik eine dominante Rolle in der Wissenschaft. In diesem Kontext hat sie sich auch in Form der „Soziobiologie" der evolutionären Entwicklung sozialer Systeme zugewandt, unter anderem der Moral. Das Schlagwort vom „egoistischen Gen" wurde durch das gleichnamige Buch (1976) des britischen Evolutionsbiologen Richard

Dawkins populär. Evolutionsbiologen gingen zunächst von Untersuchungen im Tierreich aus und erklärten, dass sich die Erkenntnisse über das Sozialverhalten bestimmter Spezies (wie etwa Affen) durchaus auf Menschen übertragen lassen. Insbesondere dienen den Evolutionsbiologen die Primaten als Forschungsobjekt für die Entwicklung von Moral. Die Entdeckung, dass es auch bei Primaten kooperatives Verhalten, Belohnung und Strafe, ja sogar Altruismus gibt, forderte Erklärungsansätze, wie dieses Verhalten mit dem evolutionsbiologischen Grundsatz vereinbar ist, wonach der genetische Egoismus eine treibende Kraft der evolutionären Selektion darstellt. Heute streiten sich Biologen unter anderem über die Frage, ob Moral tatsächlich einen Selektionsvorteil bietet oder eher ein Nebenprodukt der Evolution darstellt.

Die Moral im Scanner

Seit der von der amerikanischen Regierung ausgerufenen „Dekade des Gehirns“ 1990–1999 wenden sich auch die modernen Neurowissenschaften dezidiert dem Phänomen der Moral zu und untersuchen sie nicht nur im Tierreich, sondern auch beim Menschen. Hierbei helfen insbesondere die modernen Verfahren der funktionellen Gehirnbildgebung, die es erlauben, mentale Prozesse mit messbaren Veränderungen des Gehirnstoffwechsels zu korrelieren und somit Aussagen über die Anatomie und Funktion moralischer Urteile und Intuitionen zu machen.

Ein für diese Art der Moralforschung prototypisches Experiment, das überaus berühmt wurde, stammt von dem Harvarder Psychologen Joshua Greene. Im Jahr 2001 veröffentlichte er im führenden amerikanischen Wissenschaftsjournal „Science“ einen Artikel, in dem er gemeinsam mit Kollegen das Experiment beschrieb: Greene bat gesunde

Probanden, sich in einen funktionellen Magnetresonanztomografen (fMRT) zu legen, und gab ihnen verschiedene Aufgaben. Er präsentierte ihnen zwei hypothetische Moraldilemmata, die in der philosophischen Literatur moderne Klassiker darstellen: Im sogenannten Trolley-Dilemma geht es um eine Straßenbahn, die außer Kontrolle geraten ist und nun droht, fünf Personen, die auf den Gleisen arbeiten, zu überfahren. Der Straßenbahnschaffner kann einen Hebel so betätigen, dass die Bahn auf ein Nebengleis fahren würde, wo sich nur ein Gleisarbeiter befindet. Darf (oder soll) der Fahrer den Tod dieses einen Arbeiters bewusst hervorrufen, um die anderen fünf zu retten? Das zweite Gedankenexperiment nennt sich „Footbridge-Dilemma“: Auch hier ist die Straßenbahn außer Kontrolle geraten und droht die fünf Gleisarbeiter in den Tod zu reißen. Es gibt jedoch keine Möglichkeit, auf ein Nebengleis zu fahren. Allerdings fährt die Straßenbahn gerade unter einer Fußgängerbrücke durch, und die einzige Möglichkeit, die Straßenbahn noch kurz vor dem Überrollen der Arbeiter zu stoppen, besteht darin, einen übergewichtigen Mann, der an der Brüstung steht, von der Brücke auf die Gleise zu stoßen. Dadurch würde dieser Mann sterben, doch die Straßenbahn würde zum Halten gebracht und die fünf Gleisarbeiter gerettet.

Konfrontiert man Menschen mit diesen Szenarien, so sagen viele (zumindest in den USA, wo diese Studie durchgeführt wurde), sie fänden es moralisch richtig, im ersten Fall als Straßenbahnfahrer den Hebel umzulegen, um die fünf Menschen zu retten und den Tod des einen in Kauf zu nehmen. Demgegenüber finden die meisten es moralisch verwerflich, im zweiten Fall den Mann von der Brücke zu stoßen, obwohl das Ergebnis genau dasselbe ist wie im ersten Dilemma. Woran mag das liegen? Diese intuitive moralische Einschätzung stimmt insbesondere nicht mit konsequentialistischen Ethiktheorien überein, wonach es bei der ethischen Beurteilung allein auf die Konsequenzen der Handlung ankommt.

Greene und Kollegen gingen von der psychologischen Hypothese aus, dass der entscheidende Unterschied zwischen beiden Dilemmata darin bestehen könnte, dass im zweiten Fall die Emotionen der Menschen viel stärker angesprochen werden, weil es einen persönlichen, direkten Kontakt braucht, um einen Menschen von der Brücke zu werfen, während hingegen das Umlegen eines Schalters an sich weniger Emotionen hervorruft. Die negativen Emotionen im zweiten Fall seien es, die erklärten, wieso die meisten Menschen den Mann nicht von der Brücke stoßen, aber sehr wohl den Hebel umlegen würden. Diese Unterschiede in der emotionalen Aktivierung müssten sich, so die Forscher, im fMRT sichtbar machen lassen, da bekannt ist, welche Areale im Gehirn mit emotionaler Aktivität korrelieren.

Sie baten zweimal neun Testpersonen, jeweils entweder das Trolley-Dilemma (und andere unpersönliche, mutmaßlich weniger Emotionen hervorrufende Dilemmata) oder das „Footbridge-Dilemma“ (und weitere persönliche, mutmaßlich emotionale Fälle) zu entscheiden.

Das Ergebnis gab ihren Hypothesen recht: In den persönlichen Dilemmasituationen waren die emotionsassoziierten Gehirnareale (Gyrus angularis, Gyrus cinguli posterior, Gyrus frontalis medialis) deutlich aktiver als in den unpersönlichen. Weiterhin fanden sie, dass die Reaktionszeiten der Testpersonen immer dann besonders langsam waren, wenn sie in den emotionalen Fällen (zum Beispiel dem Footbridge-Dilemma) trotz negativer Emotionen das Urteil fällten, das diesen Emotionen widersprach, also in diesem Fall, den Mann von der Brücke zu stoßen. Die Forscher erklärten die längeren Reaktionszeiten mit einer Art innerem Konflikt zwischen der Emotion und der kognitiven Beurteilung.

Joshua Greene leitete von diesen und anderen Experimenten seine „Dual Process Theory“ ab: Für moralische Urteile gebe es zwei Subsysteme, ein emotionales, intuitives, das mit deontologischen (pflichtenbasierten) Ethiktheorien übereinstimme, und ein rationales, rechnendes, das sich in konsequentialistischen (folgenbasierten) Ethiktheorien wiederfinde. Er verband damit keine Aussage darüber, welches der beiden Systeme das „bessere" oder vorzugswürdigere sei, stellte also selbst keine normativen Behauptungen auf. Doch er legte mit diesen und anderen Experimenten den Schluss nahe, dass möglicherweise die unterschiedlichen moralischen Urteile verschiedener Menschen auch auf unterschiedlichen Ausprägungen dieser beiden Moralsysteme im Gehirn beruhen (wofür die Gründe wiederum in der genetischen Anlage, aber auch in biographischen Erfahrungen liegen können).

Insgesamt geht die neurowissenschaftlich-psychologische Moralforschung heute davon aus, dass es im Gehirn nicht ein einziges Moralzentrum gibt, wie es etwa ein Sehzentrum gibt, sondern dass die Moral eine Funktion ist, die auf dem komplexen Zusammenspiel verschiedener neuronaler Netzwerke im Gehirn basiert. Diese Netzwerke, so die Theorie, arbeiten großenteils parallel und können auch miteinander konfligieren und konkurrieren. Die Aktivitäten dieser Netzwerke sind fast immer unbewusst, und erst ihr Zusammenwirken bestimmt unsere moralischen Intuitionen, die wir fast zu allen moralisch relevanten Problemen des Alltags haben und die sehr schwer zu überwinden sein können. Die intuitive Lösung moralischer Probleme, so die Hypothese viele Moralpsychologen, ist im Alltag viel zielführender und effizienter als die bewusste, rationale Überlegung, die sich der Mensch nur bei wenigen, wirklich wichtigen und komplexen moralischen Fragen leisten kann, da sie seine volle Aufmerksamkeit fordert.

Im selben Jahr, in dem Josua Greene seine Experimente über die moralischen Dilemmata veröffentlichte, präsentierte ein anderer Moralpsychologe, Jonathan Haidt, seine eigene, aber mit Greene übereinstimmende Theorie moralischer Urteile. Bereits der Titel des Aufsatzes verrät seine These: „The emotional dog and its rational tail: a social intuitionist approach to moral judgement". Das will sagen: Der Hund wedelt mit dem Schwanz, nicht der Schwanz mit dem Hund. Der Hund steht für die Emotionen, die rationalen Überlegungen sind lediglich der Schwanz. Haidt stellt die These auf, dass die meisten unserer rationalen Rechtfertigungen, Begründungen und Plausibilisierungen, die wir vor uns selbst und der Welt für unsere moralischen Urteile und Handlungen verantwortlich machen, in Wirklichkeit gar nicht die Ursache für diese sind, sondern lediglich Konstrukte, mit denen das Ich diese Urteile und Handlungen nachträglich rationalisiert, also psychologisch und sozial akzeptabel macht. In Wirklichkeit, so Haidt, entstünden unsere moralischen Urteile aufgrund automatischer, ultraschneller Intuitionen, die mehr mit sozialen Traditionen und kulturellen Kontexten als mit unserer individuellen Denkleistung und Persönlichkeit zu tun hätten. Diese Theorie erinnert auf eine gewisse Weise an die noch grundstürzenderen Thesen Benjamin Libets und seiner Nachfolger, welche die Freiheit menschlichen Willens und Handelns generell in Zweifel ziehen.

Das Libet-Experiment und die Willensfreiheit des Menschen

Der Physiologe Benjamin Libet führte 1979 ein folgenreiches Experiment durch, mit dem er prüfen wollte, wie sich die bewusste Handlungsabsicht und die elektrische Gehirnaktivität zur Planung von Handlungen (Bereitschaftspotenzial) zeitlich zueinander verhalten.

Probanden wurden gebeten, einfache Handbewegungen auszuführen. Durch ein Elektromyogramm konnte exakt festgestellt werden, wann die Muskeln sich zu regen begannen. Das Bereitschaftspotenzial konnte mittels EEG über den motorischen Hirnrindenarealen abgeleitet werden. Um die Bewusstwerdung einer Handlungsabsicht zeitlich möglichst exakt zu bestimmen, mussten die Probanden auf eine schnell laufende Uhr blicken und später genau den Zeigerstand angeben, an dem ihnen die Handlungsabsicht ins Bewusstsein trat.

Die Ergebnisse waren erschütternd: Libet fand heraus, dass das kortikale Bereitschaftspotenzial bei spontanen Handbewegungen eine halbe Sekunde und bei geplanten Handbewegungen eine ganze Sekunde vor der Muskelaktivität auftauchte. In beiden Fällen trat die Bewegungsabsicht jedoch erst 0,2 Sekunden vor der Muskelaktivität ins Bewusstsein, also später als das kortikale Bereitschaftspotenzial.

Libet schloss daraus, dass unsere bewussten Absichten nicht ursächlich sind für unsere Handlungen. Er versuchte allerdings die Willensfreiheit des Menschen dadurch zu retten, dass er die Hypothese aufstellte, der Akteur habe nach Beginn des kortikalen Bereitschaftspotenzials noch die Möglichkeit, ein Veto einzulegen, damit die Ausführung der Handlung unterbleibe.

Nachfolgeexperimente mit EEG und bildgebenden Verfahren sowie erweiterten Testvarianten (zum Beispiel, dass die Probanden selbst entscheiden durften, ob sie die linke oder rechte Hand bewegten), bestätigten im Großen und Ganzen die Befunde Libets, auch wenn die zeitlichen Abläufe variierten und manches noch kontrovers diskutiert wird.

In der empirischen Handlungsforschung ist es heute unbestritten, dass zumindest einige unserer Handlungen unbewusst vorgebahnt sind. Ob diese Sicht mit der Willensfreiheit des Menschen noch vereinbar ist (Kompatibilismus) oder nicht (Inkompatibilismus), darüber streiten sich Naturwissenschaftler, Philosophen und andere seit Jahrzehnten.

Insgesamt zeigt die aktuelle Hirnforschung und Psychologie, dass Emotionen eine zentrale Rolle für die Moral spielen. Anatomisch betrachtet sind folgende Hirnbereiche involviert: der (überwiegend rechte) ventromediale präfrontale Cortex (VMPC), der mediale orbitofrontale Cortex, die Amygdala sowie der ventrolaterale Cortex – Regionen, die überwiegend dem sogenannten limbischen System zugerechnet werden, das unsere Emotionen reguliert. Insbesondere der VMPC wird stark aktiviert, wenn Personen über emotionsbeladene moralische Probleme, wie etwa das Footbridge-Dilemma, entscheiden müssen. Der VMPC hat ausgeprägte Verbindungen zu den limbischen Arealen Hippocampus, Amygdala und Gyrus cinguli, was erklärt, dass moralische Urteile eng mit Gedächtnis, Aufmerksamkeit und Motivation verknüpft sind. Dies mag auch veranschaulichen, wieso uns Menschen Moral so wichtig ist.

Neben den Emotionen gibt es noch eine weitere Fähigkeit, die für menschliche Moral zentral ist, nämlich unsere Fähigkeit, mentale Zustände (Überzeugungen, Wünsche, Absichten) in uns selbst und in anderen zu erkennen. Dabei sind diese beiden Facetten im Grunde zwei Seiten derselben Medaille: Je differenzierter wir unsere eigenen mentalen Zustände wahrnehmen können, desto eher gelingt uns dies auch bei anderen, und je mehr wir uns in andere hineinversetzen und deren Seelenwelt ergründen können, desto besser lernen wir uns selbst kennen. Bewirkt wird dies unter anderem durch sogenannte Spiegelneurone, womit man Nervenzellen meint, die quasi spiegelbildlich sowohl bei unseren eigenen Handlungen als auch bei denselben Handlungen anderer Menschen aktiv sind. Diese Fähigkeiten sind für menschliche Gemeinschaften überaus wichtig, da sie uns ermöglichen, das Verhalten anderer zu einem gewissen Grad vorherzusagen, kohärente Gruppen von Gleichgesinnten zu bilden, überhaupt kooperativ zu agieren. Man nennt diese Fähigkeit in der Fachsprache auch *Theory of Mind*.

Anatomisch wurde die *Theory of Mind* insbesondere mit dem temporoparietalen Grenzgebiet der rechten Hirnhälfte (RTPJ) assoziiert. Wenn Menschen eine vergleichsweise starke Aktivität in dieser Hirnregion zeigen, sind ihnen die Handlungsabsichten anderer oft wichtiger als die Handlungsfolgen. Dadurch können sie unter anderem zwischen Schuld und Unschuld unterscheiden, können Verantwortung zuschreiben und Belohnung oder Strafe zuteilen. Stört man diese Hirnregion experimentell oder ist sie krankhaft geschädigt, ändern sich die moralischen Urteile der Personen: Absichten werden eher ignoriert, stattdessen spielen die Handlungsfolgen eine größere Rolle, was bedeutet, dass die Personen stärker konsequentialistisch urteilen.

Sowohl Emotionen als auch *Theory of Mind* braucht man für eine komplexe Fähigkeit, die in ihrer Bedeutung für Moral nicht hoch genug angesehen werden kann: Empathie. Man bezeichnet damit das Vermögen, sich in andere Menschen nicht nur gedanklich „eindenken“, sondern sich auch emotional einfühlen, ja mitfühlen zu können. Dass Empathie eine komplexe Fähigkeit ist, wird auch dadurch unterstrichen, dass verschiedenste Hirnregionen damit in Verbindung gebracht werden: der VMPC, der orbitofrontale Cortex und die RTPJ.

Krank an Moral?

Neben der experimentellen Erforschung von Moral durch die moderne Neurowissenschaft gibt es einen weiteren Zugang zu diesem Phänomen: die Erforschung von Krankheitsbildern, welche mit spezifischen Defiziten oder Änderungen im moralischen Urteilen und Verhalten des Kranken einhergehen – wie es bei Herrn Förster der Fall war. Heutzutage kann man zwar durch verschiedene Techniken, etwa elektromagnetische Impulse, relativ spezifisch und nicht-invasiv bestimmte neuronale Schaltkreise im Gehirn stören und somit umschriebene, also genau lokalisierte Verletzungen simulieren und sodann den Effekt dieser Störung untersuchen. In der Geschichte der Medizin waren es jedoch die wirklichen Verletzungen, durch Unfälle oder Kriege hervorgerufen, die für die Erforschung von Gehirnfunktionen genutzt wurden.

Der wohl berühmteste Fall einer Gehirnverletzung mit Folgen für das moralische Verhalten ist der eines US-Amerikaners aus dem 19. Jahrhundert. Er wurde 1823 geboren und brachte es zum Vorarbeiter einer Eisenbahngesellschaft im Osten der USA. Zeitgenossen schilderten ihn als kerngesunden, energetischen und verantwortungsvollen jungen Mann, der mit großem Geschick seine Arbeiten ausführte. Am 13. September 1848 jedoch erlitt er einen tragischen Unfall: Er wollte einen Felsen sprengen, um Platz für eine Eisenbahntrasse zu schaffen; dafür wurde damals ein Loch tief in den Felsen gebohrt und mit Hilfe eines langen Eisenstabes explosives Pulver, ein Zünder und Sand hineingestopft, um den Felsen dann aus sicherer Entfernung zur Explosion zu bringen. An jenem Tag hatte er möglicherweise den Sand vergessen und löste durch das Stopfen mit der Eisenstange einen Funken aus, sodass das Pulver explodierte und die Stange wie ein Geschoss aus dem Loch feuerte. Dort stand jedoch der Vorarbeiter, damals 24 Jahre alt, und die ein Meter lange, beinahe faustdicke Eisenstange bohrte sich in seine linke Wange, durchstach das linke Auge, zerstörte Teile des linken Schädellappens und trat etwa in der Mitte des Kopfes wieder aus dem Schädel aus.

Er wurde zu Boden geworfen, verlor kurz das Bewusstsein und hatte wohl einen epileptischen Anfall, doch schon nach wenigen Minuten war er wieder bei sich, stand auf und konnte sogar sprechen. Ein Arzt versorgte ihn rasch, indem er die Wunde säuberte und verband. Nach einigen Wochen erholte er sich zum Erstaunen aller Mediziner recht gut von dieser Verletzung: Er hatte keine Schmerzen mehr, und bis auf den Verlust des linken Auges, eine Lähmung der linken Gesichtshälfte und einige Narben schien ihm nichts zu fehlen. Jahre später konnte er sogar wieder als Kutscher arbeiten. Im Lauf der Zeit entwickelten sich jedoch epileptische Anfälle, die in ihrer Häufigkeit und Ausprägung immer stärker wurden. Am 18. Mai 1860, mit gerade einmal 36 Jahren, starb er an einem Status epilepticus, knapp zwölf Jahre nach seiner Verletzung.

Nach seinem Tod wurde sein Schädel und Gehirn gemeinsam mit dem Eisenstab in das Warren Anatomical Museum der Harvard Universität in Boston gebracht, wo sich diese Gegenstände bis heute befinden. Untersuchungen des Gehirns, später auch mit bildgebenden Verfahren und dreidimensionalen Rekonstruktionen, zeigten, dass lediglich der linke Frontallappen geschädigt war, insbesondere die weiße Substanz des Gehirns.

Offenbar kam es durch die Verletzungen des Gehirns zu einer Persönlichkeitsänderung, wobei im Nachhinein vieles übertrieben scheint und immer noch eine Kontroverse darüber herrscht, wie ausgeprägt die Veränderung wirklich war. Es wurde nämlich kolportiert, dass der Vorarbeiter sich so sehr verändert habe, dass man ihn nicht mehr als dieselbe Person ansah. Sei er früher ein hart arbeitender, höflicher, verantwortungsvoller Mensch gewesen, habe er nach dem Unfall getrunken, geflucht, sei launisch, aggressiv und rüpelhaft gewesen. Offenbar waren viele dieser Veränderungen bei ihm nur vorübergehender Natur, aber der Fall regte die medizinische Forschung an und galt als Beweis dafür, dass die Persönlichkeit eines Menschen mit der Struktur und Funktionalität seines Gehirns zusammenhängt.

Inzwischen kennt die Medizin einige Krankheits- und Verletzungsbilder, die nicht nur mit Persönlichkeitsstörungen einhergehen, sondern darüber hinaus mit besonderen Störungen im moralischen Urteilen und Verhalten. Eines dieser Krankheitsbilder ist die FTD, wie sie auch Herr Förster im eingangs geschilderten Fall entwickelte. Grob kann man die „moralpathologischen" Krankheitsbilder nach ihren Entstehungszusammenhängen in drei Gruppen einteilen:

1. Entwicklungsstörungen wie etwa der Autismus und verwandte Zustände, die antisoziale Persönlichkeitsstörung sowie verschiedenste, eher seltene erbliche Syndrome;
2. neurodegenerative Erkrankungen, neben der FTD auch die Huntington-Erkrankung sowie bisweilen Krankheiten aus dem Parkinson-Formenkreis (zum Beispiel die Progressive Supranukleäre Blickparese);
3. umschriebene Läsionen und sonstige Störungen, neben den Verletzungen auch Schlaganfälle, Blutungen oder Tumore mit ganz bestimmten Lokalisationen im Gehirn, manche Fälle von Multipler Sklerose oder Hirnentzündungen, die Creutzfeldt-Jakob-Erkrankung, manche Formen von Epilepsie sowie Folgen von Alkohol oder Drogen.

Je mehr man die zerebralen Netzwerke des Moralsystems kennt, desto besser kann man sie bei diesen Krankheitsbildern untersuchen und findet in der Tat auch Veränderungen. So hat man etwa bei der FTD festgestellt, dass die daran Erkrankten deutlich weniger Empathie und weniger Aktivität in den Empathie-assoziierten Hirnregionen zeigen. Dies fiel ja auch Frau Förster auf: Ihr Mann kümmerte sich weniger um seine Kinder und machte sich offenbar weniger daraus, dass die ganze Hausarbeit an ihr hängen blieb. Sogar während des Gesprächs mit Dr. Nguyen in der neurologischen Ambulanz wurde dieser Mangel an Empathie etwa daran deutlich, dass Herr Förster sich offenbar gar nicht in die Sorgen, Ängsten und Leiden seiner Frau einfühlen konnte, sondern beinahe unbeteiligt daneben saß.

Der Mangel an Empathie ist auch eine der Erklärungen, weshalb es bei Patienten mit FTD gehäuft zu kriminellen Vergehen kommt. Oft sind das Ladendiebstähle und Prügeleien. Hinzu kommt eine Unfähigkeit, spontanen Impulsen zu widerstehen. Zwar war Herr Förster noch nicht als Dieb aufgefallen, doch just nach dem Gespräch mit der Ärztin ließ er ihren Kugelschreiber mitgehen, eine Handlung, die umso bizarrer erscheint, als es Herrn Förster offenbar nichts ausmachte, gerade die Person zu bestehlen, die ihm helfen wollte.

Untersucht man die Gehirne von Patienten mit FTD mit hochempfindlichen bildgebenden Verfahren, so zeigt sich insbesondere eine Atrophie des VMPC. Daher überrascht es auch nicht, dass ihre moralischen Urteile in Studien oft deutlich von denen Gesunder abwichen: Sie entscheiden sich im Footbridge-Dilemma häufiger dafür, den dicken Mann von der Brücke zu stoßen, urteilen auch sonst stärker konsequentialistisch und haben Schwierigkeiten, auf Grund von Motiven und Absichten Schuldige von Unschuldigen zu unterscheiden. Konfrontiert man sie mit Fällen von Personen, die Mordgedanken und andere böswillige Absichten haben, ohne diese in die Tat umzusetzen, reagieren sie deutlich weniger bekümmert und besorgt als gesunde Menschen.

Folgen für die Ethik

Was folgt aus alledem für die Ethik, die ja eingangs als die Reflexion und Begründung von Moral definiert wurde? Brauchen wir überhaupt noch eine Ethik, wenn wir eine inzwischen so kundige Neurowissenschaft der Moral haben? Können wir nicht einfach die ethischen Normen unserer Gesellschaft aus den wissenschaftlichen Ergebnissen der Hirnforscher ableiten und dadurch quasi alle Normen evidenzbasiert vorgeben und Konflikte zwischen Normen elegant lösen? Wahrscheinlich ist dieses Szenario nicht. Erstens haben Menschen auch heute noch, trotz der Erkenntnisse neurowissenschaftlicher Moralforschung, das Bedürfnis, moralische Normen ethisch zu begründen, sich zu rechtfertigen und Argumente auszutauschen. Zweitens begeht man einen naturalistischen Fehlschluss, wenn man normative Sollensaussagen unmittelbar aus beschreibenden Aussagen über das Sosein der Natur des Menschen ableitet. Es wäre logisch schlicht falsch und zudem fahrlässig, wollte man aus der Tatsache, dass FTD-Erkrankte verstärkt zu konsequentialistischen Moralurteilen neigen, darauf schließen, dass konsequentialistische Moralurteile stets krankhaft und daher ethisch verfehlt wären.

Auch wenn also eine direkte Ableitung ethischer Sollensforderungen aus den neurowissenschaftlichen Erkenntnissen über die Moralstruktur in unseren Gehirnen falsch wäre, so bedeutet das doch nicht, dass die Hirnforschung keine wertvollen Erkenntnisse für die Ethik erzielen könnte. Es kann sogar sehr hilfreich sein, zu wissen, wie moralische Urteile und Handlungsabsichten im Gehirn zustande kommen und warum sich Menschen so ausgeprägt in dieser Hinsicht unterscheiden. Vielleicht könnten Menschen dann sogar besser verstehen lernen, weshalb sie so unterschiedlich „ticken" und könnten sich auf diesem Wege einem gegenseitigen Verständnis annähern, ohne sich bekämpfen und bekriegen zu müssen.

Vielleicht kann es auch erhellend sein zu wissen, wie man Menschen zu den Handlungen motivieren kann, die ethisch vorzugswürdig sind. Schließlich ist es mit Gewissheit hilfreich zu wissen, warum sich Menschen wie Herr Förster so radikal ändern. Auch wenn die Krankheitseinsicht bedingt durch die FTD fehlen mag, so heißt das doch nicht, dass Herr Förster unter seinem Zustand nicht leiden würde – leiden in einer vielleicht weniger sichtbaren und weniger herkömmlichen Weise. Dass zudem seine Familie leidet, ist offenkundig. Wenn es dank der Moralforschung eines Tages gelänge, spezifische Therapien für Menschen wie Herrn Förster zu entwickeln, sei es pharmakologischer, neurointerventioneller, psychotherapeutischer oder anderer Art, so wäre enorm viel gewonnen – für die Kranken, ihre Familien, aber auch die Gesellschaft allgemein.

Allerdings sollte man nicht den Fehler machen, jedes unmoralische Verhalten allein deshalb als krankhaft einzustufen, weil es Gehirnkrankheiten gibt, die mit unmoralischem Verhalten als einem Symptom einhergehen. Die Geschichte menschlicher Grausamkeiten zeigt, dass die abscheulichsten Verbrechen nicht von psychisch kranken Menschen begangen wurden, sondern von Personen, die aufgrund bestimmter Anlagen, Umstände, Lebensereignisse und letztlich unerklärter Gründe zu den „Monstern“ wurden, die sie schließlich waren. Die allermeisten neuropsychiatrischen Krankheiten sind deshalb auch nicht mit mehr, sondern mit weniger Gewalttaten assoziiert. Die wenigen Krankheiten, die eine Ausnahme zu dieser Regel darstellen, sollten aber dazu anregen, wirksame Therapien zu finden.

Schlussfolgerungen

Anhand des Beispiels der frontotemporalen Demenz wurde gezeigt, dass menschliches Moralverhalten im Gehirn verankert ist und sich im Rahmen bestimmter Krankheitsbilder ändern kann. Die moderne Hirnforschung hat in den letzten Jahren bedeutende Erkenntnisse darüber gewonnen, warum wir moralisch so urteilen und handeln, wie wir es tun, und warum es in dieser Hinsicht Unterschiede zwischen den Individuen und Kulturen gibt, die uns beschäftigen. Die Moralforschung wird die Ethik nicht ersetzen können, kann und sollte sie aber bereichern und in dem Bemühen unterstützen, eine friedliche, lebenswerte menschliche Gemeinschaft zu fördern.

Kann man ohne Sprache sein Einverständnis erklären? Forschung an Nichteinwilligungsfähigen

Markus Frings

Schlaganfallstudien

Es war ein wunderschöner Spätsommertag. Dr. Jung konnte leider noch nicht Feierabend machen, da er heute Bereitschaftsdienst in der neurologischen Klinik hatte. Damit lag noch einiges vor ihm. Er war auf dem Weg auf die Schlaganfallstation zur Übergabe, um über die Patienten dieser Station für seine Dienstzeit informiert zu sein. Doch als er dort ankam, wurde er sofort in die Notaufnahme weitergeschickt. Es war gerade ein Patient mit einem frischen Schlaganfall angekommen, und als Diensthabender musste er sich jetzt direkt darum kümmern. Eine Übergabe war sowieso nicht möglich, weil der Stationsarzt mit einem anderen Patienten beschäftigt war, der wenige Minuten zuvor gekommen war. Das waren die besten Dienste: keine geregelte Übergabe, nur spärliche Informationen, die man sich später zusammenklauben musste und keine Möglichkeit, sich kurz mit Kollegen zu unterhalten.

In der Notaufnahme wusste Dr. Jung sofort, dass es jetzt sehr schnell gehen musste: Der Notarzt teilte ihm mit, dass der siebzig Jahre alte Herr Weber vor etwa einer halben Stunde bei der Gartenarbeit plötzlich zusammengesackt sei. Seine rechte Körperhälfte war gelähmt und er konnte nicht mehr richtig sprechen. Der Freund, in dessen Garten der alte Herr mitgeholfen hatte, hatte sofort die Feuerwehr verständigt, die ihn in Rekordzeit in die Klinik gebracht hatte. Ein typischer Fall für die sogenannte Lysetherapie: Wenn bei einem Schlaganfall ein Gefäß verschlossen ist, kann man mit einer Infusion des stark blutverdünnenden Medikamentes rtPA versuchen, dieses Gefäß wieder zu eröffnen. Der Erfolg dieser Maßnahme ist umso höher, je schneller das Medikament gegeben wird. Dauert es länger als 4,5 Stunden, überwiegt das Risiko einer Einblutung in den Infarkt den möglichen Nutzen. Weil man aber aufgrund der klinischen Symptome nicht unterscheiden kann, ob es sich um einen Gefäßverschluss mit einer Durchblutungsstörung handelt oder von Beginn an eine Einblutung in das Gehirn die Ursache ist, muss eine Computertomografie durchgeführt werden.

Dr. Jung konnte den klinischen Befund des Notarztes bestätigen. Herr Weber sprach unzusammenhängend, vertauschte Worte und Silben und verstand keine Aufforderungen: eine Aphasie infolge einer Störung des Sprachzentrums, das sich in der linken Gehirnhälfte befindet. Aufgrund der spontanen Bewegungen und anhand dessen, wie Herr Weber auf leichtes Kneifen reagierte, erkannte Dr. Jung, dass der rechte Arm und das rechte Bein weniger beweglich waren als die linke Körperhälfte. Dr. Jung nahm dem Patienten Blut ab, um auszuschließen, dass er eine Gerinnungsstörung hatte, und schob zusammen mit dem Krankenpfleger das Bett des Patienten zu dem Raum, in dem das Computertomografie-Gerät stand.

Während der Untersuchung hatte er kurz Zeit, mit dem Bekannten von Herrn Weber zu sprechen. Dieser war zum Glück dem Krankenwagen in die Klinik gefolgt und konnte nun hoffentlich Genaueres über die Begleitumstände berichten: Herr Weber und er hatten sich wohl beim Tragen schwerer Platten etwas zu sehr angestrengt. Plötzlich sei Herr Weber zusammengesackt, auf den Rasen gefallen und habe nur noch Kauderwelsch gesprochen. Über Vorerkrankungen wusste der Bekannte nicht viel, nur dass Herr Weber unter erhöhtem Blutdruck litt und von Sport und gesunder Ernährung nicht so viel hielt. Er habe schon versucht, Herrn Webers Ehefrau zu erreichen, aber bisher sei sie nicht ans Telefon gegangen.

Mit diesen spärlichen Informationen wandte sich der Neurologe wieder dem Patienten zu. Der Kollege der Radiologie erwartete ihn bereits, um ihm die Aufnahmen zu zeigen. Es war eine primäre Einblutung in die sogenannten Stammganglien und das umliegende Hirngewebe zu sehen. Mit größter Wahrscheinlichkeit war diese Blutung durch den hohen Blutdruck bedingt. Den musste Dr. Jung nun als Erstes senken, weil der Monitor einen deutlich erhöhten Wert zeigte. Bei einer Blutung kam eine Behandlung mittels Lysetherapie allerdings nicht in Frage. Die Neurochirurgen, mit denen Dr. Jung die Aufnahmen besprach, sahen zudem keinen Grund für eine Operation. Somit bestand für Herrn Weber keine Therapieoption bis auf die Kontrolle des Blutdrucks und die Behandlung möglicher Komplikationen.

Als Dr. Jung seinen Oberarzt am Telefon über den neuen Patienten informierte, schlug dieser vor, zu prüfen, ob Herr Weber nicht an einer Studie teilnehmen konnte, die gerade in der Klinik durchgeführt wurde. Im Rahmen dieser Studie erhielten Patienten innerhalb weniger Stunden nach Auftreten der Blutung ein Medikament, das – anders als die Lysetherapie – für eine verstärkte Blutgerinnung sorgte und damit eine Ausdehnung der Blutung verhindern sollte. Dr. Jung überprüfte alle Ein- und Ausschlusskriterien und fand nichts, was gegen eine Studienteilnahme sprach. Das einzige, was ein Hindernis darstellte, war die fehlende Einwilligungsfähigkeit aufgrund der Aphasie. Das Sprachverständnis und auch die Fähigkeit, sich sprachlich auszudrücken, waren bei Herrn Weber so massiv beeinträchtigt, dass auch die Vermittlung einfachster Zusammenhänge nicht möglich war. Dr. Jung besprach das alles erneut mit seinem Oberarzt. Dieser meinte jedoch, es gebe da durchaus die Möglichkeit, dass ein Patient mit einer Aphasie an dieser Studie teilnehme. Das Ganze sei zwar juristisch und auch praktisch sehr kompliziert und aufwendig, aber durchaus so vorgesehen.

Patienten mit einem Schlaganfall in der rechten Gehirnhälfte kann man in der Regel fragen, ob sie bereit sind, an einer Studie teilzunehmen. Bei einer Beeinträchtigung des Sprachzentrums in der linken Gehirnhälfte ist das nicht möglich, wenn die Sprachstörung sehr ausgeprägt ist. Der Einschluss dieser nicht einwilligungsfähigen Patienten ist aber nicht nur im Studienprotokoll geregelt, sondern auch von der Ethikkommission bewilligt. Voraussetzung ist, dass ein gesetzlicher Vertreter, ein sogenannter Betreuer, für den Patienten die Entscheidung über die Studienteilnahme trifft. Nun kommt ein Schlaganfall aber meist plötzlich, und ebenso unerwartet tritt die Situation der Nichteinwilligungsfähigkeit ein, weshalb die Betroffenen in der Regel keinen gesetzlichen Betreuer haben. Die Einsetzung eines solchen erfordert eine richterliche Anhörung des Patienten und ein schriftliches ärztliches Gutachten, sodass einige Wochen bis zum Inkrafttreten vergehen. Eine Eilbetreuung kann innerhalb von 24 Stunden über ein Vormundschaftsgericht veranlasst werden. Dafür besucht eine Richterin oder ein Richter den Patienten, entscheidet mit Unterstützung eines fachkundigen Arztes über die Notwendigkeit der Betreuung und benennt einen Betreuer. Das kann ein Verwandter sein oder ein Berufsbetreuer.

Weil im vorliegenden Fall aber das Medikament, um das es in dieser Studie ging, innerhalb weniger Stunden verabreicht werden musste, war dies kein gangbarer Weg. Deshalb war bereits in der Vorbereitungsphase dieser Studie ein Richter des zuständigen Vormundschaftsgerichtes ausführlich informiert worden. Der Oberarzt wollte sich zunächst selbst ein Bild von der Situation des Patienten machen und dann mit dem Richter Kontakt aufnehmen. Der müsste sofort per richterlichen Entscheid anstelle eines Betreuers darin einwilligen, dass der Patient an der Studie teilnimmt. Danach würde ein reguläres Eilbetreuungsverfahren in die Wege geleitet. Der darin benannte gesetzliche Betreuer müsste ebenfalls über die Studie informiert werden und über die weitere Teilnahme entscheiden. Das Medikament wäre dann aber natürlich schon längst über die Infusion verabreicht.

Es gibt auch besonders eilige Fälle, in denen ein Richter nicht so schnell erreichbar ist, zum Beispiel in der Nacht. Bei einigen Studien wird in dieser Situation ein unabhängiger Arzt um eine Unterschrift gebeten. Dieser ist häufig in einer der Nachbardisziplinen tätig, beispielsweise in der Neurochirurgie, da er über die nötige Fachkenntnis verfügen sollte. Dieser Arzt muss bestätigen, dass er selbst nicht an der Studie beteiligt ist und dass er glaubt, im Sinne des Patienten zu handeln, wenn er der Teilnahme an der Studie zustimmt. Sobald das geschehen ist, muss allerdings auch in diesem Fall mit dem Richter Kontakt aufgenommen werden, um so schnell als möglich eine Betreuung einzurichten.

Dr. Jung sah das Vorgehen kritisch. Sein Oberarzt erklärte ihm jedoch, dass der Patient durchaus eine Chance habe, von der Therapie zu profitieren. Allerdings könne es sein, dass Herr Weber in die Placebo-Gruppe kam, deren Patienten in der Infusion gar keine wirksame Substanz erhalten. Aber auch eine Placebo-Infusion sei gut vertretbar, erklärte der Oberarzt, weil die Wirksamkeit des Medikamentes noch nicht bekannt sei und es keine bereits etablierten Therapien als Alternative gäbe, die dem Patient durch die Placebo-Gabe vorenthalten würden. Das Risiko, durch die Substanz eine Thrombose, also den Verschluss eines Blutgefäßes, zu erleiden, sei in den bisherigen Studien, in denen das Medikament untersucht wurde, nicht relevant erhöht gewesen. Dr. Jung musste daran denken, dass es invasive Studien gab, bei denen das Risiko von Nebenwirkungen für den Patienten möglicherweise höher lag. Er fragte sich, wie groß das Risiko sein dürfte, um einen nicht einwilligungsfähigen Patienten in eine Studie einzuschließen.

Gemeinsam konnten Dr. Jung und sein Oberarzt die komplexe Prozedur meistern. Neben der Absprache mit dem Gericht mussten viele Formulare ausgefüllt, alle möglichen Blutwerte bestimmt und Telefonate mit der Studienzentrale geführt werden. Zudem war der Umgang mit der Infusion des Medikamentes ganz exakt vorgeschrieben. Herr Weber verstand nichts von dem, was um ihn herum vor sich ging. Dr. Jung hatte vorab den Bekannten gefragt, ob dieser glaube, dass Herr Weber mit der Durchführung der Studie einverstanden wäre. Der antwortete, Herr Weber hätte ja keine Wahl, er wäre bestimmt einverstanden.

Glücklicherweise hatten sich die Symptome im Laufe des Tages nicht verschlechtert, sodass mit keiner Nachblutung zu rechnen war. Eine Besserung war allerdings auch nicht eingetreten. Erst am späten Abend, nachdem die Infusion schon lange eingelaufen war, kam auch Frau Weber in die Klinik. Sie war den ganzen Tag unterwegs gewesen und hatte ihr Handy nicht dabei gehabt. Erst durch die Nachricht von Dr. Jung auf dem Anrufbeantworter ihres Festnetzanschlusses hatte sie erfahren, dass sie sich so schnell als möglich in der Klinik einfinden solle. Nachdem Dr. Jung Frau Weber alles genau geschildert hatte, erzählte sie ihm, dass Herr Weber kein Freund der modernen Medizin sei. Sein Vater war durch einen Behandlungsfehler nach einer Routineoperation gestorben und er selbst habe nach einer Hüftoperation vor vielen Jahren immer noch Schmerzen. Ständig schimpfe er über die Ärzte und all die Medikamente, die ja doch nicht halfen. Sie war ziemlich sicher, dass ihr Mann einer Studienteilnahme nicht zugestimmt hätte. Dr. Jung fühlte sich schlecht. Wenn er das gewusst hätte, dann hätte er den Patienten natürlich nicht in die Studie eingeschlossen.

Dr. Jung fragte sich, warum überhaupt Schlaganfallstudien an Menschen durchgeführt werden sollten, die nicht einwilligen konnten. Warum konzentrierte man sich nicht einfach auf Patienten mit einem Schlaganfall der rechten Gehirnhälfte? Zwar gibt es auch Patienten mit einem großen Schlaganfall der rechten Gehirnhälfte, die in ihren geistigen Fähigkeiten so beeinträchtigt sind, dass die Einwilligungsfähigkeit nicht vollständig erhalten ist. Der Verlust der Einwilligungsfähigkeit ist jedoch seltener als bei Patienten mit Schlaganfällen in der linken Gehirnhälfte, bei denen durch eine Aphasie die Sprache verloren gegangen ist.

Der Oberarzt entgegnete auf Dr. Jungs Nachfrage: Es besteht eine so große Erfolgschance, dass es für die Nichteinwilligungsfähigen einen Nachteil bedeuten würde, wenn sie nicht teilnehmen könnten. Dr. Jung wandte ein, dass es seit der Einführung der Lysetherapie keine relevante medikamentöse Schlaganfallakutstudie mehr gegeben hatte, die positiv ausgegangen war.

Dr. Jung fiel dazu eine Stelle im Arzneimittelgesetz ein, das den Umgang mit klinischen Arzneimittelstudien in Deutschland regelt. Er fand das Gesetz schnell auf einer Internetseite und las es seinem Kollegen vor (siehe Internet-Links (S. 289)). Zur Forschung an Nichteinwilligungsfähigen heißt es dort: „Die klinische Prüfung darf nur durchgeführt werden, wenn die begründete Erwartung besteht, dass der Nutzen der Anwendung des Prüfpräparates für die betroffene Person die Risiken überwiegt oder keine Risiken mit sich bringt.“ (§ 41, Absatz 3, AMG). Zur Notfallsituation, die bei den Schlaganfallakutstudien naturgemäß vorliegt, steht im Arzneimittelgesetz: „Kann die Einwilligung wegen einer Notfallsituation nicht eingeholt werden, so darf eine Behandlung, die ohne Aufschub erforderlich ist, um das Leben der betroffenen Person zu retten, ihre Gesundheit wiederherzustellen oder ihr Leiden zu erleichtern, umgehend erfolgen. Die Einwilligung zur weiteren Teilnahme ist einzuholen, sobald dies möglich und zumutbar ist" (§41, Absatz 1, Satz 2, AMG).

Wenn man berücksichtige, dass bereits für die effektivste Therapiemöglichkeit des ischämischen Schlaganfalls durch die Lyse mit rtPA unter günstigen Umständen etwa fünf Patienten behandelt werden müssen, damit einer davon profitiert, wandte Dr. Jung ein, dann passe die Formulierung des Arzneimittelgesetz nur eingeschränkt auf die Situation des akuten Schlaganfalls. Dr. Jung und sein Oberarzt einigten sich darauf, dass man unterschiedliche Ansichten über den Erfolg einer jeden neuen Studie haben kann.

Im Arzneimittelgesetz findet sich ein weiteres Argument gegen die Durchführung von Schlaganfallakutstudien an Patienten mit einer Aphasie. Für nicht einwilligungsfähige Patienten gilt: „Die Forschung muss für die Bestätigung von Daten, die bei klinischen Prüfungen an zur Einwilligung nach Aufklärung fähigen Personen oder mittels anderer Forschungsmethoden gewonnen wurden, unbedingt erforderlich sein." (§41, Absatz 3, AMG). Angesichts dessen fragte sich Dr. Jung, warum nicht zunächst Studien an Einwilligungsfähigen durchgeführt wurden und nur bei Nachweis einer Wirksamkeit eine Erweiterung auf Nichteinwilligungsfähige erfolgte, um gegebenenfalls die Wirkung auf die zur Nichteinwilligungsfähigkeit führenden Symptome wie eine Aphasie zu untersuchen. Er fragte sich auch, welche Rolle das immer höhere Tempo medizinischen Fortschritts und der Druck der Industrie spielten.

Weil es auch einige Schlaganfallakutstudien gab, die zur Behandlung nicht Medikamente, sondern Katheterverfahren oder Elektrostimulationen anwandten, und für diese Studien das Arzneimittelgesetz nicht gilt, suchte Dr. Jung nach einer weiteren Entscheidungsbasis. Er stellte fest, dass sich in der aktuellen Version der Deklaration von Helsinki, die eine Grundlage zur Bewertung aller klinischer Studien durch Ethikkommissionen ist, eine entsprechende Stelle in Paragraf 30 findet: „Forschung mit Personen, die körperlich oder geistig zu einer Einwilligung nicht fähig sind, beispielsweise mit bewusstlosen Patienten, darf nur dann erfolgen, wenn der körperliche oder geistige Zustand, der die Einholung der informierten Einwilligung verhindert, ein erforderliches Merkmal für die beforschte Gruppe ist".

Zwar ist die Aphasie ein Merkmal der beforschten Gruppe der Schlaganfallpatienten, aber doch kein erforderliches, denn es gibt ja auch Schlaganfallpatienten, die keine Aphasie haben und ausreichend in der Lage sind, der Teilnahme an einer Studie zuzustimmen. Soll man sich überhaupt in dieses ethische Dilemma begeben, nicht einwilligungsfähige Patienten einzubeziehen, wenn auch einwilligungsfähige Patienten mit der gleichen Erkrankung, aber anderen Symptomen nach einer möglichen Teilnahme gefragt werden können?

Der Fall Neisser und eine kurze Geschichte der Versuche an Menschen

Dass heute so ausführliche Überlegungen zum möglichst gerechten Umgang mit Studienteilnehmern angestellt werden können und dass eine so fundierte rechtliche Basis zur Verfügung steht, ist das Ergebnis einer langen historischen Entwicklung. Der medizinische Versuch an Menschen steht von Beginn an im Spannungsfeld zwischen der Hoffnung auf Heilung von Krankheiten durch den medizinischen Fortschritt und der Angst vor Verletzung der körperlichen Integrität von Versuchspersonen.

Die experimentelle Forschung begann nach der Lösung vom antiken und mittelalterlichen Dogmatismus in der Zeit der Aufklärung. Die Medizin übernahm seit dem 17. Jahrhundert die Methoden der Naturwissenschaften, und seit dem 19. Jahrhundert begann man zunehmend, Versuche an Patienten durchzuführen, die nicht im Sinne von Heilversuchen ihrem unmittelbaren Wohl dienen sollten, sondern durch den wissenschaftlichen Fortschritt dem Heil der Menschheit. Dabei wurde die Schädigung von Versuchspersonen häufig für dieses hohe Ziel in Kauf genommen. Es gibt besonders aus der zweiten Hälfte des 19. Jahrhunderts eine Vielzahl von Beispielen. Genannt seien hier nur zwei später Aufsehen erregende Fälle: In den achtziger Jahren des 19. Jahrhunderts erforschte ein Arzt die Ursachen der Furunkel, einer tiefen schmerzhaften Hautentzündung. In seiner Publikation im „Archiv der Ohrenheilkunde" bezeichnete er zwei Sterbende als „geeignetes Material", um an ihnen die Entwicklung von Furunkeln zu erforschen, indem er ihnen Bakterienkulturen in die Haut einrieb. Ein Beispiel für den häufig zynischen Unterton in wissenschaftlichen Veröffentlichungen der damaligen Zeit. Ein Arzt aus Michigan in den USA beobachtete drei Jahre lang die Schusswunde eines Soldaten. Er verhinderte eine vollständige Heilung der Wunde, um durch die Öffnung den Verdauungstrakt zu untersuchen. Jay Katz hat in seinem Buch „Experimentation with Human Beings" von 1972 viele dieser Berichte aus der Frühzeit der experimentellen Medizin zusammengefasst. Das heutige Konzept einer Aufklärung und Einwilligung der Versuchspersonen war damals in der Ärzteschaft und Öffentlichkeit kein Thema.

Zu einer erstmaligen breiten öffentlichen Diskussion über die Zulässigkeit von Menschenexperimenten kam es in Deutschland Ende des 19. Jahrhunderts, als die liberale Tageszeitung „Münchener Freie Presse" in den Jahren 1898 bis 1900 in unregelmäßigen Abständen unter dem Titel „Arme Leute in Krankenhäusern" über Versuche an Menschen berichtete. Es handelte sich bei den Artikeln um anonyme Leserzuschriften, die zum größten Teil von Ärzten verfasst worden waren. In diesen Leserzuschriften wurden medizinisch-wissenschaftliche Publikationen aus Fachzeitschriften in eine für den Laien zugängliche Sprache übersetzt und dabei insbesondere diejenigen Versuchsabläufe geschildert, die zu einer Gefährdung der Patienten geführt hatten.

Der anonyme Verfasser des Artikels „Der Fall Neisser in Breslau" berichtete in dieser Serie, dass sich Professor Albert Neisser (1855–1916) in der Veröffentlichung in einer dermatologischen Fachzeitschrift aus dem Jahre 1898 mit der Serumtherapie der Geschlechtskrankheit Syphilis beschäftigte. Albert Neisser war langjähriger Direktor der Breslauer Dermatologischen Klinik. Nachdem er im Jahr 1879 den Erreger der Geschlechtskrankheit Gonorrhoe entdeckt hatte, der nach ihm Neisseria gonorrhoeae genannt wurde, gehörte er zu den einflussreichen Medizinern seiner Zeit. Der Titel des Artikels von Neisser war: „Was wissen wir von einer Serumtherapie der Syphilis und was haben wir von ihr zu erhoffen?" Er berichtete darin von einem Experiment, bei dem er acht gesunden Versuchspersonen zellenfreies Blutserum von Syphilispatienten mit einer Spritze unter die Haut injizierte und drei der Versuchspersonen das Serum zudem über intravenöse Infusionen verabreichte, um sie gegen Syphilis zu impfen. Bei einem Teil dieser Versuchspersonen handelte es sich um Prostituierte. Nach langjähriger Beobachtung seien die Prostituierten sowie eine weitere Versuchsperson an Syphilis erkrankt. Da sich alle Prostituierten infiziert hatten, schloss Neisser, dass die Infektion durch Geschlechtsverkehr erfolgte und die Impfung damit erfolglos blieb.

Der anonyme Verfasser des Artikels in der „Münchner Freien Presse" schloss dagegen eine Übertragung des Erregers durch den Versuch nicht aus, weil noch Zellen im Serum verblieben sein könnten. Der Verfasser verurteilte, dass Neisser die gefährlichen Versuche nicht an Tieren durchgeführt habe. Neisser habe in dem Experiment eine erhebliche Gesundheitsgefährdung der Versuchspersonen riskiert. Es bleibe ungeklärt, ob die Syphilisinfektion durch das Experiment erfolgte oder durch die Prostitution der Versuchspersonen. Dies sei aufgrund der Versuchsplanung auch nicht feststellbar: Durch die intravenöse Infusion bestand ein höheres Infektionsrisiko als durch die Gabe über eine Spritze in die Haut. Bei allen drei Versuchspersonen, denen das Serum intravenös infundiert wurde, handelte es sich um Prostituierte. Sie zeigten im Verlauf alle Zeichen einer Syphilisinfektion. Nur eine weitere Hausangestellte, die zuvor an Gonorrhoe erkrankt war und damit möglicherweise ebenfalls ein höheres Infektionsrisiko aufgrund ihres Sexualverhaltens hatte, infizierte sich auch mit Syphilis. Die übrigen Versuchspersonen waren zuvor gesund gewesen und blieben es auch. Das heißt, abgesehen von der Hausangestellten, erhielten gerade diejenigen Versuchspersonen die risikoreichere Injektion, die auch ohne das Experiment ein erhöhtes Infektionsrisiko hatten. Daher wirft der anonyme Verfasser des Artikels in der „Münchner Freien Presse" Neisser zu Recht vor, das ganze Experiment sei auch unter rein wissenschaftlichen Gesichtspunkten nicht sinnvoll gewesen.

Die Geschlechtskrankheit Syphilis, die auch Lues oder harter Schanker genannt wird, wird durch den bakteriellen Erreger Treponema pallidum hervorgerufen und kann nach akuter Entzündung der Geschlechtsorgane nach mehreren Jahren zu vielfältigen chronischen Erkrankungen, insbesondere zu tödlichen Schädigungen des Nervensystems führen. Erstmalig zu Beginn des 16. Jahrhunderts in Erscheinung getreten, erhielt die Erkrankung ihren Namen Syphilis 1530 von Girolamo Fracastoro.

Eine der vielen Bezeichnungen des Syphiliserregers ist der „Lustgarten'sche Bazillus", ein Begriff, der auf einer ethischen Krankheitskonzeption beruht, nach der die Geschlechtserkrankung eine göttliche

Strafe für einen unmoralischen Lebenswandel ist. Neben der ethischen gab es nach Entdeckung der Syphilis auch weitere, zum Beispiel astralische Krankheitskonzeptionen, die von einem Einfluss der Sterne ausgingen. Viele Konzeptionen waren diskriminierend, so wurde die Erkrankung beispielsweise auch Franzosenkrankheit genannt, weil man den Ursprung in Frankreich vermutete.

Die Therapie bestand bis zu Beginn des 20. Jahrhunderts vor allem aus inneren und äußeren Anwendungen mit Quecksilber und führte damit bei fehlender Wirksamkeit zu zusätzlichen Vergiftungserscheinungen. Neisser beabsichtigte nach der zitierten Veröffentlichung, mit der Hilfe des Serums Syphiliserkrankter eine passive Immunisierung durchzuführen, das heißt, die im Serum der Erkrankten gebildeten Abwehrstoffe gegen Treponema pallidum sollten – obwohl sie nicht in der Lage waren, den Erreger im Körper der Erkrankten abzutöten – zumindest in der Lage sein, die Versuchspersonen vor einer frischen Infektion zu schützen.

Die Erforschung des Serums Syphiliserkrankter durch Neisser und andere führte letztlich nicht zu der Möglichkeit einer Impfung, allerdings entdeckte August Paul von Wassermann 1906 auf diesem Wege die erste laborchemische Methode zum Nachweis des Syphiliserregers. Ein therapeutischer Erfolg zur Behandlung der Syphilis gelang erst Paul Ehrlich durch die Entwicklung des arsenhaltigen Präparates Salvarsan 1910 beziehungsweise des mit weniger Nebenwirkungen behafteten Neosalvarsans 1912. Erst 1944 stand durch Alexander Flemings Entdeckung des Penicillins die bis heute genutzte, effektive und nebenwirkungsarme Therapie der Syphilis zur Verfügung.

Grund für den Optimismus Neissers waren die großen Erfolge der Bakteriologie um die Jahrhundertwende, was diese zur medizinischen Leitwissenschaft machte. Befeuert hatte dies vor allem die Entdeckung des Tuberkuloseerregers durch Robert Koch im Jahr 1876 und die Entdeckung des Tuberkulins, das in der Zellkultur wachstumshemmend auf Tuberkelbazillen wirkte und zunächst als Sensation gewertet wurde. Die erhoffte Therapie- oder Impfmöglichkeit gegen die Tuberkulose ergab sich daraus jedoch nicht. Albert Calmette und Camille Guérin konnten Anfang der zwanziger Jahre des 20. Jahrhunderts aber eine Tuberkuloseschutzimpfung mit abgeschwächten Tuberkuloseerregern entwickeln.

In jenen Jahren, in denen Neisser seine Experimente durchführte, gab es weder in Deutschland noch in anderen Staaten rechtliche Maßstäbe für die Durchführung von Experimenten an Menschen. Weder Tierversuche vor der Anwendung am Menschen, noch die Einwilligung des Patienten nach ausführlicher Aufklärung über Risiken waren vom Gesetzgeber oder ärztlichen Standesorganisationen gefordert. Wenige Wochen nach Veröffentlichung des Artikels über Neisser in der „Münchner Freien Presse" eröffnete die Staatsanwaltschaft ein Ermittlungsverfahren gegen Neisser, das aber kurz darauf wegen Verjährung eingestellt wurde. In einem anschließenden Disziplinarverfahren wurde Neisser zu 300 Mark Geldstrafe verurteilt, mit der Begründung, dass er die Probanden nicht über den Versuch informiert und damit keine Einwilligung von ihnen eingeholt hatte.

Neisser und seine Mitarbeiter zeigten nie ein Schuldbewusstsein, und der Einfluss Neissers in der medizinischen Fachwelt wurde durch diesen Fall nicht erheblich beschädigt. Aber als unmittelbare Reaktion auf das breite öffentliche Echo, das der Artikel über den Fall Neisser auslöste, gab das Preußische Ministerium der geistlichen und der Unterrichtsangelegenheiten am 29. Dezember 1900 eine Anweisung an die Vorsteher der Kliniken, Polikliniken und sonstigen Krankenanstalten heraus, bei der es sich um das erste, wenn auch unvollständige Regelwerk zur Forschung am Menschen handelte, das die Aspekte der Aufklärung, Einwilligung und den Ausschluss Minderjähriger und Geschäftsunfähiger beinhaltete.

Das erste Regelwerk zur Forschung am Menschen

Anweisung an die Vorsteher der Kliniken, Polikliniken und sonstigen Krankenanstalten des Preußischen Ministeriums der geistlichen und der Unterrichtsangelegenheiten vom 29. Dezember 1900:

1. „Die Vorsteher der Kliniken, Polikliniken und sonstigen Krankenanstalten weise ich darauf hin, dass medicinische Eingriffe zu anderen als diagnostischen, Heil- und Immunisierungszwecken, auch wenn die sonstigen Voraussetzungen für die rechtliche und sittliche Zulässigkeit vorliegen, doch unter allen Umständen ausgeschlossen sind, wenn
   1. es sich um eine Person handelt, die noch minderjährig oder aus anderen Gründen nicht vollkommen geschäftsfähig ist,
   2. die betreffende Person nicht ihre Zustimmung zu dem Eingriffe in unzweideutiger Weise erklärt hat,
   3. dieser Erklärung nicht eine sachgemäße Belehrung über die aus dem Eingriffe möglicherweise hervorgehenden nachtheiligen Folgen vorausgegangen ist.
2. Zugleich bestimme ich, dass
   1. Eingriffe dieser Art nur von dem Vorsteher selbst oder mit besonderer Ermächtigung desselben vorgenommen werden dürfen.
   2. bei jedem derartigen Eingriffe die Erfüllung der Voraussetzungen zu I No 1–3 sowie alle näheren Umstände des Falles auf dem Krankenblatte zu vermerken sind.“

1930 hatte der Chefarzt eines Lübecker Krankenhauses die 1926 entwickelte und noch technisch unzulängliche Tuberkulose-Impfung in einem Großversuch in seinem Krankenhaus eingesetzt. Aufgrund von Verunreinigungen durch grobe Fahrlässigkeit starben bei diesem so genannten „Lübecker Totentanz“ 77 Kinder. Daraufhin erließ der

Reichsminister des Inneren am 28. Februar 1931 Richtlinien für neuartige Heilversuche und für die Vornahme wissenschaftlicher Versuche am Menschen. Diese Richtlinien waren weitaus umfangreicher und präziser als die preußischen Anweisungen und konnten späteren Deklarationen als Vorbild dienen.

In der Zwischenzeit kam es jedoch zu den Menschenversuchen und den als Versuche getarnten Gräueltaten in den Konzentrationslagern des Nationalsozialismus. Die Grausamkeit und die ungeheure Zahl von Opfern hatten ein bis dahin unvorstellbares Ausmaß. Die Forschung diente vorwiegend militärischen Zwecken und nicht der Heilung von Patienten. Das Erschreckendste war, dass der Tod der Versuchspersonen häufig das erklärte Ziel war. Beispiele hierfür sind Versuche in Druckkammern zur Untersuchung der Überlebensdauer in sauerstoffarmer Luft, Unterkühlungsexperimente, die darauf abzielten, die Überlebensdauer nach Fliegerabstürzen im Meer zu untersuchen, Giftgasversuche und Verdurstungsversuche, in denen Häftlinge im Konzentrationslager Dachau nur noch Meerwasser zu trinken bekamen.

Ernst Klee hat in seinem Buch „Auschwitz – Die NS-Medizin und ihre Opfer" von 1997 viele dieser Versuche beschrieben, in denen Menschen wie Labortiere behandelt wurden. Er hat auch versucht, die damalige Rolle der Kaiser-Wilhelm-Institute (der heutigen Max-Planck-Institute) und der Deutschen Forschungsgemeinschaft sowie der Pharmaindustrie offenzulegen, die eine Vielzahl dieser Menschenversuche finanziert haben. Vor allem aber ist es Autoren wie ihm gelungen, die Karriere einiger der Mediziner nachzuverfolgen, die an diesen Versuchen beteiligt waren oder sie initiiert hatten und nach dem Krieg zu leitenden Ärzten oder Führungskräften in Pharmaunternehmen werden konnten. Die Aufarbeitung all dieser Gräueltaten ist ebenso wie die historische Analyse der Entwicklung dorthin bis heute nicht abgeschlossen.

Begonnen wurde die Aufarbeitung der Verbrechen von Medizinern im Nationalsozialismus in den Nürnberger Ärzteprozessen, die vom 9. Dezember 1946 bis zum 27. August 1947 vor dem Militärgerichtshof in Nürnberg stattfanden und in denen 23 Ärzte und NS-Gesundheitsfunktionäre angeklagt waren. Diese Ärzteprozesse folgten unmittelbar auf die Nürnberger Prozesse gegen die Hauptkriegsverbrecher des Dritten Reiches. Der spätere Mitbegründer der Psychosomatik in Deutschland, Alexander Mitscherlich, war offizieller Beobachter der Prozesse und dokumentierte sie zusammen mit seinem Mitarbeiter Fred Mielke in dem zunächst völlig unbeachteten, aber 1960 unter dem Titel „Medizin ohne Menschlichkeit“ wiederaufgelegten Buch. Die Richter des amerikanischen Militärgerichtshofes in Nürnberg verbanden die Urteile in den Ärzteprozessen mit der Formulierung ethischer Grundsätze für zulässige medizinische Versuche: den berühmten Nürnberger Kodex, in dem die freiwillige Einwilligung nach bestmöglicher Aufklärung bei der Durchführung von Experimenten als wichtigste Forderung aufgenommen wurde.

Der Nürnberger Kodex von 1947
(nach Mitscherlich und Mielke 1960)

1. Die freiwillige Zustimmung der Versuchsperson ist unbedingt erforderlich. Das heißt, dass der Betreffende die gesetzmäßige Fähigkeit haben muss, seine Einwilligung zu geben; in der Lage sein muss, eine freie Entscheidung zu treffen, unbeeinflusst durch Gewalt, Betrug, List, Druck, Vortäuschung oder irgendeine andere Form der Beeinflussung oder des Zwanges; und genügend Kenntnis von und Einsicht in die Bestandteile des betreffenden Gebietes haben muss, um eine verständnisvolle und aufgeklärte Entscheidung treffen zu können. Diese letzte Bedingung macht es notwendig, dass der Versuchsperson vor der Annahme ihrer bejahenden Entscheidung das Wesen, die Länge und der Zweck des Versuches klargemacht werden; sowie die Metho-

de und die Mittel, welche angewendet werden sollen, alle Unannehmlichkeiten und Gefahren, welche mit Fug zu erwarten sind, und die Folgen für ihre Gesundheit oder ihre Person, welche sich aus der Teilnahme ergeben mögen. Die Pflicht und die Verantwortlichkeit, den Wert der Zustimmung festzustellen, obliegt jedem, der den Versuch anordnet, leitet oder ihn durchführt. Dies sind persönliche Pflichten und persönliche Verantwortungen, welche nicht ungestraft auf andere übertragen werden können.

2. Der Versuch muss derart sein, dass fruchtbare Ergebnisse für das Wohl der Gesellschaft zu erwarten sind, welche nicht durch andere Forschungsmittel oder Methoden zu erlangen sind, und welche ihrem Wesen nach nicht willkürlich und unnötig sind.
3. Der Versuch ist so zu planen und auf den Ergebnissen von Tierversuchen und einer Kenntnis des Wesens der Krankheit oder des sonstigen Problems aufzubauen, dass die vermutlichen Ergebnisse die Ausführung des Versuches rechtfertigen werden.
4. Der Versuch ist so durchzuführen, dass alle unnötigen körperlichen und geistigen Leiden und Verletzungen vermieden werden.
5. Kein Versuch darf durchgeführt werden, wenn a priori ein Grund besteht für die Annahme, dass der Tod oder ein dauernder, körperlicher Schaden eintreten wird, mit der Ausnahme vielleicht jener Versuche, bei welchen Versuchsleiter gleichzeitig als Versuchsperson dienen.
6. Das Gefahrenmoment darf niemals die Grenzen überschreiten, welche sich aus der humanitären Bedeutung des zu lösenden Problems ergeben.
7. Angemessene Vorbereitungen sind zu machen und ausreichende Vorkehrungen zu treffen, um die Versuchsperson gegen selbst die geringste Möglichkeit der Verletzung, der bleibenden gesundheitlichen Schädigungen oder des Todes zu schützen.
8. Der Versuch darf nur von wissenschaftlich geschulten Personen durchgeführt werden. Die größte Geschicklichkeit und die größte Vorsicht

müssen in allen Stufen des Versuches von denjenigen angewandt werden, die den Versuch leiten oder durchführen.

9. Während des Versuches muss der Versuchsperson freigestellt bleiben, den Versuch zu beenden, wenn sie körperlich oder geistig den Punkt erreicht hat, an dem ihr seine Fortsetzung unmöglich erscheint.
10. Im Verlauf des Versuches muss der Versuchsleiter jederzeit bereit bleiben, den Versuch einzustellen, wenn er bei Anwendung des von ihm geforderten guten Glaubens, besonderer Geschicklichkeit und Sorgfalt des Urteils Grund hat anzunehmen, dass eine Fortsetzung des Versuches eine Verletzung, eine bleibende gesundheitliche Schädigung oder den Tod der Versuchsperson herbeiführen könnte.

Nachdem in der Folgezeit Forschungsskandale unter anderem in den USA und Großbritannien bekannt wurden, wurde die Deklaration von Helsinki 1964 erstmalig vom Weltärztebund (World Medical Association), dem Zusammenschluss von inzwischen 95 nationalen Ärzteverbänden, formuliert und seitdem mehrfach revidiert. Sie gilt international als Standard ärztlicher Ethik und beinhaltet neben der freiwilligen Einwilligung nach bestmöglicher Aufklärung seit der Revision von 1975 unter anderem eine Forderung nach einer Risiko-Nutzen-Analyse und einer Prüfung durch eine unabhängige Kommission. Sie erlaubt auch Forschung an Nichteinwilligungsfähigen, allerdings nur unter der Voraussetzung, dass die Forschung nicht mit Einwilligungsfähigen durchgeführt werden kann, weil die Nichteinwilligungsfähigkeit zum Wesen der erforschten Erkrankung gehört. Dadurch sollen zum Beispiel für bewusstlose Patienten auf der Intensivstation oder Patienten mit Demenz spezifische Therapien weiterentwickelt werden können. Auch in Deutschland ist sie eine Grundlage zur Bewertung klinischer Studien durch Ethikkommissionen. Zudem regelt in Deutschland das Arzneimittelgesetz (AMG) den Umgang mit Arzneimitteln und damit auch die Durchführung klinischer Studien. In einer

Novelle von 2004 wurden europäische Richtlinien über die Anwendung der „Guten klinischen Praxis“ (Good Clinical Practice) bei der Durchführung von klinischen Prüfungen mit Arzneimitteln in das Arzneimittelgesetz überführt.

1996 wurde die sogenannte „Bioethikkonvention“ des Europarates in Straßburg beschlossen, das „Übereinkommen zum Schutz der Menschenrechte und der Menschenwürde im Hinblick auf die Anwendung von Biologie und Medizin: Übereinkommen über Menschenrechte und Biomedizin“ („Convention on human rights and biomedicine“). Diese Konvention steckt einen rechtlichen Rahmen ab, das heißt, sie gibt Mindestanforderungen vor für das jeweilige nationale Recht der Mitgliedsstaaten des Europarates im Hinblick auf die Anwendung von Humanbiologie und Medizin. Am 19. November 1996 kamen Regierungsvertreter der Mitgliedsstaaten zusammen und nahmen den Text der Konvention an. Die Konvention wurde bisher von 29 der 47 Mitgliedsstaaten ratifiziert und wiederholt durch Zusatzprotokolle ergänzt.

In Deutschland führte eine vorläufige Fassung der Konvention zu Entrüstung in der Öffentlichkeit, unter anderem weil aus deutscher Sicht bei Experimenten an nicht einwilligungsfähigen Menschen zu viel Freiraum gelassen wurde und die Einschränkungen der Embryonenforschung nicht ausreichten. Deutschland hat sich daher in dieser Abstimmung enthalten und die Konvention bisher nicht unterzeichnet. Die deutsche Rechtsprechung hat allerdings im europäischen Vergleich in vielen Punkten bereits strengere Regeln als die Bioethikkonvention.

Versuche an Menschen aus der Sicht von Immanuel Kant

Nicht nur der Gesetzestext, sondern auch das moralische Empfinden sagt einem, dass Patienten und besonders die schutzbedürftigen, nicht einwilligungsfähigen Patienten im Rahmen klinischer Studien nicht zu Schaden kommen sollten. Sie sollten auch einen möglichst großen Nutzen von der Teilnahme an der Studie haben. Wie lässt sich das aber begründen? Dazu soll im Folgenden die Philosophie Immanuel Kants weiterhelfen.

Die zentrale Frage in Kants Moralphilosophie ist, ob der Wille durch die Vernunft bestimmt werden kann, ohne dass eine Erfahrung, eine empirische Erkenntnis, im Spiel ist. Wissen, das völlig unabhängig ist von aller Erfahrung, nur auf reiner Erkenntnis beruht, wird als „a priori" bezeichnet. Dass der Schimmel ein weißes Pferd ist, stellt zum Beispiel ein solches Urteil a priori dar. Vor aller Erfahrung wissen wir, dass es wahr ist, denn die Farbe Weiß gehört definitionsgemäß zum Schimmel. Damit bringt dieses Urteil den Erkenntnisstand aber auch nicht weiter, es ist lediglich ein „analytisches" Urteil.

Ein „synthetisches" Urteil ist dagegen ein erkenntniserweiterndes. Die obige Grundfrage in Kants Moralphilosophie, ob der Wille vor aller Erfahrung allein von der Vernunft bestimmt werden kann, lässt sich mit diesen Begriffen dann folgendermaßen formulieren: Gibt es synthetische Urteile a priori, durch die der Wille bestimmt werden kann? Diesen über alle Erfahrung hinausgehenden Bereich der Moralphilosophie nennt Kant „Metaphysik der Sitten". Gäbe es die synthetischen Urteile a priori nicht, so würden alle Moralvorstellungen von Erfahrungswerten, auch von äußeren sozialen und kulturellen Bedingungen abhängen und wären damit veränderlich. Auch das Töten eines Menschen könnte man dann unter Voraussetzung bestimmter Erfahrungswerte rechtfertigen, also beispielsweise in Unrechtsregimen, würde es aber unter anderen gesellschaftlichen Bedingungen wiederum ablehnen.

Wie gelangt man nun zu moralischen Urteilen, die zugleich apriorisch und synthetisch sind, und wie gewährleistet man, dass es sich nicht nur um ein moralisches, sondern auch ein moralisch richtiges Urteil handelt? Grundlage eines moralisch richtigen Urteils ist der „gute Wille". Ritterliche Tugenden wie Tapferkeit, Treue, Würde oder Anstand können dem Einzelnen und seinen Mitmenschen sehr hilfreich sein, aber auch zu Handlungen führen, die Unglück hervorrufen und von anderen als unmoralisch gewertet werden. Einzig der gute Wille ist in jedem Falle gut, denn er wird nicht an seinen Ergebnissen gemessen, sondern allein am Wollen.

Wann ist ein Wille für Kant nun aber gut? Die „Neigung" eines Menschen ist kein Hinweis für den moralischen Wert seiner Handlung. Wenn ein Arzt Mitleid empfindet für einen Patienten mit einer schmerz- und leidverursachenden Krankheit, darf man daraus nicht folgern, dass jedweder Versuch, diesem Patienten zu helfen, moralisch richtig ist, zum Beispiel die Durchführung schmerzverursachender Experimente an anderen Menschen. Gleichgültig wie edel seine Absichten sein mögen, gemäß Kant handelt er nur dann moralisch, wenn er aus „Pflicht" handelt. Dies ist der Fall, wenn die Handlung nach einer bestimmten „Maxime" ausgerichtet ist, und diese wiederum der Prüfung durch ein „moralisches Gesetz" unterzogen wurde. Das moralische Gesetz ist der „kategorische Imperativ": Eine der Formulierungen des kategorischen Imperativs in Kants Werk „Grundlegung zur Metaphysik der Sitten" ist: „Handle nur nach derjenigen Maxime, durch die du zugleich wollen kannst, dass sie ein allgemeines Gesetz werde."

Zunächst muss also eine Maxime aufgestellt werden, etwa derart: „Immer, wenn ich mir dadurch einen wissenschaftlichen Erkenntnisfortschritt erhoffe, der menschliches Leid reduziert, füge ich anderen Menschen im Rahmen eines wissenschaftlichen Versuches Leid zu." Der zweite Schritt ist, diese Maxime gemäß des kategorischen Imperativs zu verallgemeinern und sie sich als allgemeines Gesetz vorzustellen: „Jeder, der zu einer wissenschaftlichen Erkenntnis gelangen will, die das Leid anderer Menschen reduziert, darf zu diesem Zweck anderen Menschen Leid zufügen." Würde man menschliches Leid durch menschliches Leid reduzieren wollen, so führte dies auf einen Widerspruch, denn schwerlich kann man allen Menschen das Recht zusprechen, für die Reduktion des Leides von Menschen andere Menschen leiden zu lassen, und gleichzeitig jeden zum potenziellen Opfer dieses Leidens machen. So müsste in einer Person zugleich Leid reduziert und vergrößert werden können. Eine Parallele dazu findet man im Arzneimittelgesetz im Absatz über Forschung an nicht einwilligungsfähigen Patienten: „Die klinische Prüfung muss mit möglichst wenig Belastungen und möglichst wenig vorhersehbaren Risiken für den Probanden verbunden sein" (§ 41, Absatz 3, AMG).

Es gibt eine weitere Formulierung des kategorischen Imperativs in der „Grundlegung zur Metaphysik der Sitten": „Handle so, dass du die Menschheit, sowohl in deiner Person, als in der Person eines jeden anderen, jederzeit zugleich als Zweck, niemals bloß als Mittel brauchest." Der Mensch ist ein Zweck, der nicht bedingt ist. Er braucht dazu keine Mittel, er ist Zweck an sich selbst, und zwar weil er sich selbst Zwecke setzen und damit Gesetze geben kann. Da der Mensch selbst bedingungsloser Zweck ist, unabhängig davon, was für Mittel ihm zur Verfügung stehen, darf er selbst auch nie zum reinen Mittel gemacht werden. Die Fähigkeit des Zwecksetzens und damit die Eigenschaft des Selbstzweckhaften sind für Kant das Grundsätzliche des Menschseins, sie sind die Voraussetzung dafür, moralisch zu handeln. Auch hierfür findet sich eine Parallele im Arzneimittelgesetz im Absatz über Forschung an Nichteinwilligungsfähigen. Die Anwendung des Prüfpräparates soll für den Probanden selbst mit einem Nutzen verbunden sein: „Die Anwendung des zu prüfenden Arzneimittels muss nach den Erkenntnissen der medizinischen Wissenschaft angezeigt sein, um das Leben der betroffenen Person zu retten, ihre Gesundheit wiederherzustellen oder ihr Leiden zu erleichtern" (§41, Absatz 3, AMG).

Wenn eine Handlung die Voraussetzungen erfüllt, der Wissenschaftler aber aus niederen Beweggründen handelt, also zum Beispiel aus pekuniärem Interesse, und nicht nach Prüfung des moralischen Gesetzes„ dann handelt er nicht aus Pflicht, sondern „pflichtmäßig". Er handelt also nicht moralisch. Wäre dasselbe Verhalten aus Achtung vor dem moralischen Gesetz geschehen, so wäre es moralisch. Ein Beispiel für ein pflichtmäßiges Handeln ist ein Arzt, dessen Motivation bei der Mitarbeit an klinischen Studien ist, Karriere zu machen oder sein Gehalt aufzubessern.

Aus dem Leben Immanuel Kants

Immanuel Kant war nicht nur einer der bedeutendsten Philosophen der Aufklärung, sondern der gesamten Philosophiegeschichte. Er wurde am 22. April 1724 in Königsberg geboren, der damaligen königlichen Haupt- und Residenzstadt Preußens, die seit 1946 Kaliningrad heißt und heute zu Russland gehört. Kant starb in derselben Stadt am 12. Februar 1804.

Als Kind eines armen Sattlermeisters bekam er durch den wohlhabenden Onkel die Möglichkeit, die beste Schule Königsbergs, das Friedrichskollegium, und dann mit 16 Jahren auch die Albertus-Universität in Königsberg zu besuchen. Nachdem er mit seiner Magisterschrift wenig Erfolg hatte, zog er sich für mehrere Jahre von der Universität zurück und wurde Hauslehrer. Bei dieser Gelegenheit legte er mit 120 Kilometern die in seinem ganzen Leben größte Entfernung von seiner Heimatstadt Königsberg zurück, in der er die übrige Zeit seines Lebens verbrachte. 1754 nahm er sein Studium in Königsberg wieder auf und im Folgejahr absolvierte er erfolgreich Promotion und Habilitation. Weil er von der Lehrtätigkeit nicht leben konnte, verdingte er sich zwischenzeitlich als Unterbibliothekar. Erst im Jahr 1770 bekam er die von ihm über lange Zeit bereits angestrebte Professur für Logik und Metaphysik in Königsberg, die er zeitlebens bekleidete.

Die wichtigsten seiner insgesamt 69 überlieferten Werke sind die erkenntnistheoretische Schrift „Kritik der reinen Vernunft" von 1781, die Kurzfassung seiner Ethik, die „Grundlegung zur Metaphysik der Sitten" von 1785, die Langfassung seiner Ethik, die „Kritik der praktischen Vernunft" von 1788, die noch längere Fassung seiner Ethik „Metaphysik der Sitten" von 1797 und das ästhetische Werk „Die Kritik der Urteilskraft" von 1790. Von seiner Friedensschrift „Zum ewigen Frieden" von 1795 wurde die Charta der Vereinten Nationen von 1995 erheblich beeinflusst. Kants Philosophie lässt sich mit vier Fragen formulieren: „Was kann ich wissen? Was soll ich tun? Was darf ich hoffen? Was ist der Mensch?".

Tierversuche und Utilitarismus

Bei all den ethischen Schwierigkeiten, die sich aus der Forschung am Menschen ergeben, stellt sich die Frage, ob sich durch Tierversuche das ethische Dilemma tatsächlich besser vermeiden lässt. Man könnte im Sinne des kategorischen Imperativs auch für diese Frage eine Maxime formulieren: „Immer, wenn ich mir dadurch einen wissenschaftlichen Erkenntnisfortschritt erhoffe, der menschliches Leid reduziert, füge ich Tieren im Rahmen eines wissenschaftlichen Versuches Leid zu." Wenn man diese Maxime verallgemeinert, lautet das allgemeine Gesetz: „Jeder, der zu einer wissenschaftlichen Erkenntnis gelangen will, die das Leid anderer Menschen reduziert, darf zu diesem Zweck Tieren Leid zufügen." Diese Verallgemeinerung stößt zumindest auf keine logischen Schwierigkeiten, denn der Betreffende kann durchaus wollen, dass es ein Gesetz gibt, das die Reduktion menschlichen Leids durch die Erweiterung menschlicher Erkenntnis auf Kosten von Tieren erlaubt.

An dieser Stelle soll noch einmal eine andere Formulierung des kategorischen Imperativs wiederholt werden: „Handle so, dass du die Menschheit, sowohl in deiner Person, als in der Person eines jeden anderen, jederzeit zugleich als Zweck, niemals bloß als Mittel brauchest." Nach dieser Formulierung besitzt das Tier keine Selbstzweckhaftigkeit im Sinne des kategorischen Imperativs, und daher hat man auch das Recht, das Tier für einen wissenschaftlichen Versuch zum reinen Mittel des Erkenntnisgewinns zu machen. Man beschneidet seine Selbstzweckhaftigkeit nicht, weil sie gar nicht existiert. Würde der Kantische Entwurf dann bedeuten, dass Tiere völlig rechtlos sind? Kant schränkt eine Rechtlosigkeit von Tieren ein mit der Begründung, dass wir zwar nicht den Tieren selbst gegenüber zu schonender Behandlung moralisch verpflichtet sind, doch durch brutalen Umgang mit ihnen auch die Bereitschaft wächst, Menschen Gewalt anzutun. Ihnen gegenüber haben wir die Pflicht, uns vor solch schädlichem Einfluss fernzuhalten. Kant stimmt in seiner „Tugendlehre" nur der Tötung von Tieren ohne Schmerz zum Zwecke der Nahrungsaufnahme und auch schmerzverursachenden Tierversuchen zu, solange sie wissenschaftlich begründbar sind, lehnt aber das Quälen von Tieren ab. Der Philosoph Arthur Schopenhauer kritisiert diese rein rationale Haltung in seiner „Preisschrift über die Grundlagen der Moral" aus dem Jahr 1840: „Also bloß zur Uebung soll man mit Thieren Mitleid haben, und sie sind gleichsam das pathologische Phantom zur Uebung des Mitleids mit Menschen."

Man kann die Asymmetrie in der Beziehung zwischen Mensch und Tier auch anders interpretieren: Zwar kann nur der Mensch sich selbst einen Zweck setzen und nur er eine moralische Verantwortung tragen, nur er besitzt die Rationalität, sich dem praktischen Gesetz Kants zu unterwerfen, doch warum sollte er es nur Wesen gegenüber tun, die ebenfalls dazu in der Lage sind? Denn in der Eigenschaft, Schmerzen erleiden zu können, sind Mensch und Säugetier gleich, daher müssten sie auch in diesem Punkt gleich behandelt werden. Eine eindeutige Beantwortung dieser Frage ist aber mit dem kategorischen Imperativ nicht möglich, hier stößt er an seine Grenzen.

Die Kantische Ethik stellt eine deontologische Konzeption dar, das heißt, sie versucht, Handlungen zu bewerten, indem sie auf rational verbindliche Werte rekurriert. Der Utilitarismus zieht lediglich die Folgen einer Handlung für ihre moralische Bewertung heran. Dies ist ganz allgemein Merkmal der Gruppe der sogenannten teleologischen Ethiken. Die utilitaristische Ethik gehört dazu. Sie wurde im 18. Jahrhundert von Jeremy Bentham begründet und im 19. Jahrhundert im Wesentlichen von John Stuart Mill erweitert. Wie werden im Utilitarismus die Konsequenzen des Handelns beurteilt? Sie müssen dem Prinzip des größten Glücks genügen, dem *greatest-happiness-principle*, wie Jeremy Bentham es 1789 bezeichnete. Jeder muss sich darum bemühen, den größtmöglichen Nutzen für möglichst viele derer anzustreben, die von den Folgen einer Handlung betroffen sind. Dabei zählen Rechte und Pflichten jedes Einzelnen gleich. Voraussetzung, in diese Nutzenbilanz aufgenommen zu werden, ist nicht wie bei Kants Prinzip die Rationalität, sondern die Eigenschaft, zu empfinden und zu leiden, wie es auch bei den Tieren der Fall ist.

John Stuart Mill fügte diesem Prinzip der Quantifizierung des Glücks noch ein Qualitätskriterium hinzu. Er geht nicht davon aus, dass das Glück eines Tieres weniger zählt als das Glück des Menschen, wenn es gleich ausgeprägt ist. Der Mensch besitzt aber höhere geistige Anlagen und ist damit zu höheren geistigen Freuden fähig. Für Mill gehört zum Glück nicht nur, Lust zu steigern, sondern auch Unlust zu reduzieren. Aus seiner Sicht ist ein höher begabtes Wesen wie der Mensch nicht nur zu größerem Glück, sondern auch zu größerem Leiden fähig. Daher wäre bei einer Güterabwägung zwischen Patient und Versuchstier ein Tierexperiment vorzuziehen.

Doch die Beurteilung des Leidens kann nach den heutigen Erkenntnissen der vergleichenden Verhaltensforschung so pauschal nicht mehr erfolgen. Die Intensität des Schmerzerlebens unterscheidet sich bei Menschen und Säugetieren nicht wesentlich, allerdings sind die Folgeeffekte beim Menschen andere. Kosmetische Entstellungen, auch wenn sie keinen funktionellen Einbußen mit sich bringen, können für einen Menschen höchst belastend und mit Scham oder gesellschaftlicher Ausgrenzung verbunden sein. Der Verlust eines Fingers bedeutet für einen Chirurgen, der möglicherweise seinen Beruf nicht mehr ausüben kann, mehr als für einen Primaten, dessen Überlebenschancen dadurch wahrscheinlich wenig beeinträchtigt sind. Letztendlich kann ein Mensch aber niemals nachempfinden, wie es für ein Tier ist, Schmerzen zu haben.

Auch für sogenannte Präferenz-Utilitaristen wie Peter Singer (1994) steht nicht zur Disposition, ob eine rationale Begründung für sittliche Pflichten existiert, sondern für ihn entscheiden allein die Folgen des Handelns. Der Unterschied zu Mill oder Bentham ist aber, dass Handlungen nicht allein in ihrer Tendenz zur Maximierung von Lust und Minimierung von Leid bewertet werden, sondern danach, ob sie mit den Präferenzen der betroffenen Wesen übereinstimmen. Wie bei Bentham das Leid selbst, geht hier das Interesse eines Tieres, nicht zu leiden, in die Abwägung ein. Entscheidende Bedeutung misst Singer dem Interesse am Weiterleben zu, das an Rationalität und Selbstbewusstsein gebunden ist. Nimmt man einem Wesen mit diesen Fähigkeiten das Leben, so durchkreuzt man damit alle zukünftigen Präferenzen. Daher wiegt das Interesse einer rationalen, selbstbewussten Person weiterzuleben in Singers Präferenzenbilanz stärker als das eines Tieres. In der Lust-Leid-Abwägung des klassischen Utilitarismus bereitet es dagegen Schwierigkeiten, zwischen dem Töten von Personen und Nicht-Personen in der moralischen Beurteilung zu differenzieren. Daher kann der Präferenz-Utilitarismus als eine Weiterentwicklung des Utilitarismus betrachtet werden.

Ein Argument gegen Singers Präferenz-Utilitarismus ist aber der „naturalistische Fehlschluss", den George Edward Moore bereits in seinem berühmten Werk „Principia Ethica" (1903) beschreibt. Bei Singer fehlt die Begründung dafür, warum die Existenz von Präferenzen auch ein Recht auf ihre Erfüllung beinhaltet. Wenn ein Mensch in einer Psychose aus seiner Wahnvorstellung heraus jemanden töten will, weil er in ihm die Inkarnation des Teufels sieht, dann wird seine Präferenz, den anderen töten zu wollen, in einer Güterabwägung gegen den Lebenswillen seines Gegenübers sicherlich aufgehoben werden. Die Frage ist, ob eine solche Präferenz überhaupt in eine Güterabwägung miteinbezogen werden soll. Es bräuchte also normative Kriterien, die eine Präferenz zu einer zu achtenden Präferenz machen.

Bei einer Forderung nach Maximierung der Erfüllung von Präferenzen, beziehungsweise Interessen können natürlich auch Handlungen geboten sein, die den Interessen Einzelner entgegenstehen. Die Abwägung der Interessen eines Tieres gegen die eines Menschen kann auch zuungunsten des Menschen ausfallen, da nach Singers Vorstellungen aus einem höheren Grad von Bewusstsein und Präferenz auch ein höherer Lebenswert folgt. Das Lebensrecht eines Fötus oder das eines Menschen mit schwerer geistiger Behinderung kann also für das eines Tieres mit höherem Grad von Bewusstsein nivelliert werden. Diese mögliche Konsequenz aus dem Präferenz-Utilitarismus hat sehr viel Protest hervorgerufen, vor allem von Behindertenverbänden. Ein weiteres Problem des Präferenz-Utilitarismus ist, klare Kriterien für die Abwägung der Zahl gegen die Qualität von Präferenzen zu bieten, also für die Abwägung des Leidens vieler Tiere gegen den therapeutischen Erfolg bei einer geringeren Anzahl von Menschen. In der Grundlagenforschung ist im Voraus nicht zu beurteilen, welchen Nutzen die durch das Leid der Tiere gewonnenen Entdeckungen in Zukunft haben werden. Das bedeutet gerade in der Schlaganfallforschung eine schwierige Abwägung, denn trotz hoffnungsvoller Ergebnisse in Tierversuchen sind bisher alle Substanzen, die zur Erholung des Hirngewebes nach einem Schlaganfall dienen sollten, in klinischen Tests an Menschen ohne Wirkung geblieben. Die Zahl der Versuchstiere, die gestorben sind, ohne dass das Leid eines Menschen reduziert werden konnte, ist gar nicht mehr zu beziffern. Möglicherweise wird dieser Forschungsbereich niemals zu einer sinnvollen klinischen Anwendung führen. Andererseits ist nicht absehbar, ob aus den Erkenntnissen über Umwege sich nicht doch in ferner Zukunft eine Therapie ableiten lässt. Eine klare Nutzenbilanz ist daher gar nicht möglich. Hierbei wird deutlich, dass nicht nur Kants Pflichtenethik, sondern auch der Utilitarismus in der ethischen Bewertung von Tierversuchen an seine Grenzen stößt.

Eine wesentliche Einschränkung des Utilitarismus wird offenbar, wenn man ihn auf das ursprüngliche Problem von Dr. Jung anwendet, nämlich die Bewertung der Forschung an Nichteinwilligungsfähigen. Denn in einer utilitaristischen Güterabwägung ist grundsätzlich alles möglich, was in der Ethik Kants zu Widersprüchen führt, in Deklarationen abgelehnt und gültigem Arzneimittelgesetz verboten ist. Wenn der potenzielle Nutzen für viele zukünftige Patienten sehr groß ist, wäre in einer utilitaristischen Abwägung auch großes Leid einzelner Studienteilnehmer zu rechtfertigen, auch bei fehlendem Nutzen für diesen Betroffenen und auch ohne deren Einverständnis. Letztlich können so auch fundamentale Menschenrechte verletzt werden.

Schlussfolgerungen

Aus Arzneimittelstudien können viele neue Erkenntnisse gewonnen werden. Bei der Prüfung von Medikamenten oder anderen Behandlungsverfahren sollte aber die Beteiligung nicht einwilligungsfähiger Patienten nur unter besonderen Umständen erfolgen. Das Arzneimittelgesetz sieht unter anderem vor, dass die klinische Prüfung nur mit möglichst wenigen Belastungen verbunden sein darf und der Nutzen für die betroffene Person die Risiken überwiegt. Es sieht auch vor, dass Forschung an Nichteinwilligungsfähigen nur durchgeführt werden darf, wenn sie nicht durch Forschung an Einwilligungsfähigen ersetzt werden kann. Der kategorische Imperativ kann bei der Urteilsbildung in Fragen der medizinischen Forschung sehr hilfreich sein, auch wenn er nicht in allen Situationen anwendbar ist.

Die Suche nach dem Heiligen Gral. Das Rätsel des Bewusstseins und der Umgang mit Komapatienten

Ralf J. Jox

Achterbahnfahrt zwischen Bangen und Hoffen

David war der Liebling seiner Mutter: 26 Jahre alt, schlank, großgewachsen, mit ebenmäßigen Gesichtszügen. Vor zwei Jahren hatte er das Studium der Philosophie und Politikwissenschaft mit Auszeichnung abgeschlossen und eine gut dotierte Anstellung bei einer international führenden Unternehmensberatung ergattert. Inzwischen hatte er nicht nur im Job Fuß gefasst, sondern auch eine Freundin gefunden, mit der er sich ein gemeinsames Leben und die Gründung einer Familie vorstellen konnte. Die wenige Freizeit, die ihm zur Verfügung stand, genoss er mit ihr beim Wandern, Klettern, Skifahren oder Reisen.

Als David an einem Sommerabend wieder einmal spät von der Arbeit auf seinem Mountainbike am Flussufer entlang nach Hause radelte, zog unvermutet ein Gewitter auf. Unerschrocken zog er die Kapuze über den Kopf und trat kräftiger in die Pedale. Er war nur noch wenige hundert Meter von seiner Wohnung entfernt, als es vor seinen Augen plötzlich grell aufflackerte und dann schwarz wurde. Er hörte noch das Donnergrollen über ihm und spürte eine siedende Hitze im Körper; den Aufprall auf dem Boden nahm er schon nicht mehr wahr. Ein Blitz war direkt vor ihm in einen Baum eingeschlagen und hatte ihn mit erfasst.

Es dauerte etliche Minuten, bis eine Passantin vorbeikam und den jungen Mann leblos am Boden liegend fand. Da sie kein Mobiltelefon dabeihatte, eilte sie nach Hause und rief von dort die Rettungsleitstelle. Als der Notarzt und die Sanitäter eintrafen, stellten sie einen Herz- und Atemstillstand fest und begannen unverzüglich mit der Wiederbelebung. David wurde intubiert und beatmet, erhielt kreislaufstärkende Injektionen und sein Herz wurde mehrmals defibrilliert. Nach mehr als einer halben Stunde hatte er wieder einen stabilen Blutkreislauf.

Als Davids Mutter im Krankenhaus eintraf, erklärte man ihr, dass ihr Sohn im Koma liege und aufgrund des Herzstillstandes eine Schädigung des Gehirns erlitten haben könnte. Doch es werde nach dem neuesten Stand der Wissenschaft alles getan, um diese Schäden so gering wie möglich zu halten. Bereits auf dem Weg in die Klinik waren Davids Körper und Gehirn abgekühlt worden, um den Stoffwechsel zu verringern und das Absterben von Zellen zu verhindern. In den folgenden Wochen hatten die Ärzte und Pflegenden mit vielen kritischen Situationen zu kämpfen: Hirnschwellung, Herzschwäche, Nierenversagen, schwere Infektionen, Beatmungsprobleme. Einmal musste David sogar erneut reanimiert werden. Seine Familie und die Freundin nutzten jede Minute der Besuchszeit, um bei ihm zu sein.

Nach vielen Wochen kam endlich die gute Nachricht: David hatte den Kampf gewonnen, die Organfunktionen stabilisierten sich, er brauchte keine Narkosemittel mehr und konnte in eine Rehabilitationsklinik verlegt werden. Dort angekommen, ging es weiter aufwärts. Zwar musste er zunächst noch auf einer Intensivstation liegen, doch bald gelang die Entwöhnung vom Respirator, er konnte wieder eigenständig atmen. Die Magensonde durch die Nase, die zur Ernährung und Medikamentengabe genutzt wurde, ersetzten die Ärzte durch eine dauerhafte Sonde, die direkt durch die Bauchdecke in den Magen gelegt wurde (perkutane endoskopische Gastrostomie, PEG). Wenige Tage später öffnete David von einem Moment zum anderen die Augen, einfach so, nach Wochen des Komas. Zwar blickte er noch niemanden an, sondern sah starr zur Decke, aber seine Familie war erleichtert.

Was nun folgte, war eine von riesiger Hoffnung getragene Anstrengung aller, David wieder ins Hier und Jetzt zurückzuholen. Die Pflegenden versuchten, ihn mit verschiedensten Stimuli aus seinem Dämmerzustand herauszulocken; die Physiotherapeuten mühten sich tagtäglich, die Beweglichkeit der Gliedmaßen und die Atmung zu verbessern; die Logopäden taten alles, um den Schluckreflex wieder anzutrainieren; die Ärzte setzten alle möglichen Medikamente ein, um das Bewusstsein zu steigern und die Rehabilitation zu fördern. Davids Familienangehörige waren täglich präsent, lasen ihm vor, spielten seine Lieblingsmusik, hängten Plakate, Fotos und Bilder von zu Hause in seinem Zimmer auf, fuhren ihn im Rollstuhl stundenlang durch den Park.

Vieles gelang, einige Körperfunktionen verbesserten sich, doch die Ärzte stuften Davids Zustand noch immer als Wachkoma ein, sie sprachen von einem „Syndrom reaktionsloser Wachheit“. Das war für seine Familie nur schwer zu verstehen: Wie konnte David wach sein, ohne bei Bewusstsein zu sein? Wie konnte man von Wachheit reden, wenn nur seine Augen geöffnet waren? Für sie war David nicht mehr bewusstlos, denn sie nahmen Reaktionen an ihm wahr, etwa die Entspannung der Gesichtszüge, wenn seine Mutter ihm vorlas, die winzige Bewegung mit dem großen Zeh, wenn eine bestimmte Pflegerin ihn wusch, oder auch die leichte Beschleunigung des Pulses, wenn am Samstagnachmittag die Bundesligakonferenz laut aus dem Radio tönte.

Als die Reha-Klinik den Patienten nach Monaten intensiver Behandlung in die sogenannte Phase F der „zustandserhaltenden Pflege“ entließ, war dies für Davids Familie eine maßlose Enttäuschung. Doch sie ließ den Mut nicht ganz sinken und brachte den jungen Mann in einer speziellen Einrichtung für die Langzeitbehandlung und Pflege von Wachkomapatienten unter. Dort kannte man neue und andere Methoden der Stimulation und Behandlung, und es gab Patienten, die große Fortschritte gemacht hatten. Nach einigen Wochen erbrachten sorgfältige Verhaltenstests, dass David strenggenommen nicht mehr im Wachkoma sei, sondern im sogenannten „minimalbewussten Zustand". Bewegte man einen Spiegel vor seinem Gesicht langsam hin und her, folgten die Augen diesem. Gab man David einen Kugelschreiber in die Hand, konnte er ihn bereits richtig halten. Zuweilen gab er sogar Laute von sich, an denen man ablesen konnte, wie es ihm ging.

Aber dennoch konnte niemand wirklich mit David kommunizieren. Auf Fragen reagierter er selten eindeutig, Wörter oder gar Sätze brachte er nicht heraus, Wünsche musste man ihm buchstäblich von den Augen ablesen – für seine Familie ein quälender Zustand der Ungewissheit. Man fragte sich immer drängender, ob er leide. Über eine Selbsthilfegruppe erfuhr die Familie von einem Forscher in Kanada, der es geschafft habe, mittels Hirnscan Kontakt zu einem Patienten im Wachkoma aufzubauen. Mit Hilfe einer Kernspintomografie habe dieser Patient auf die Fragen geantwortet, wie sein Vater heiße und ob er Schmerzen habe, berichteten verschiedene Medien. Sofort recherchierten die Eltern einen Experten, der das neuartige Verfahren auch in Deutschland anbot, und fuhren mit David dorthin. Seine Mutter hatte sich zwei Blätter voller Fragen notiert, die sie ihrem Sohn stellen wollte. Doch alle Hoffnung war vergebens, die Versuche der Kontaktaufnahme scheiterten allesamt. Frustriert brachte die Familie David zurück in das Heim, in dem er wohnte.

In den folgenden Jahren änderte sich Davids Zustand nicht nennenswert. Dreimal musste er in dieser Zeit wegen Infektionen der Lunge, der Harnwege und der Haut im Krankenhaus behandelt werden. Beim letzten Mal fragte der Klinikarzt die Mutter, die die rechtliche Betreuung innehatte, ob denn die Behandlung der Lungenentzündung noch im Sinne ihres Sohnes sei. Das erschreckte sie. Nach all den Fortschritten, die sie gemeinsam in den letzten Jahren erreicht hatten, sollte sie einfach aufgeben? Dann wären alle Mühen, Sorgen und Entbehrungen ja umsonst gewesen. Was aber würde David selbst dazu sagen? Würde er so weiterleben wollen, ohne eine Chance, jemals wieder sprechen oder sich eigenständig fortbewegen zu können? Ohne Aussicht, ein Leben in, wenn auch noch so minimaler, Selbständigkeit führen zu können? Niemals hatte David über solche Dinge gesprochen, es gab keine Patientenverfügung – wie sollte die Mutter nun seinen Willen herausfinden?

„Mama, ich möchte nicht, dass du dir wegen mir Sorgen machst", hatte er oft gesagt. Er wollte stets unabhängig sein, war früh von zu Hause ausgezogen und hatte sein Leben selbst in die Hand genommen. Mit dem Geld, das er bei der Unternehmensberatung verdiente, hatte er seine Eltern im Alter unterstützen wollen, denn diese verfügten nur über ein bescheidenes Einkommen. Als nun beide in Rente gingen, wurde die finanzielle Situation noch prekärer, zumal sie Monat für Monat einen vierstelligen Betrag für die Einrichtung aufwenden mussten, in welcher David gepflegt wurde. Da alle Ersparnisse aufgebraucht und die Familie zunehmend enttäuscht war über die ausbleibenden Fortschritte, holten die Eltern David nach Hause und pflegten ihn fortan mit Hilfe ambulanter Pflegekräfte selbst. So war David wenigstens wieder bei sich zu Hause, in seinem früheren Kinderzimmer, das er vor vielen Jahren auf dem Weg zum Studium hinter sich gelassen hatte.

Davids Unfall lag inzwischen sechs Jahre zurück. Einmal noch schöpfte seine Mutter neue Hoffnung, als sie in Internetforen von Fällen las, in denen Menschen wie David nach vielen Jahren mit einem Schlag wieder voll zu Bewusstsein kamen. Sie las über einen US-Amerikaner, der angeblich nach 19 Jahren im Wachkoma eines Tages unvermittelt wieder zu sprechen begonnen hatte. Dann hörte sie von einem belgischen Patienten, der 23 Jahre im Wachkoma vermutet wurde und mit Hilfe einer Sprachtherapeutin und eines Computers eines Tages Sätze formulierte wie diese: „Nie vergesse ich den Tag, an dem sie mich entdeckten, meine zweite Geburt (...) Aber mein Leben verdanke ich nur meiner Familie. Die anderen haben es aufgegeben, nach mir zu suchen."

Doch diese Hoffnungen waren trügerisch: die Sätze des belgischen Patienten entpuppten sich als Schwindel der Sprachtherapeutin, die plötzliche Sprachfähigkeit des amerikanischen Patienten stagnierte und offenbarte fortbestehende gravierende Defizite im Denken und Erinnern. Davids Zustand selbst verbesserte sich weiterhin nicht, im Gegenteil. Eines Nachts begann er plötzlich schwer zu atmen und musste sofort in die Klinik gebracht werden. Man diagnostizierte eine ausgeprägte Lungenembolie: Aufgrund seiner Unbeweglichkeit hatte sich ein großes Blutgerinnsel gebildet und mehrere große Arterien in der Lunge verstopft. Tags darauf fragte der Oberarzt der Intensivstation, ob es in Davids Sinne wäre, ihn bei einem Herzstillstand zu reanimieren. Schweren Herzens antwortete die Mutter mit Nein. Noch in derselben Nacht hörte Davids Herz auf zu schlagen. Seine Familie versammelte sich an seinem Bett und verabschiedete ihn. Die Menschen, die ihm nahestanden, wussten nicht, was David über all die Jahre von seinem Leben im Dämmerzustand mitbekommen hat, ob er gelitten, was er gefühlt hatte. Sie zweifelten, ob die vielen Entscheidungen, die sie für ihn getroffen haben, durchweg richtig gewesen waren. Doch sie waren sich sicher, dass sie stets aus Liebe gehandelt hatten.

Bewusstseinsstörungen: ein Tor zum Bewusstsein?

Davids Geschichte kann auf verschiedene Weise gelesen werden: als die Tragödie eines leidvollen Schicksals, als ein Lehrstück über die Grenzen medizinischer Machbarkeit, als ein Beispiel für die Suche nach dem Bewusstsein oder als eine Illustration ethischer Herausforderungen in der Neurologie. Davids Geschichte verdeutlicht auf dramatische Weise die auseinanderstrebende Kluft zwischen einer Akutmedizin, die immer wirksamer lebensbedrohliche Unfälle und Verletzungen behandeln, Organfunktionen stabilisieren und Leben retten kann, und einer Chronikermedizin, die in ihrer Fähigkeit, Krankheiten zu heilen, geschädigte Organfunktionen wiederherzustellen und Lebensqualität zu verbessern, leider viel langsamere Fortschritte macht.

Dies trifft auf besondere Weise zu, wenn das Gehirn geschädigt ist oder wenn gar, wie im beschriebenen Fall, große und besonders kritische Teile des Gehirns nicht mehr funktionieren. Im Gegensatz zu anderen Organen ist, insbesondere bei Erwachsenen, die Fähigkeit des Gehirns zur Selbstheilung und Regeneration deutlich geringer ausgeprägt. Nun ist das Gehirn zwar ein lebenswichtiges Organ, doch manche seiner lebenswichtigen Funktionen können auf relativ simple Weise medizinisch unterstützt oder sogar ersetzt werden. Nachdem David die Akutphase auf den Intensivstationen überstanden hatte, war die einzige lebenswichtige Funktion, die dauerhaft ersetzt werden musste, die vom Gehirn durch das Verhalten gesteuerte Einnahme von Nahrung und Flüssigkeit. Mit der PEG-Sonde konnte dieser Mangel ganz einfach und wenig aufwendig überbrückt werden. Unterstützt durch eine intensive pflegerische Betreuung und die gelegentliche Behandlung von Komplikationen wie etwa Infektionen konnte David über viele Jahre in einem stabilen Zustand überleben.

Noch vor dreißig Jahren wäre dies unmöglich gewesen: Abgesehen von der damals noch nicht so ausgefeilten notfall- und intensivmedizinischen Behandlung gab es noch keine PEG-Sonden, sodass Menschen mit einer solchen massiven Gehirnschädigung wenn überhaupt nur wenige Wochen überleben konnten. Es ist also der janusköpfige medizinische Fortschritt, der uns heute bei schweren akuten Gesundheitsgefahren, insbesondere Gehirnschädigungen, das Vabanquespiel zumutet, eine Lebensrettung zu versuchen, ohne Klarheit darüber zu haben, welche Lebensqualität für den Betroffenen langfristig zu erreichen ist.

Tragisch kann man es nennen, dass gerade diejenigen Fähigkeiten des Gehirns, die wir Menschen am meisten wertschätzen und am stärksten mit den Wesenszügen unseres Menschseins verbinden, am anfälligsten für Schädigungen verschiedenster Art sind. Gegenwärtig müssen wir erleben, wie psychische Krankheiten, Schlaganfälle und Demenzen mit steigender Lebenserwartung immer häufiger werden und oftmals unsere Fähigkeiten zu denken, zu fühlen, miteinander zu sprechen und Lebensziele zu verfolgen beeinträchtigen. Die Grundlage indes, auf der all diese Fähigkeiten überhaupt erst möglich sind, ist das Bewusstsein. Und das Bewusstsein ist ein sehr fragiles, anfälliges Phänomen. Wer ist nicht schon einmal kurzzeitig in Ohnmacht gefallen oder hat nach einem Kopftrauma einen Moment des Blackouts erlebt? Ärzte konnten schon vor Jahrhunderten mit recht unspezifischen Mitteln und Gasen, deren Wirkung bis heute nicht genau aufgeklärt ist, das Gehirn in Narkose versetzen, um das Bewusstsein vorübergehend zu dämpfen oder auszuschalten.

Dieses zerbrechliche Substrat unseres menschlichen Lebens, das Bewusstsein, gibt uns zugleich viele Rätsel auf, die wir wiederum mit Hilfe unseres Bewusstseins (also reflexiv) zu ergründen suchen. Was ist Bewusstsein? Welchen evolutionären Sinn hat Bewusstsein? Welche Lebewesen haben Bewusstsein? Wie weisen wir Bewusstsein nach? Welchen Wert hat Bewusstsein für unser Leben? Viele Philosophen haben sich mit der Frage befasst, was Bewusstsein ist, welche Arten von Bewusstsein es gibt und welche Eigenschaften diese haben. Das deutsche Wort „Bewusstsein“ wurde erstmals 1719 von dem Philosophen der Aufklärung Christian Wolff eingeführt, um den lateinischen Begriff „conscientia“ des französischen Philosophen René Descartes aus dem 17. Jahrhundert zu verdeutschen. Descartes hatte sich als einer der ersten Philosophen radikal mit dem Phänomen des Bewusstseins auseinandergesetzt und das Bewusstsein des denkenden Menschen als abstrakte Kategorie thematisiert. Im Wort „Bewusstsein“ schwingt ebenso wie in „conscientia“ die Bedeutung mit, dass der Wissende beziehungsweise Sehende („wissen“ kommt vom lateinischen „vidēre“, also „sehen“) etwas immer deutlich *mit*weiß, nämlich sein eigenes Bewusstsein und das seines Mitmenschen. In der Philosophie wurde seither vor allem darüber nachgedacht, was es heißt, etwas aus der Innensicht zu erleben („phänomenales Bewusstsein“), sich gedanklich auf die Welt zu beziehen („Intentionalitätsproblem“) und sich seines eigenen Ich bewusst zu sein („Selbstbewusstsein“).

Phänomenales Bewusstsein oder wie es ist, eine Fledermaus zu sein

Der New Yorker Philosoph Thomas Nagel veröffentlichte 1974 mit 37 Jahren einen einflussreichen Aufsatz zum Problem des Bewusstseins: „What it is like to be a bat“ – „Wie es ist, eine Fledermaus zu sein“. Er richtet sich darin gegen die Philosophie des reduktionistischen Materialismus, die alle Vorgänge dieser Welt, auch das Bewusstsein, auf stoffliche Materie zurückführt und behauptet, Bewusstsein sei nichts anderes als ein bestimmter elektrochemischer Zustand von Gehirnzellen. Nagel hingegen geht davon aus, dass Bewusstsein eine weit verbreitete Realität im Leben höherer Säugetiere ist. Demnach hat ein Lebewesen nur dann Bewusstsein, wenn es eine bestimmte Art und Weise gibt, wie es ist und sich anfühlt, dieses Lebewesen zu sein. Dieses rein subjektive Erleben aus einer individuellen Innenperspektive lässt sich nach Nagel niemals objektiv analysieren oder empirisch untersuchen.

Nagel führt ein berühmt gewordenes Beispiel ein: Er vermutet, dass Fledermäuse als Säugetiere ein Bewusstsein haben, aber zugleich sind sie, wie die Biologie sie beschreibt, uns sehr fremd. Sie sind nachtaktive, fliegende Tiere, die sich durch ganz andere Sinne orientieren als wir: Sie senden Ultraschalllaute aus und erkennen die Dinge im Raum wie das Echolot eines U-Bootes. Darüber hinaus haben sie einen Magnetsinn, und manche besitzen sogar einen Sehsinn für UV-Licht. Wenn wir Menschen uns nun vorstellen, von der Decke zu hängen und mithilfe eines Echolots durch den Raum zu fliegen, dann könnten wir uns allenfalls einfühlen, wie es *für uns als Menschen* wäre, uns wie Fledermäuse zu verhalten. Wir werden aber nie nachvollziehen können, wie es *für die Fledermaus selbst* ist, Fledermaus zu sein.

Das Beispiel zeigt: Der subjektive Standpunkt ist vom objektiven unüberbrückbar getrennt, wir können mit noch so perfekten objektiven Messinstrumenten nicht den subjektiven Standpunkt eines anderen Bewusstseins einnehmen.

Während die Psychologie großenteils einen Bogen um das Bewusstsein macht und entweder die einzelnen, im bewussten Zustand stattfindenden mentalen Prozesse (Wahrnehmung, Denken, Emotionen) oder das Unbewusste und Vorbewusste thematisiert, hat sich die moderne Hirnforschung dem Bewusstsein selbst zugewandt. Dabei geht die Neurowissenschaft von der Grundannahme aus, dass das Bewusstsein ein Prozess im Gehirn ist oder zumindest mit bestimmten gehirnphysiologischen Prozessen korreliert. Ziel der Hirnforschung ist es, diese neuronalen Prozesse zu bestimmen und zu messen, um letztlich vorhersagen zu können, ob ein Mensch bei Bewusstsein ist, worauf sich sein Bewusstsein gerade richtet beziehungsweise welche Inhalte es hat, und schließlich auch um dieses Bewusstsein beeinflussen zu können, wenn es etwa erkrankt ist.

Die Instrumente, welche die moderne Hirnforschung zu diesem Zweck einsetzt, sind neben der Messung von Hirnströmen (Elektrophysiologie) vor allem die bildliche Darstellung von Prozessen im Gehirn (funktionelle Bildgebung). Eine dieser Forschungsrichtungen ist das sogenannte *Brain Reading*, also der Versuch, durch die bildgebenden Verfahren das Gehirn von außen lesen zu können, ihm gleichsam beim Nachdenken, Planen, Fühlen und Wollen zuschauen zu können. Eine weitere Forschungsrichtung geht noch tiefer und versucht, das Bewusstsein selbst bildlich abzubilden und so zu erkennen, ob ein Mensch bei Bewusstsein ist und welchen Grad von Bewusstsein er hat.

Um dieses zu erforschen, bedient sich die Neurowissenschaft eines Tricks: Sie versucht, dem Bewusstsein auf die Schliche zu kommen, indem sie Zustände untersucht, die bekanntermaßen mit einem geänderten oder gestörten Bewusstsein einhergehen: etwa die Narkose, den Schlaf, manche epileptische Anfälle oder aber jene krankhaften Hirnschädigungen, die zu sogenannten chronischen Bewusstseinsstörungen führen, wie es bei David in unserem Eingangsbeispiel der Fall war.

Die Krankheitsbilder: was man weiß und was man nicht weiß

David lag die ersten Wochen nach seinem Unfall im Koma, wurde dann als Wachkoma-Patient bezeichnet und erhielt schließlich die Diagnose „minimalbewusster Zustand“: Drei verschiedene Begriffe, deren Unterscheidung von großer Bedeutung ist. Doch es gibt kaum Krankheitsbilder, die so viel Verwirrung und Verwechslung hervorrufen wie diese – nicht nur in der allgemeinen Bevölkerung, sondern auch zuweilen unter Angehörigen und professionellen Helfern.

Das Koma ist eine akute Reaktion auf eine schwere Hirnschädigung, deren Merkmal es ist, dass die Betroffenen auch durch stärkste Reize nicht erweckbar sind, die Augen nicht öffnen und auf Ansprache nicht reagieren. Das Wort „Koma“ bedeutet im Altgriechischen zwar „tiefer Schlaf“, weil der Zustand von außen einem friedlichen Schlaf ähnelt. Heute weiß man aber, dass diese Zustände unterschiedlicher kaum sein könnten. Der Schlaf ist eine natürliche Lebensphase, die unser Körper für die Erhaltung der Gesundheit lebensnotwendig braucht. Das Gehirn selbst „schläft“ nicht während des Schlafes, sondern durchläuft verschiedene Aktivitätsphasen, die unter anderem für Lernprozesse unabdingbar sind. In den Traumphasen haben Schlafende eine Art inneres Bewusstsein, auch wenn die Trauminhalte nach dem Erwachen in der Regel nicht mehr erinnerlich sind, da sie nicht gespeichert werden. Im Unterschied zum Koma sind Schlafende in jeder Schlafphase erweckbar.

Das Koma hingegen geht, zumindest wenn es sich um ein tiefes Koma aufgrund einer Gehirnschädigung handelt, sehr wahrscheinlich mit Bewusstlosigkeit einher. Das legen die niedrigen Hirnstromkurven und die geringe Stoffwechselaktivität des Gehirns in diesem Zustand nahe. Da verschiedenste Schädigungen des Gehirns an ganz unterschiedlichen Stellen ein Koma zur Folge haben, geht man heute davon aus, dass das Koma eine Art Schutzreaktion des Gehirns darstellt: Zellhaufen im Inneren des Hirnstamms zwischen Hinterkopf und Nacken drosseln den Stoffwechsel des gesamten Großhirns und schalten damit auch das Bewusstsein aus. Die Phase des Komas ist aber stets eine vorübergehende: Sofern das Gehirn nicht mehr durch Medikamente im „künstlichen Koma" gehalten wird, entwickelt sich aus dem Koma nach etwa zehn Tagen entweder der Hirntod oder das „Wachkoma" (siehe auch das Kapitel über Hirntod (S. 125)).

Das „Wachkoma" ist, wie der Begriff anzudeuten versucht, dadurch gekennzeichnet, dass der Patient die Augen wieder öffnet und daher nach der medizinischen Definition wach ist. Gleichzeitig erscheint der Betroffene nicht bei Bewusstsein zu sein, da er teilnahmslos ins Leere starrt, auf Fragen nicht antwortet, auf seine Umgebung nicht reagiert und keinerlei willentliche Handlungen ausführt. Die Augen eines Menschen im Wachkoma sind zwar geöffnet und können sich bewegen, doch hat man nicht das Gefühl, dass sie Dinge oder Personen anblicken, geschweige denn ihnen nachfolgen, wenn sie sich im Raum bewegen.

Dieser Zustand scheint uns allen irgendwie paradox und unvorstellbar. Wie kann jemand wach sein und die Augen offen halten, aber bewusstlos sein? Das widerstreitet unserer Alltagserfahrung, die wir in Hunderttausenden von Begegnungen mit Menschen gemacht haben: Wer die Augen geöffnet hat, ist bei Bewusstsein, und wer nicht bei Bewusstsein ist, dessen Augenlider sind geschlossen. Wer müde ist, dem werden die Augenlider schwer und sinken herab, wer hingegen besonders wach, aufmerksam oder alarmiert ist, wer gerade größte Freude, Überraschung oder Angst erlebt, dessen Augen weiten sich sogar. Um diese Koppelung zwischen Augenzustand und Bewusstsein noch besser zu verstehen, wollen wir ein kurzes Gedankenexperiment wagen: Stellen Sie sich vor, Sie sitzen in einem Zugabteil und Ihnen gegenüber sitzt eine Frau, entspannt in halbliegender Position, den Kopf leicht zur Seite geneigt. Sie spricht nicht, atmet ruhig, ihre offenen Augen blicken schräg an die Decke. Was geht wohl in der Frau gerade vor? Vielleicht grübelt sie über etwas nach, erinnert sich an ein romantisches Erlebnis am Vorabend, plant die nächste berufliche Besprechung, macht sich Sorgen um ihre Kinder oder vieles mehr. Nun holen Sie sich im Bordbistro einen Kaffee und kehren nach zehn Minuten in das Abteil zurück. Die Frau gegenüber sitzt noch immer in derselben Position, den Kopf geneigt, atmet noch immer ruhig wie zuvor. Doch nun sind ihre Augen dauerhaft geschlossen und bleiben es auch für die nächsten Stunden. Was schließen Sie daraus? Die Frau ist wohl eingeschlafen oder döst zumindest. Das Gedankenexperiment veranschaulicht, dass wir den Bewusstseinszustand eines anderen Menschen in der Regel an dessen Augen ablesen. Insbesondere fällt es uns schwer zu glauben, dass ein Mensch mit offenen Augen nicht bei Bewusstsein ist.

Wie aber können Wachheit und Bewusstsein auseinanderfallen? Um dies zu verstehen, hilft ein kurzer Blick auf die Anatomie des menschlichen Gehirns. Weiter oben wurde bereits auf den Hirnstamm hingewiesen: Dieser kleine, nur etwa daumengroße Bereich des Gehirns tief im Inneren des Kopfes verbindet das obere Rückenmark mit dem Gehirn, insbesondere dem Großhirn, und liegt gut gepanzert in einem kompakten knöchernen Tunnel. Die Zellen des Hirnstammes sind widerstandsfähiger als andere Gehirnzellen, denn hier sind auf engstem Raum lebenswichtige Funktionen „verpackt“: Hier werden Atmung und Kreislauf koordiniert, hier sind Schutzreflexe wie Schlucken, Husten und Erbrechen sowie die Reflexe der Sinnesorgane verschaltet, hier passieren die langen Nervenbahnen, die Wahrnehmungen ins Gehirn leiten und Bewegungsimpulse vom Gehirn an die Muskeln übermitteln. Im Hirnstamm liegt auch der Ursprung jenes Wecksystems, das normalerweise dafür sorgt, dass wir nach dem Schlaf die Augen öffnen und zu Bewusstsein kommen.

Entwicklungsgeschichtlich ist der Hirnstamm der älteste Teil des Gehirns, er hat sich bereits vor etwa 500 Millionen Jahren herausgebildet und findet sich in ähnlicher Weise auch bei primitiven Wirbeltieren wie den Reptilien. Demgegenüber ist das Großhirn, welches in seiner überwölbenden Haubenform den größten Platz im Gehirn einnimmt, eine verhältnismäßig neue Entwicklung der Natur und ist beim Menschen besonders ausgeprägt. Daher wird das Großhirn mit vielen menschentypischen Charakteristika in Verbindung gebracht, dem abstrakten Denken, dem Sprechen, Rechnen, Planen, dem Sozialverhalten sowie mit dem Bewusstsein. In seiner Komplexität ist das Großhirn anfälliger als der Hirnstamm, sowohl durch Verletzungen von außen als auch durch innere Schädigungen aufgrund von Sauerstoffmangel oder Giftstoffen beeinträchtigt zu werden.

Die unterschiedliche evolutionäre Entwicklung, anatomische Lage und Verletzbarkeit haben zur Folge, dass es Situationen geben kann, in denen das Großhirn massiv geschädigt ist, der Hirnstamm jedoch nicht. Zwar gibt es auch das Gegenteil, wenn etwa ein einzelnes Blutgefäß des Hirnstamms platzt oder sich verschließt und damit den Hirnstamm außer Gefecht setzt, während das Großhirn intakt bleibt. Dies kann zum Locked-in-Syndrom führen, in dem ein bewusster und kognitiv intakter Geist in einem komplett oder nahezu komplett gelähmten Körper „eingeschlossen" ist. Häufiger ist jedoch die Kehrseite: Wenn etwa eine starke Gewalt auf den Kopf einwirkt oder wie bei David das Herz stillsteht und kein Blut mehr ins Gehirn pumpt, bleiben die Nervenzellen im Hirnstamm zunächst noch einigermaßen intakt, während die Zellen im Großhirn bereits unwiederbringlich zerstört sein können. Wenn die Wiederbelebung wie im Fall von David erst viele Minuten nach dem Herzstillstand erfolgt, sind zahlreiche Großhirnzellen nicht mehr zu retten und beeinträchtigen zudem auch Nachbarzellen, während die Zellen im Hirnstamm überleben können.

Daraus entsteht nach einer gewissen Zeit das Bild des „Wachkomas“: Die Patienten atmen selbstständig, regulieren Kreislauf, Hormonsystem und Verdauung, haben einen Schlaf-Wach-Rhythmus und zeigen erhaltene Reflexe im Bereich des Gesichts und des Körpers. Dabei darf man nicht nur an so simple Dinge wie den Kniesehnenreflex denken. Es gibt im Nervensystem auch komplexe Reflexe über viele Schaltstellen, die ganze Bewegungsmuster auslösen: etwa Grimassieren, Lächeln, Gähnen, Schluckauf, Schreckreaktion, Erektion, aber auch Tränenfluss und Anstieg von Puls und Blutdruck durch Schmerzreize. All diese Phänomene sind bei Menschen im Wachkoma zuweilen zu beobachten. Wenn gleichzeitig aber das Großhirn weitflächig zerstört ist (und nach einigen Monaten sind große Teile des Hirngewebes sogar verflüssigt beziehungsweise durch Hirnwasser ersetzt), wird erklärlich, weshalb die sogenannten höheren Hirnfunktionen, die für den sozialen Austausch mit anderen Menschen so unverzichtbar sind, nicht mehr zu beobachten sind.

Das Wachkoma wird heute auch als Syndrom reaktionsloser Wachheit bezeichnet, um deutlich zu machen, dass es sich nicht um ein Koma im klassischen Sinn handelt und dass die Bewusstlosigkeit von außen nicht sicher nachgewiesen werden kann, lediglich die Reaktionslosigkeit. In der Medizin werden teilweise noch die älteren Synonyme „Apallisches Syndrom“ und „Coma vigile“ gebraucht. Während letzteres das lateinische Pendant des Wortes „Wachkoma“ ist, bedeutet „a-pallisch“ wörtlich übersetzt „ohne Großhirn“ (lat. *pallium* = Großhirnmantel). International gebräuchlich und in Fachkreisen oft verwendet ist die Bezeichnung *vegetative state* (vegetativer Zustand), die von dem britischen Neurologen Bryan Jennett und seinem amerikanischen Kollegen Fred Plum 1972 eingeführt wurde, um positiv herauszustellen, dass die Funktionen des vegetativen Nervensystems (zum Beispiel die Kontrolle von Kreislauf, Atmung, Temperatur- und Hormonsystem) bei diesen Patienten noch intakt sind.

Lange Zeit galt das Wachkoma als einzige Form chronischer Bewusstseinsstörung. Im Jahr 2002 wurde ein neuer Zustand entdeckt und beschrieben, der auch bei David nach einigen Wochen diagnostiziert wurde: der minimalbewusste Zustand (engl. „*minimally conscious state*"). Wie das Wort schon klarmacht, werden damit Patienten bezeichnet, die nicht mehr gänzlich ohne Bewusstsein sind, wie man es ja von Menschen im Wachkoma annimmt, aber andererseits auch nicht das volle Bewusstsein haben, wie wir es von Gesunden kennen. Diese Einteilung setzt also voraus, dass das menschliche Bewusstsein in Graden und Grauschattierungen vorkommt. Hiernach gleicht das Bewusstsein also weniger einer Glühbirne, die an- und ausgeknipst werden kann, sondern einer Lampe mit Dimmer, die mehr oder weniger hell leuchten kann. Patienten werden immer dann in diese Kategorie eingeteilt, wenn sie eine der folgenden Verhaltensweisen zeigen: mit den Augen Gegenstände und Personen unverwandt anblicken („fixieren") und ihnen, wenn sie bewegt werden, mit den Augen nachfolgen; Kopf und Augen einem zuwenden, wenn man sie anspricht; einfache Aufforderungen befolgen wie die, mit den Augen zu blinzeln; mit der passenden Handhaltung nach bestimmten Objekten wie etwa einem Kugelschreiber greifen; mit bestimmten Gesten oder Lauten immer wieder auf dieselben Reize reagieren.

Menschen im minimalbewussten Zustand können per Definition keine Kommunikation im Sinne eines Frage-Antwort-Austausches in beide Richtungen führen. Sobald sie dies mit gestischen oder verbalen Mitteln vermögen, haben sie den minimalbewussten Zustand überwunden und gelten als voll bewusste Patienten, auch wenn sie dann meist noch beträchtliche Behinderungen im Sprechen, Denken und Bewegen haben.

Die diagnostische Unterscheidung zwischen Wachkoma und minimalbewusstem Zustand ist alles andere als einfach. Sie erfordert aufwendige Verhaltensbeobachtungen über eine längere Zeit hinweg und nach definierten wissenschaftlichen Standards. Dies wird noch längst nicht überall praktiziert, und so verwundert es nicht, dass die Rate der Fehldiagnosen exorbitant hoch ist. Prüft man die Diagnosen von bewusstseinsgestörten Patienten mit dem Goldstandard spezifischer Verhaltensbeobachtung (der *Coma Recovery Scale Revised*), erkennt man, dass 40 Prozent der Diagnosen falsch sind. Zumeist wird ein minimalbewusster Zustand verkannt und irrigerweise als bewusstloses Wachkoma eingestuft. Dies kann dramatische Konsequenzen für die betroffenen Patienten haben: Möglicherweise bekommen sie mit, dass man sie für bewusstlos hält, leiden unter Schmerzen oder anderen Qualen, die nicht bemerkt und angemessen behandelt werden, und verpassen vielleicht sogar die Chance einer Rehabilitation, die bei einem Erkennen des prognostisch besseren minimalbewussten Zustandes eher versucht worden wäre.

David hatte das große Glück, dass er in einer Spezialeinrichtung für bewusstseinsgestörte Patienten landete, wo man den minimalbewussten Zustand erkannte und ihn entsprechend behandelte und förderte – auch wenn sein Zustand sich letzten Endes leider nicht mehr besserte. Andere Patienten haben dieses Glück nicht, insbesondere da viele bewusstseinsgestörte Patienten, selbst wenn sie jung sind, in gewöhnlichen Pflegeheimen versorgt werden. Sind sie einmal dort, erhalten sie in der Regel die übliche allgemeinmedizinische Betreuung durch einen Hausarzt oder den Arzt des Pflegeheims. Kaum einer durchläuft dann noch regelmäßig eine diagnostische Überprüfung durch einen erfahrenen Neurologen, der sich mit Bewusstseinsstörungen auskennt.

Eine korrekte Diagnose ist wichtig, stellt aber letztlich nur das Eingangstor für die Therapie und Prognose dar. Was aber heißt Therapie bei Bewusstseinsstörungen? Die Schädigung des Gehirns ist nicht rückgängig zu machen und Gehirngewebe kann mit wenigen Ausnahmen nicht nachwachsen, aber das Gehirn ist gleichwohl so wandelbar und flexibel, dass unbeschädigte Bereiche des Gehirns die Funktionen der verletzten Bereiche in beschränktem Maß übernehmen können. Das genau ist das Ziel der Rehabilitationsbehandlung: dass die betroffenen Menschen die verlorengegangenen Fähigkeiten so gut es geht wieder zurückgewinnen. Während dies bei kleineren Schlaganfällen oder umschriebenen, also genau lokalisierbaren, Hirnverletzungen gut möglich ist, ist es bei den gravierenden und großflächigen Schädigungen, die zu chronischen Bewusstseinsstörungen führen, ungleich schwieriger. Daher stellt es eine der größten ungelösten Herausforderungen der Rehabilitation dar, bewusstlosen Menschen ihr Bewusstsein wiederzugeben.

Noch vor wenigen Jahren herrschte diesbezüglich in der Medizin ein „therapeutischer Nihilismus“: Man hielt es für aussichtslos, das Bewusstsein der Patienten wieder zu wecken. Man beschränkte sich auf die „zustandserhaltende Pflege“ und war schon froh, wenn der Gesundheitszustand sich nicht verschlechterte, wenn man die Gefahren, die mit der Bettlägerigkeit verbunden sind, abwenden konnte. Inzwischen hat sich die Einstellung der Medizin hierzu gewandelt: Zwar gibt es immer noch kein Mittel, welches bewusstlosen Menschen wieder das Bewusstsein schenken kann, aber es wird immerhin dazu geforscht. In kleinen Studien wurden bereits bewusstseinsfördernde Wirkungen von Medikamenten beobachtet. Großes Aufsehen erregte vor einigen Jahren eine amerikanische Studie, in der New Yorker Ärzte einem Patienten im minimalbewussten Zustand zwei Elektroden tief ins Hirn einpflanzten – ganz ähnlich wie es bei Parkinson-Patienten tagtäglich gemacht wird (siehe auch das Kapitel über die tiefe Hirnstimulation (S. 205)). Als sie den Strom anschalteten, konnte der Patient auf einmal wieder verständliche Worte sprechen, Werkzeuge richtig in die Hand nehmen und Aufforderungen besser befolgen. All dies deutete darauf hin, dass sich sein Bewusstseinsgrad eindeutig gesteigert hatte. Ob das auch bei anderen Betroffenen funktioniert, bleibt abzuwarten. Bisher gibt es noch keine große klinische Studie, die diese Therapie für bewusstseinsgestörte Patienten als wirksam erwiesen hätte.

Dennoch: der Bann der Schwarzmalerei ist gebrochen, in die Behandlung der Bewusstseinsstörungen ist ein neuer Optimismus eingezogen. Auch die ärztlichen Prognosen werden auf den Prüfstand gestellt. Vor einigen Jahren herrschte die Meinung vor, dass Wachkomapatienten nicht mehr zu Bewusstsein kommen können, sofern sie mehr als ein Jahr in diesem Zustand verharrt sind. Beim Wachkoma durch Sauerstoffmangel, wie es David erlitten hatte, sah man sogar schon nach drei Monaten schwarz. Diese Grenzen wurden korrigiert. Insbesondere wenn ein Betroffener in den ersten Monaten nach der Hirnschädigung das Wachkoma überwindet und ein Minimalbewusstsein wiedererlangt, sind die Chancen auf eine weitere Besserung durchaus nicht schlecht. Allerdings gibt es auch eine bedenkliche Übersteigerung dieses Optimismus, insbesondere wenn unkritisch wundersame Einzelschicksale von Patienten herangezogen werden, die angeblich nach langer Frist plötzlich wieder zu Bewusstsein kamen.

Eine wundersame Erholung

Ein zwanzigjähriger US-Amerikaner, seit wenigen Wochen Vater einer Tochter, war an einem Julitag 1984 mit zwei Freunden in seinem Kleintransporter in einem Waldstück unterwegs. Aus ungeklärten Gründen schlingerte der Wagen plötzlich, riss die Leitplanke um, stürzte einen Felsabhang hinunter, überschlug sich und krachte zehn Meter tiefer kopfüber in ein ausgetrocknetes Flussbett. Ein Freund des Fahrers starb, er selbst wurde komatös vorgefunden und gerettet.

Allerdings blieb er in einem Zustand, den man heute als minimalbewusst bezeichnen würde. Damals war dieses Krankheitsbild noch nicht beschrieben, man bescheinigte ihm deshalb einen vegetativen Zustand. Die Ärzte machten der Familie keine Hoffnungen: Jeder Versuch der Rehabilitation sei sinnlos, die frühere Person sei ein für alle Mal verloren. Er wurde in einem Pflegeheim untergebracht. Seine Mutter akzeptierte das vernichtende Urteil der Ärzte jedoch nie und war überzeugt, dass er hin und wieder bei Bewusstsein sei und sich wieder erholen könne. Regelmäßig besuchte die Familie ihren „verlorenen Sohn", feierte mit ihm Familienfeste und Weihnachten. So gingen Jahre ins Land, sogar Jahrzehnte.

Fast auf den Tag genau neunzehn Jahre nach dem Unfall, als seine Mutter wieder einmal zu Besuch war, öffnete der inzwischen 39-jährige Mann den Mund und sagte „Mom". Als sei dies nicht schon erstaunlich genug, begann er von Tag zu Tag mehr Wörter zu sprechen, und schon nach kurzer Zeit formulierte er ganze Sätze und konnte sich auch besser bewegen. Er glaubte sich immer noch zwanzig Jahre alt und hatte keinerlei Erinnerung an die vergangenen Jahre einschließlich des Unfalls. Nach dieser wenige Tage dauernden Explosion von Fähigkeiten verlangsamte sich seine Entwicklung aber wieder, er behielt erhebliche kognitive Defizite. Forscher in New York legten ihn einige Monate später in einen Kernspin-Scanner und stellten fest, dass in seinem Gehirn neue Nervenverbindungen gewachsen waren – eine Entdeckung, die bis dahin niemand in der Wissenschaft für möglich gehalten hätte.

Kein Wissenschaftler konnte bisher überzeugend erklären, warum und wie sich ein schwer geschädigtes Gehirn nach vielen Jahren auf einmal so deutlich erholen kann, und das in so kurzer und für so kurze Zeit. Und doch ist die Erholung in dem in der Box geschilderten Fall einigermaßen gut verbürgt – im Gegensatz zu vielen anderen Berichten von „spätem Erwachen", die auf Fehldiagnosen oder unwahren Behauptungen beruhen. Von der Strahlkraft solcher „Wundergeschichten" geblendet übersieht man außerdem die vielen anderen, denen dieses Schicksal nicht vergönnt ist.

Was solche Berichte jedoch unterstreichen, und was auch viele wissenschaftliche Studien inzwischen nahelegen, ist die Tatsache, dass die chronischen Bewusstseinsstörungen stets individuell zu betrachten sind. Die Diagnose eines Wachkomas oder minimalbewussten Zustand allein ist viel zu grob, um ausschließlich daraus eine zuverlässige Prognose ableiten zu können. Zahlreiche Faktoren wie das Alter, die Art der Gehirnschädigung, die Vorerkrankungen, die Pflege und weitere unbekannte Einflussgrößen spielen hier eine Rolle. Zurzeit arbeiten Forscher daran, möglichst früh und spezifisch vorhersagen zu können, welcher Patient sich wahrscheinlich erholen wird und welcher eher nicht. Möglicherweise wird in einigen Jahren eine individualisierte Therapie und Prognose möglich sein, auch mit Hilfe von technischen Messdaten, die schon heute aus dem Gehirn abgeleitet und von der Hirnforschung erkundet werden.

Hirnforscher auf den Spuren des Bewusstseins

Geschichten wie die oben erzählte, aber auch die sorgfältige klinische Beobachtung von bewusstseinsgestörten Patienten, haben die moderne Hirnforschung dazu animiert, sich seit etwa zehn Jahren verstärkt diesen Patienten zuzuwenden. Die alles überragende Frage ist dabei stets: Lässt sich Bewusstsein mit objektiven Mitteln messen? Viele Philosophen wenden wie der oben genannte Thomas Nagel ein, das Bewusstsein sei unhintergehbar eine subjektive Kategorie, die jeder bewusste Mensch nur für sich selbst erleben und beweisen könne. Das Bewusstsein eines anderen Menschen könnten wir allenfalls im intersubjektiven Gespräch wahrnehmen. Und doch hält dies die Naturwissenschaft nicht davon ab, wenigstens nach objektiven Indizien für Bewusstsein zu fahnden. Und sie tut dies inzwischen mit durchaus überzeugenden Erfolgen.

Das Ideal wäre freilich, man könnte das Bewusstsein ohne Zutun und Mitwirkung der untersuchten Person einfachhin messen, wie man den Zustand der Leber an Hand von Blutwerten bestimmt oder die Funktion des Herzens über eine Sonografie ermittelt und in harten Zahlen ausdrückt. In der Tat gibt es erste Spuren, wie dies gelingen könnte: Führt man eine „funktionelle Magnetresonanztomografie" (fMRT) des Gehirns durch und instruiert die Probanden, an nichts Besonderes zu denken, so sieht man auf den Bildschirmen eine Art Ruheaktivität in bestimmten Netzwerken des Gehirns. Diese Ruheaktivität findet sich bei allen gesunden Menschen im Wachzustand, sie ist jedoch verringert im minimalbewussten Syndrom und unauffindbar bei Wachkoma, Narkose und Hirntod, also in Zuständen der mutmaßlichen Bewusstlosigkeit. Manche Forscher schließen daraus, es könnte sich bei dieser Ruheaktivität um eine bildliche Darstellung des Bewusstseins handeln. Ein anderer Zugang zum Nachweis von Bewusstsein bedient sich eines Tricks: Das Gehirn wird zuerst mit Hilfe eines starken magnetischen Reizes stimuliert und seine Reaktion darauf mittels der Magnetresonanztomografie ausgewertet. Auch hier zeigt sich eine gute Korrelation mit verschiedenen Zuständen klinischer Bewusstseinstrübung.

Noch überzeugender stellen sich andere Versuche dar, die das Ziel verfolgen, eine technisch vermittelte Kommunikation mit den Patienten aufzubauen, um auf diese Weise herauszufinden, ob sie bei Bewusstsein sind. Die Idee dahinter ist folgende: Die Patienten haben durch ihre Gehirnschädigung eine komplette Lähmung aller Muskeln erlitten und können sich deshalb weder durch Sprache noch durch Gestik oder Mimik äußern. Sollten sie aber Bewusstsein haben und das Hörvermögen nicht verloren haben, könnten sie vielleicht auf andere Weise Antwort geben, zum Beispiel durch pures Denken, das dann mit technischen Mitteln dem Gehirn „abgelauscht" wird. Adrian Owen, ein britischer Neurowissenschaftler aus Cambridge, der inzwischen in Kanada arbeitet, veröffentlichte 2006 ein bahnbrechendes Experiment an einer einzigen Patientin: die 23-jährige Frau hatte durch einen Autounfall eine schwere Verletzung des Gehirns erlitten und lag seit fünf Monaten im Wachkoma, diagnostiziert mit den akkuratesten und aktuellsten Mitteln der ärztlichen Kunst. Man legte sie in einen fMRT-Scanner und forderte sie auf, sie solle sich vorstellen, sie spiele Tennis beziehungsweise schreite die Räume ihrer Wohnung ab. Bei beiden Aufforderungen sah man Aktivitäten in den für die Aufgaben jeweils typischen und voneinander sehr verschiedenen Gehirnregionen, wie sie genauso bei Gesunden auftraten.

Die Forscher hatten nun eine neue Idee: In einer Folgestudie untersuchten sie eine ganze Serie von Patienten und baten sie, bestimmte Fragen zu beantworten und sich dabei vorzustellen, Tennis zu spielen, wenn sie mit Ja, und innerlich durch ihre Wohnung gehen, wenn sie mit Nein antworten wollten. Und tatsächlich gab es einzelne Patienten, klinisch als minimalbewusster Zustand und sogar Wachkoma diagnostiziert, die diese inneren Vorstellungen offenbar nutzen konnten, um Fragen zu beantworten. Fragte man einen, ob sein Vater Alexander heiße, so leuchtete richtigerweise das Tennisspiel-Areal in den Schnittbildern auf, was ein Ja bedeutete. Fragte man denselben Patienten, ob sein Vater Thomas heiße, leuchtete korrekt das Navigations-Areal des Gehirns auf, was mutmaßlich ein Nein signalisierte.

Nun waren diese Fragen noch relativ unverfänglich. In einem späteren Versuch erkundigten sich die Forscher bei einem Wachkoma-Patienten mit Hilfe dieser Technik, ob er unter Schmerzen leide – und erhielten glücklicherweise ein Nein als Antwort. Allerdings ist diese Technik mit der magnetisch vermittelten Antwort sehr aufwendig, da die Patienten lange Zeit ruhig in einer engen, lauten Röhre liegen müssen. Dieselbe Kommunikation glückte kürzlich auch mit Hilfe einer gewöhnlichen Hirnstrommessung, einem Elektroenzephalogramm (EEG). Gewiss, es sind immer nur einzelne, sorgfältig ausgesuchte Patienten, bei denen diese direkte Kommunikation mit dem Gehirn gelingt. Doch diese wenigen Fälle reichen aus, um nahezulegen, dass manche Menschen mit der Diagnose Wachkoma vielleicht gar nicht bewusstlos sind, zumindest nicht durchgängig und nicht vollständig. Welcher Art ihr Bewusstsein aber ist, wie sie sich fühlen, was sie erleben, ob sie noch eine Vorstellung von ihrem Ich haben, ob sie leiden oder nicht, ob sie noch Willenskräfte und Selbstbestimmungswünsche haben – alle diese Fragen sind dadurch noch nicht zu beantworten und werden zwischen Neurowissenschaftlern, Medizinern und Ethikern intensiv diskutiert.

Ethische Rätsel und die Notwendigkeit von Entscheidungen

Die Hirnforschung geht wie selbstverständlich davon aus, dass es ein legitimes, praktisch relevantes und begrüßenswertes Ziel der Wissenschaft sei, den Bewusstseinszustand eines Menschen von außen bestimmen zu können. Aber ist dem wirklich so? Dürfen wir alles, was wir können, auch tun? Welche Konsequenzen könnte ein solches Wissen für unser Selbstverständnis als Menschen und für unsere menschliche Gemeinschaft haben? Kritische Fragen sind besonders dann zu stellen, wenn versucht wird, die Bewusstseinsinhalte anderer Menschen transparent zu machen, ihr Denken, Träumen, Fühlen und Wollen. Der gläserne Mensch wird ohnehin schon immer mehr zur Realität, sei es durch Videoüberwachung, Genetik oder *social media*. Wenn nun auch noch der Kopf gläsern werden sollte, jene letzte Bastion höchstpersönlicher Freiheit, wären weitreichende soziale Folgen und Missbrauchsgefahren damit verbunden.

Doch die Wissenschaft ist derzeit noch nicht so weit, Bewusstseinsinhalte zuverlässig auslesen zu können. Drängender ist hingegen die Frage, ob der Nachweis des Bewusstseins an sich bereits auch ethische Fragen aufwerfen kann. Intuitiv wird man denken, dass bei Patienten wie David, die an Bewusstseinsstörungen leiden, jede neue Information über den Zustand des Gehirns unschätzbar hilfreich ist für eine erfolgreiche Rehabilitation. Wird ein Restbewusstsein nachgewiesen, sehen das viele Ärzte bereits als starkes Argument dafür, die Betroffenen weiter am Leben zu erhalten.

Hier ist aber Vorsicht geboten. Wissen wir denn, wie es den Betroffenen wirklich ergeht? Könnte es nicht sein, dass gerade Menschen im minimalbewussten Zustand extrem leiden, weil sie zwar bewusst genug sind, um Schmerzen zu spüren, ihre Defizite wahrzunehmen und ihre Abhängigkeit zu realisieren, aber eben nicht bewusst genug, um dieses Leiden kommunikativ ausdrücken zu können? Aus der Innensicht des Betroffenen könnte ein solcher Zustand ähnlich einem Locked-in-Syndrom sein: Man ist mit seinen Wahrnehmungen und Gefühlen eingeschlossen im Kokon eines unbeweglichen, starren Körpers. Doch die allermeisten Locked-in-Patienten können immerhin über minimale Bewegungen der Augen oder Augenlider mit der Außenwelt Kontakt aufnehmen und zuweilen sogar mit Hilfe von Sensoren und Computern Bücher schreiben. Bei Menschen im minimalbewussten Zustand ist jegliche Kommunikation mit der Außenwelt bisher unmöglich. Erst wenn die oben beschriebenen Forschungsstudien irgendwann dazu führen, dass all diese Menschen über ihre Vorstellungskraft, vermittelt durch Medizintechnik, Kontakt mit anderen aufnehmen können, stellte sich die Lage anders dar. Bis dahin aber wissen wir nicht, wie es sich anfühlt, minimalbewusst zu sein. Ohne jede Kommunikationsmöglichkeit ist es auch schwierig, Schmerzen angemessen zu lindern, da die Ärzte mit jedem Medikament und jeder Dosis im Dunkeln tappen und kaum einschätzen können, ob sie über- oder unterdosieren.

Das hat auch Auswirkungen auf die wohl schwierigste ethische Frage in der Behandlung und Betreuung bewusstseinsgestörter Menschen: die Entscheidung zwischen Leben und Tod. In der Schilderung von Davids Schicksal wurde dies deutlich: Patienten mit chronischen Bewusstseinsstörungen können zwar lange stabil überleben, aber das ist die klare Minderheit. Die meisten überleben die ersten Jahre nicht, da sie zu schwer betroffen sind oder an Folgeerkrankungen sterben, etwa Infektionen, epileptischen Anfällen oder Embolien. Auch die Patienten, welche viele Jahre lang in einem relativ stabilen Zustand überleben, werden dauerhaft medizinisch am Leben erhalten: durch die künstliche Ernährung und Flüssigkeitsgabe, die tagtäglich angewandt wird, aber auch durch die zwischenzeitlich notwendige Therapie von Komplikationen, bis hin zur intensivmedizinischen Behandlung. Ärzte und Angehörige stehen immer wieder vor der Frage, ob eine lebenserhaltende Therapie eingesetzt oder das Sterben zugelassen werden soll.

Bei solchen Entscheidungen kann es hilfreich sein, sich an ethischen Prinzipien und Kriterien zu orientieren, um zu einer möglichst verantwortungsvollen, überlegten und gemeinsam getragenen Entscheidung zu gelangen. Bewährt haben sich hierfür die sogenannten Prinzipien biomedizinischer Ethik, also die vier Verpflichtungen, dem Patienten nicht zu schaden, ihm zu nutzen, seine Selbstbestimmung zu achten und ihn gerecht zu behandeln.

Prinzipien biomedizinischer Ethik

Im Jahr 1979 veröffentlichten der amerikanische Philosoph Tom L. Beauchamp und der katholische Theologe James F. Childress das erste bedeutende Lehrbuch der damals noch jungen Disziplin der Medizinethik. Sie sammelten darin aber nicht nur die ethischen Fragen der gegenwärtigen Medizin, sondern schufen zugleich ein kohärentes System, wie diese Fragen ethisch beantwortet werden können. Dabei gingen sie von moralischen Alltagsüberzeugungen aus, die in den meisten Kulturen und Traditionen akzeptiert sind. Daraus rekonstruierten sie vier zentrale Verpflichtungen für die moderne Medizin:

1. Beneficence (wohltun/nutzen),
2. Nonmaleficence (nicht schaden),
3. Respect for autonomy (die Selbstbestimmung respektieren) und
4. Justice (gerecht handeln, insbesondere bei der Verteilung von Gütern und Lasten).

Sie wollten damit zwischen dem konkreten Einzelfall und den ethischen Theorien der Philosophiegeschichte eine Ethik der mittleren Ebene beschreiben („Prinzipien mittlerer Reichweite"), die sowohl fundiert als auch praktisch anwendbar ist.

In ihrem Werk zeigten sie dann auch, wie die vier Prinzipien jeweils zunächst auf die konkrete Situation zu spezifizieren und dann gegeneinander abzuwägen sind. Das Buch hatte einen so überragenden Erfolg, dass es rasch zum Standardwerk der Medizinethik avancierte, heute in der siebten Auflage vorliegt und inzwischen fast allen angehenden Ärzten und anderen Berufen im Gesundheitswesen als Grundlage ihrer ethischen Ausbildung dient.

Wendet man diese Prinzipien auf Bewusstseinsstörungen an, ergeben sich eine Reihe von Fragen: Wie sollen Nutzen und Schaden eingeschätzt werden, wenn man das Wohlergehen des Patienten mangels

Kommunikationsmöglichkeit nicht beurteilen kann und die Aussicht auf eine Besserung so unsicher ist wie beschrieben? Wie lässt sich die Selbstbestimmung respektieren, wenn der Betroffene sich nicht äußern kann und auch in gesunden Tagen niemals hypothetisch über solch einen unwahrscheinlichen Zustand gesprochen hat?

Das Beispiel von David verdeutlicht diese Problematik: Als gesunder junger Mann stand er mit beiden Beinen im Leben und hatte sich nie Gedanken darüber gemacht, ob er im Fall einer chronischen Bewusstseinsstörung am Leben erhalten werden wollte. Er hatte keine Patientenverfügung verfasst, seine Mutter hatte kaum einen Anhaltspunkt, wie ihr Sohn sich in dieser Situation selbst entscheiden würde. Die Diagnose lautete minimalbewusster Zustand, doch was genau bekam David mit? War er glücklich, konnte er die Zuwendung seiner Familie spüren, litt er unter der seinem Zustand? Seine Mutter glaubte zwar fest, dass er eines Tages wieder reden würde, aber als die Aussichten von Jahr zu Jahr schlechter wurden und die Zuversicht schwand, wurden die Fragen immer drängender. War es zum Schluss nur noch das Motiv, die eigene Hoffnung nicht zu enttäuschen, die eigenen bisherigen Anstrengungen nicht ihres Sinns zu entleeren, weshalb sie ihn weiterleben ließen? Wann wäre der richtige Zeitpunkt gekommen, David „loszulassen“? Diese Fragen waren für Davids Mutter wahre Rätsel, und sie sind es sicherlich für die meisten Angehörigen chronisch bewusstseinsgestörter Patienten. Wenn es der Neurowissenschaft und der Ethik in den nächsten Jahren gelingen sollte, etwas mehr Licht ins Dunkel dieser tragischen Zustände zu bringen, wären die Familien in ihrer Entscheidungsnot etwas entlastet und es fiele womöglich leichter, den betroffenen Individuen gerecht zu werden.

Schlussfolgerungen

Das Beispiel von David zeigt, welche Herausforderung die Diagnose einer chronischen Bewusstseinsstörung für den Betroffenen, seine Angehörigen und Behandelnden bedeutet. Dabei wissen wir letztlich nicht, wie es sich tatsächlich anfühlt, in solchen Zuständen zu leben. Allerdings gibt es jüngst bemerkenswerte Fortschritte in der Hirnforschung, wonach mit verschiedenen Methoden Korrelate von Bewusstsein aufgespürt werden. Ethisch betrachtet beginnen hier aber erst die Fragen: Ist ein bestimmter Bewusstseinszustand an sich schon ein Argument für eine bestimmte medizinische Behandlung oder sogar für den Lebenserhalt und gegen das Sterbenlassen? Die Anwendung der Prinzipien biomedizinischer Ethik erleichtert es, sich solchen schwierigen Fragen auf möglichst verantwortungsvolle Weise zu nähern.

Ohne Sinn und Verstand? Demenz und Entscheidungen über Leben und Tod

Ralf J. Jox

Letzter Akt eines selbstbestimmten Künstlerlebens

Frau Delia hatte als junges Mädchen bereits ihre Liebe zum Ballett entdeckt. Später machte sie diese Liebe zum Beruf und wurde Balletttänzerin an einem großen staatlichen Theater. Als Solotänzerin reiste sie rund um den Globus. Als sie mit Anfang 30 merkte, dass sie den Zenit ihrer Leistungsfähigkeit überschritten hatte, zog sie sich vom professionellen Ballett zurück und wurde Lehrerin für Tanz und Ballett. Nach einigen Jahren gründete sie ihre eigene Tanzschule und widmete sich über viele Jahrzehnte mit Verve und Begeisterung der Ausbildung von Kindern, freute sich aber auch, wenn sie Senioren das Tanzen beibringen konnte.

Obgleich von zierlicher Grazie und liebenswürdigem Wesen, blieb Frau Delia zeitlebens unverheiratet; den richtigen Mann hatte sie leider nicht gefunden. Aus einer kurzlebigen Affäre ging ein Sohn hervor, der aber, kaum erwachsen geworden, aus beruflichen Gründen in die USA übersiedelte. Frau Delia verschrieb sich nun immer mehr ihrer Tanzschule und führte ihr kleines Unternehmen emsig, stolz und zufrieden, bis sie Anfang 70 war.

Als ihre körperlichen Kräfte nachließen, gab sie schweren Herzens ihr Unternehmen auf und zog sich in ihre eigenen vier Wände in einem anonymen Wohnblock am Rande einer deutschen Großstadt zurück. Alle paar Jahre nur reiste ihr Sohn für einige Tage an, hin und wieder kam ihre Nachbarin auf einen Sprung zum Kaffee vorbei und plauderte mit der alten Dame. Sie führte ein abgeschiedenes, geruhsames Leben, von dem nur wenige Mitbürger Notiz nahmen.

Doch nach ein paar Jahren begann die Nachbarin, sich Sorgen um Frau Delia zu machen: Die sonst so reinliche Wohnung verwahrloste immer mehr, der bisher so vorzügliche Kaffee schmeckte grässlich, und die stets tadellos gekleidete Dame öffnete ihr in abgerissener, aberwitzig unpassender Kleidung die Tür. Immer seltener war Frau Delia beim Einkaufen zu sehen, und die inzwischen gebrechliche, abgemagerte Dame hatte einen eigenartig schleppenden, schlurfenden Gang angenommen.

Als sie eines Tages vor der Haustüre stürzte, kam sie für mehrere Wochen in ein Krankenhaus. Wieder zu Hause, musste sie nach wenigen Tagen erneut in eine Klinik gebracht werden, wo man eine langstreckige Thrombose im linken Bein feststellte. Ihr früher so wertvolles künstlerisches Kapital, die gelenkig-flinken Beine, versagten mehr und mehr ihren Dienst. Nach einigen Wochen, die sie liegend in Klinikbetten verbracht hatte, wurde sie in eine geriatrische Rehabilitationsklinik verlegt und schließlich in eine Einrichtung der Kurzzeitpflege gebracht. In Anbetracht des sichtlichen körperlichen Verfalls, aber auch einer gewissen, als Alterserscheinung abgetanen geistigen Trägheit und Vergesslichkeit, hielt man es nicht mehr für vertretbar, dass sie alleine in ihrer eigenen Wohnung hauste und brachte sie schließlich in ein Altersheim.

Frau Delia wohnte dort erst wenige Tage, als man ihren physischen wie psychischen Zustand irritierend fand und sie unter dem Vorwand einer Verstopfung wieder in eine Klinik einwies. Dort konnte man den

Stuhlgang problemlos wieder aktivieren, war aber wegen des geistigen Zustands der Patientin unsicher und ließ sie zur „diagnostischen Abklärung“ in ein großes neurologisches Zentrum eines Universitätsklinikums verlegen.

Hier wurde schnell klar, dass Frau Delia, inzwischen 78-jährig, unter einer Demenz im fortgeschrittenen Stadium litt. Sie war ausgemergelt und ausgetrocknet, hatte laut Arztbrief in der vorigen Klinik Essen und Trinken zumeist abgelehnt. Sprechen konnte sie kaum, auf Fragen vernahm man allenfalls ein leises „Ja“ oder „Nein“, wobei offen blieb, ob sie den Sinn der Fragen überhaupt verstanden hatte. Frau Delia lag den ganzen Tag im Bett, war zu schwach, um aufrecht sitzen zu können, und döste die meiste Zeit unbeweglich vor sich hin. Wenn die Pflegekräfte oder Ärzte sie untersuchten, Medikamente gaben oder Essen reichten, wehrte sie diese Ansinnen mit aller Entschiedenheit ab, indem sie unwillig murrte, die Lippen grimmig aufeinanderpresste, den Kopf wegdrehte und mitunter sogar nach den Helfern schlug.

Gleichwohl wurden manche Untersuchungen durchgeführt, nicht selten wurde sie dafür leicht sediert. Aufgrund der erhobenen Befunde gelangten die Ärzte zu der Einschätzung, dass Frau Delia am ehesten unter einer sogenannten Lewy-Körper-Demenz litt. Bei dieser wenig bekannten, aber nach der Alzheimer-Krankheit zweithäufigsten Demenzform, die nach mikroskopisch auffallenden Veränderungen in bestimmten Hirnzellen benannt ist, kommt es neben dem geistigen Verfall auch zu Bewegungsstörungen, Bewusstseinstrübungen, Halluzinationen und Aggressionen. Den Ärzten machte diese Verdachtsdiagnose wenig Hoffnung, da die Erkrankung nicht nur unheilbar ist, sondern selbst eine Verlangsamung des fortschreitenden Verlaufs nur bei früher Behandlung erzielt werden kann und die psychischen Symptome nicht in der üblichen Weise auf Medikamente reagieren. Bei Frau Delia stand gegenwärtig aber vor allem die lebensgefährliche

Unterernährung im Mittelpunkt. Bei der Visite diskutierten die Ärzte und Pflegenden lange über die Frage, ob eine dauerhafte künstliche Ernährung begonnen werden sollte. Dazu war es erforderlich, in einem endoskopischen Eingriff eine durch die Bauchdecke führende Magensonde (eine sogenannte PEG-Sonde) anzulegen.

In den ersten zwei Wochen waren alle diagnostischen Tests durchgeführt und die einzelnen Symptome lehrbuchgemäß mit Medikamenten angegangen worden. Nun kam zum ersten Mal die Frage auf, was denn Frau Delia selbst wolle, welches Behandlungsziel eigentlich sinnvoll und welches Vorgehen ethisch gerechtfertigt wäre. Ein Neurologe warf zunächst ein, dass es laut aktuellen Studien fraglich sei, ob die PEG-Sonde bei Demenzkranken, jedenfalls bei der Alzheimer-Demenz, im Endstadium überhaupt einen Nutzen habe. Doch galt das auch für die Lewy-Körper-Demenz? Und befand sich Frau Delia schon im Endstadium? Noch schwieriger war die Frage, was Frau Delia selbst wollte. Ein Gespräch mit ihr war nicht möglich, Angehörige kamen nicht zu Besuch. Nur die Nachbarin war zuverlässig zur Stelle, aber sie konnte über die Wünsche und Einstellungen der Dame kaum etwas aussagen, da sie Frau Delia nicht so gut kannte. Der in den USA lebende Sohn war nicht erreichbar und sei, so die Nachbarin, wahrscheinlich keine große Hilfe.

Allerdings war Frau Delia wenige Wochen zuvor vom Gericht eine „gesetzliche Betreuerin" zugewiesen worden, angeregt durch eine der vorbehandelnden Kliniken. Es war eine Sozialarbeiterin, die von Berufs wegen rechtsgültige Stellvertreterentscheidungen für Personen wie Frau Delia traf – auch über Art und Ausmaß medizinischer Behandlungen. Als der junge Stationsarzt die Betreuerin anrief und zu einem Gespräch über die Therapieentscheidung in die Klinik bat, erlebte er Erstaunliches: Unverblümt erklärte die Sozialarbeiterin, dass sie keine Zeit habe, für ein Gespräch extra in die Klinik zu fahren. Schließlich erhalte sie pro Monat nur eine kärglich bemessene Pauschale, unabhängig davon, ob ihre Schützlinge im Krankenhaus seien oder nicht. Außerdem fahre sie in wenigen Tagen in den Urlaub und habe vorher keine zeitlichen Valenzen mehr. Im Übrigen würde sie ganz der ärztlichen Expertise vertrauen; es solle einfach getan werden, was nötig sei.

Frau Delia hatte offenkundig mit ihrer Betreuerin nie längere Gespräche geführt. Es war auch keine Patientenverfügung bekannt, in der Frau Delia ihre Wünsche für eine Situation wie die jetzige vorausschauend festgehalten hätte. Die Nachbarin machte sich die Mühe und durchsuchte die Wohnung nach einem solchen Dokument, fand aber nichts.

Bei all dieser Ungewissheit über die Erkrankung, die Therapierbarkeit der Unterernährung und den Patientenwillen entschlossen sich die Ärzte schließlich, zur Sicherheit eine PEG-Sonde anzulegen. Der Eingriff war für einen Montagvormittag geplant. In der Nacht von Samstag auf Sonntag wurde die diensthabende Ärztin notfallmäßig zu Frau Delia gerufen, da diese schwer atmete und nach Luft rang. Die Anzeichen sprachen dafür, dass sie eine schwere Lungenembolie erlitten hatte – trotz der blutverdünnenden Medikamente, die sie wegen ihrer Thrombose noch immer erhielt. Wenige Stunden später erlag Frau Delia dieser Komplikation – fast als hätte sie den geplanten Eingriff mit aller Macht verhindern und sich unbedingt zuvor aus dem Leben verabschieden wollen.

Wenn das Gehirn den Geist aufgibt

Der geschilderte Fall ist einer von vielen tausenden und spiegelt das Schicksal vieler Demenzkranker in Deutschland wider. Er ist gewiss in vielen Aspekten besonders und einmalig, und doch verdeutlicht er einige der sozialen, medizinischen und insbesondere ethischen Fragen, die Demenzerkrankungen aufwerfen. Wenn diese Fragen im Folgenden in den Blick genommen werden, dann im Bewusstsein, dass damit noch längst nicht alle wichtigen Probleme im Zusammenhang mit Demenzen angesprochen sind.

Einige dieser Fragen und Probleme sind nicht ganz unähnlich denen, die im vorigen Kapitel im Zusammenhang mit dem Wachkoma behandelt wurden. So grundverschieden diese beiden Zustände in vielerlei Hinsicht auch sein mögen: Beide vereint die Tatsache, dass Funktionen des Großhirns, die so essenziell für viele unserer spezifisch menschlichen Fähigkeiten sind, nachhaltig gestört sind, sei es plötzlich wie beim Wachkoma oder allmählich wie bei der Demenz. Manche Demenzkranke geraten sogar, wenn sie lange genug leben und nicht zuvor an einer Komplikation oder einer altersbedingten anderen Erkrankung sterben, am Ende ihres Lebens in einen minimalbewussten Zustand (MCS), der dem von schwer Hirngeschädigten durchaus ähnlich sein kann (siehe auch das Kapitel über den Umgang mit Komapatienten (S. 68)).

Dieses zentrale Merkmal ist bereits im Wort „Demenz“ ausgedrückt, das so viel bedeutet wie „Geistlosigkeit“, „Verstandesmangel“, „Verstandesdämmerung“. Das Wort hatte ursprünglich eine viel breitere Bedeutung und umfasste jede Art von „Schwachsinn“, wie es früher hieß; erst im 19. Jahrhundert wurde die Bedeutung des Wortes auf Alterserkrankungen mit fortschreitenden kognitiven Einbußen eingegrenzt. Hält man sich vor Augen, wie oft wir im Alltag Wendungen wie „ohne Sinn und Verstand“, „den Verstand verlieren“, „den Geist aufgeben“ (oder die positiven Kehrseiten wie „begeistert“, „vernünftig“ und Ähnliches) benutzen, wundert es nicht, wie negativ die Demenz in der Gesellschaft gemeinhin bewertet wird, wie sehr sie gemieden, verabscheut und abhorresziert wird.

Wer von Demenz spricht, der sollte sich dabei stets bewusst machen, dass Demenz an sich noch keine Erkrankung meint, sondern das, was die Mediziner ein Syndrom nennen: ein Bündel von Symptomen, die bei verschiedenen Krankheiten in ähnlicher Weise auftreten, in diesem Fall die Vergesslichkeit, die Orientierungslosigkeit, Fehler in Handlungsabläufen (Apraxie) und Defizite im Denken, Rechnen, Lernen, Sprechen und anderen sozial relevanten Fähigkeiten, für die wir unsere Großhirnrinde benötigen. Hinzu kommen häufig Schlafprobleme und psychische Störungen, etwa Depressionen, Ängste oder Veränderungen in der Persönlichkeit und im Sozialverhalten der Person.

Welche Krankheitsbilder liegen den Demenzen zugrunde? In den allermeisten Fällen ist es die Alzheimer-Erkrankung, die insbesondere bei hochbetagten Menschen häufig anzutreffen ist, aber in einer Unterform auch schon bei Menschen mittleren Alters, und dort nicht selten in einer erblichen Form auftreten kann. Die zweithäufigste Erkrankung ist, wie es bei Frau Delia der Fall war, die Lewy-Körper-Demenz. Ähnlich häufig sind vaskuläre Demenzursachen, bei denen Gefäßverkalkungen oder mehrfache, oft unbemerkte Schlaganfälle zu einer dementiellen Entwicklung führen. Diese Ursachen können sich durchaus auch vermischen. In seltenen Fällen liegen Demenzen sogar grundsätzlich heilbare körperliche Krankheiten zugrunde, etwa Infektionen, Entgleisungen im Hormonhaushalt oder Stoffwechselstörungen. Diese Ursachen gilt es im Rahmen der Diagnostik unbedingt auszuschließen, um keine Heilungschance zu übersehen. Auch der übermäßige Alkoholkonsum kann nach langer Zeit eine Art von Demenz hervorrufen.

Stellt man diese Liste von Erkrankungen zusammen, erstaunt es nicht, dass ein beträchtlicher Teil der Bevölkerung an Demenz leidet. Derzeit sind in Deutschland etwa 1,5 Millionen Menschen betroffen – das sind mehr, als die drittgrößte deutsche Metropole München Einwohner hat. Jeder vierte Bürger über 65 Jahren leidet daran. Weltweit gibt es geschätzte 44 Millionen Demenzkranke; diese Zahl wird sich aller Voraussicht nach bis 2035 verdoppeln und bis 2050 verdreifachen – also in nur einer Generation. Insbesondere in boomenden, bevölkerungsreichen Schwellenländer wie China, Indien und Brasilien wird es einen enormen Zuwachs von Demenzerkrankungen geben – parallel zum steilen Anstieg der Lebenserwartung in diesen Ländern. Die Demenz lässt sich aufgrund ihrer weltumspannenden Bedeutung, obwohl sie (in den meisten Fällen) keine ansteckende Infektion ist, mit Fug und Recht in metaphorischer Rede als Epidemie des 21. Jahrhunderts bezeichnen.

Ein Ende dieser Epidemie wäre erst dann in Sicht, wenn effektive Möglichkeiten der Therapie oder Prävention greifbar wären. Beides ist jedoch trotz intensiver Forschungen nicht am Horizont erkennbar. Zwar können wir das Risiko für bestimmte Demenzerkrankungen senken, indem wir einen gesunden Lebensstil pflegen, uns richtig ernähren, viel bewegen, nicht rauchen, genug schlafen und geistig rege bleiben. Aber wer alt genug wird, läuft allen Präventionsversuchen zum Trotz ein hohes Risiko, eine Demenz zu entwickeln – die Wunderpille zur sicheren Verhütung geistigen Abbaus gibt es nicht.

Wenn man die Demenz schon nicht ganz verhindern kann, wäre es tröstlich, sie zumindest wirksam behandeln zu können. Viele Pharmaunternehmen versprechen dies und werben für Medikamente, die den kognitiven Abbau bremsen sollen. Diese Verzögerung ist aber oft gering und manchmal sogar so gering, dass die Betroffenen sie gar nicht wahrnehmen, im Gegensatz etwa zu den unerwünschten Nebenwirkungen der Arzneimittel.

Wissenschaftler begründen die mangelnde Wirksamkeit bisheriger Medikamente und Therapieansätze unter anderem damit, dass die krankmachenden Veränderungen im Gehirn zum Zeitpunkt der Diagnosestellung bereits viel zu weit fortgeschritten seien, da sie Jahre und Jahrzehnte zuvor unbemerkt beginnen. Könne man die krankmachenden Prozesse im Gehirn gleich von Beginn an erkennen und attackieren, so ihre Überlegung, wären die Chancen ungleich größer, die Entwicklung zu stoppen und vielleicht sogar zu verhindern, dass merkliche kognitive Einschränkungen auftreten. Aus diesem Grundgedanken heraus suchte man die letzten Jahre über fieberhaft nach Möglichkeiten, den Krankheitsprozess frühzeitig zu diagnostizieren, am besten schon bevor die Betroffenen irgendwelche Symptome bemerken. Und in der Tat war diese Suche erfolgreich: So kann insbesondere die Alzheimer-Erkrankung heute viel früher erkannt werden als jemals zuvor, und das sogar ohne aufwendige neuropsychologische Tests, Gespräche oder neurologische Untersuchungen. Allein die Untersuchung des Nervenwassers, bildgebende Vermessungen des Gehirns und neuerdings sogar eine einfache Blutuntersuchung, können die Alzheimer-Erkrankung schon bei kaum merklichen Symptomen mit hoher Wahrscheinlichkeit aufzeigen. Hinzu kommen bei erblichen Demenzformen genetische Tests, die sogar eine große prognostische Aussagekraft entfalten können.

Wie aber ist diese Frühdiagnose beziehungsweise vorausschauende Diagnose ethisch zu bewerten, gerade angesichts von Demenzerkrankungen, die derzeit noch nicht zu therapieren oder vorzubeugen sind? Dadurch erhöht sich rechnerisch zunächst einmal die Gesamtzahl der Demenzkranken zu einem bestimmten Zeitpunkt, was Forschern durchaus nicht unwillkommen ist, da es die gesellschaftspolitische Bedeutung ihrer Arbeit unterstreicht. Für den individuell Betroffenen kann eine frühe Diagnose einerseits die Chance bedeuten, sein Leben im Wissen um die Zukunft anders zu gestalten, gesünder und bewusster zu leben, künftige Entscheidungen vorauszuplanen. Andererseits kann es auch dazu führen, dass die Betroffenen wie unter einem

Damoklesschwert leben, sich Ängsten und Nöten ausgesetzt fühlen, die möglicherweise gar nicht nötig gewesen wären, weil die Demenz nie eintritt oder sie aus anderen Gründen vorher versterben. Frau Delias Erkrankung wurde sehr spät diagnostiziert, da sie offenbar lange versuchte, alleine damit klarzukommen. Selbst dann, als sie in Kliniken war, verzögerte sich die Diagnose noch. War das ihr Glück, sodass sie noch eine lange Zeit ungestört zu Hause leben konnte? Oder hätte eine Frühdiagnose ihr eine selbstbestimmte Zukunftsplanung ermöglichen und Leid ersparen können? Wir können es im Nachhinein nicht wissen, und vorher wäre es schwer zu beurteilen, was wohl eintreten würde, ein Dilemma.

Solange die meisten Demenzerkrankungen in ihrem fortschreitenden Verlauf nicht wirksam aufgehalten werden können, ist die Therapie im Wesentlichen eine palliative, das heißt, sie ist auf die Linderung des Leidens und die Optimierung der Lebensqualität trotz der Erkrankung ausgerichtet. In dieser Hinsicht gibt es eine Menge zu tun, denn Demenzkranke leiden unter einer Vielzahl belastender Beschwerden, körperlicher und psychischer Symptome, sozialer Probleme, auch existenziell-spiritueller Nöte. Leider ist die Demenz immer noch nicht überall als essenzielle Herausforderung für die moderne Palliativmedizin anerkannt, obwohl die Definition der Palliative Care durch die Weltgesundheitsorganisation haargenau auf die Demenz passt:
„Palliative Care ist ein Ansatz zur Verbesserung der Lebensqualität von Patienten und ihren Familien, die mit Problemen konfrontiert sind, welche mit einer lebensbedrohlichen Erkrankung einhergehen. Dies geschieht durch Vorbeugen und Lindern von Leiden durch frühzeitige Erkennung, sorgfältige Einschätzung und Behandlung von Schmerzen sowie anderen Problemen körperlicher, psychosozialer und spiritueller Art“ (WHO, Definition der Palliative Care).

Immer noch wird Palliativmedizin viel zu oft mit Krebs in Verbindung gebracht; dabei wird übersehen, dass Demenzkranke in fortgeschrittenen Stadien ebenso unter Schmerzen und Atemnot leiden, zusätzlich aber noch unter einer ganzen Reihe neurologischer und psychiatrischer Symptome, ganz zu schweigen von sozialen Problemen und spirituellem Leiden. In Alters- und Pflegeheimen haben 80 Prozent der Bewohner eine Demenz, doch wenn sie sich der Sterbephase nähern, bleibt ihnen eine kompetente Sterbebegleitung in einem Hospiz verwehrt, denn Heimbewohner gelten als institutionell rundum versorgt; ein Hospizaufenthalt wird daher von den Kranken- und Pflegekassen nicht bezahlt. In den Heimen selbst jedoch fehlt die notwendige Qualifikation in Palliativmedizin und -pflege. Besonders schwierig wird es, wie auch der Fall von Frau Delia zeigt, wenn es am Lebensende um Entscheidungen geht, wie weit bestimmte lebenserhaltende Maßnahmen noch durchgeführt werden sollen.

Bollwerke gegen den Tod – aufbauen, abbauen oder gar nicht erst errichten?

Die Menschen des 21. Jahrhunderts sterben wie vor Jahr und Tag, aber die meisten von ihnen auf eine neue Weise: nicht mehr schicksalsergeben, sondern durch bewussten Entschluss und begründeten Therapieverzicht. Seit einigen Jahrzehnten wachsen nämlich die medizinischen Möglichkeiten immer mehr an, Menschen trotz kritischer Krankheit am Leben zu erhalten, ihre Organfunktionen zu stützen, zu überbrücken oder gar dauerhaft zu ersetzen. Was für viele akute Krankheitsbilder und Unfälle ein Segen ist, wird bei unheilbaren, unentrinnbar todbringenden Krankheiten irgendwann fragwürdig und kann für die Betroffenen eine verlängerte Sterbephase mit zusätzlichem Leiden bedeuten.

So geht es nicht nur Menschen mit Krebs im Endstadium oder fortschreitenden Organdestruktionen, sondern auch jenen mit „neurodegenerativen" Erkrankungen, die zu einer allmählichen Zerstörung von Gehirn und Nervensystem führen. In diese Kategorie gehören auch die allermeisten Demenzerkrankungen: Sie sind nicht nur unheilbar, sondern auch infaust, wie es im Medizinerjargon heißt, das heißt, sie bewirken über kurz oder lang den Tod. Dass dies oft mittelbar infolge der krankheitsbedingten Bettlägerigkeit, Schluckstörung oder Immunschwäche geschieht, ändert nichts daran, dass sie todbringend sind – das ist auch bei Krebskrankheiten oft der Fall. Bei vielen Patienten sind es letztlich Lungenentzündungen, Blutvergiftungen, Harnwegsinfektionen, Herz-Kreislauf-Versagen, die den Tod hervorrufen. Bei Frau Delia hatte sich wohl ein großes Stück des langen Blutgerinnsels, das sich in ihrem Bein gebildet hatte, gelöst und in der Lunge ein wichtiges Blutgefäß verstopft, sodass sie nicht mehr ausreichend atmen konnte und daran verstarb. Das Blutgerinnsel im Bein wiederum war eine Folge ihrer Bewegungsarmut im Rahmen der Lewy-Körper-Demenz.

Vor diesem Hintergrund war letztlich bereits die Behandlung ihrer Thrombose eine mittelfristig lebenserhaltende Therapie, noch deutlicher auf Lebenserhaltung ausgerichtet war die geplante künstliche Ernährung und Flüssigkeitsversorgung über die PEG-Sonde. Diese Entscheidung fiel nicht nur jenen schwer, die sich um Frau Delia kümmerten, sie ist generell der häufigste Stein des Anstoßes in der Behandlung demenzkranker Menschen. Hier kommt vieles zusammen: Ernährung ist eine Urfunktion sozialen Miteinanders unter Menschen, das gegenseitige Nähren und das gemeinsame Essen und Trinken haben in unserem Leben wichtige soziale Bedeutungen. Schon in den ersten Sekunden nach der Geburt brüllt das Baby nach Nahrung und wird mit der Brust oder Flasche gestillt.

Für Angehörige schwerkranker oder gar sterbender Menschen ist es oft schwer zu ertragen, wenn diese immer weniger Nahrung zu sich nehmen und zugleich abnehmen; sie spüren insgeheim, dass dies Vorboten des Todes sind, und denken verständlicherweise an die künstliche Ernährung, wenn das Anbieten von Essen und Trinken nicht mehr ausreicht. Professionelle Pflegekräfte sehen in der Ernährung – auch mittels Sonde – häufig eine unabdingbare Basismaßnahme für würdevolle Pflege und ziehen daraus den irrigen Schluss, sie müssten diese in jedem Fall durchführen – auch gegen den Willen des Kranken selbst. Im Alltag eines personell unterbesetzten Heimes mag die künstliche Ernährung sogar die einzige Versorgung sein, die von den gestressten Pflegenden zu leisten ist, da sie weniger Zeit beansprucht als ein persönliches Anreichen der Speisen. Für Behandelnde ist die künstliche Ernährung und Flüssigkeitsgabe außerdem eine gut zu steuernde Maßnahme, die eine rechnerische Bilanz und Kontrolle von „Einfuhr" und „Ausfuhr" ermöglicht und vermeintliche Therapieziele, wie einen bestimmten Body-Mass-Index, zu kontrollieren verspricht. Hinzu kommt, dass mit künstlicher Ernährung auch ordentlich verdient werden kann, insbesondere seitens der Hersteller, die daher auch entsprechendes Marketing betreiben.

Es scheint also fast so, als hätten alle Beteiligten Vorteile durch die künstliche Ernährung, eine glückliche Win-win-Situation – allein was ist mit den Patienten selbst? Fördert diese Behandlungsmaßnahme wirklich ihr Wohlergehen, bringt sie ihnen einen wesentlichen Nutzen? Dies überhaupt zu fragen schien noch vor einigen Jahren absonderlich, da man dies nach der willkommenen Erfindung der fortschrittlichen PEG-Sonde in den achtziger Jahren niemals in Zweifel gezogen hätte. Denn bei vielen Krankheiten ist die PEG-Sonde tatsächlich ein Segen und fördert die Lebensqualität, so etwa bei Schluckstörungen durch Speiseröhrenerkrankungen, Schlaganfällen oder manchen neurodegenerativen Erkrankungen. Allerdings haben achtsame, kritische Ärzte und Pflegende immer schon befürchtet, dass die künstliche Ernährung für Patienten mit fortgeschrittener Demenz mehr Nachteile als Vorteile bringt. Wenn Demenzkranke die Fähigkeit, willentlich zu schlucken, buchstäblich verlernen, befinden sich die allermeisten Betroffenen bereits in der Endphase der Erkrankung; sie können nicht mehr sprechen, sind bettlägerig und haben seit Monaten immer weniger Nahrung zu sich genommen, krankheitsbedingt ist der Stoffwechsel stark verringert. Wenn nun hochkalorische Spezialnahrung in großen Mengen über viele Stunden tagsüber oder während der Nacht direkt in den Magen gepumpt wird, ist unschwer zu erahnen, dass dies nicht dem tatsächlichen Bedarf der Betroffenen entspricht.

Zahlreiche empirische Studien haben inzwischen gezeigt: Die ursprünglich mit der PEG-Sonde bei Demenzkranken angestrebten Therapieziele lassen sich in den allermeisten Fällen nicht erreichen. Der Ernährungsstatus verbessert sich nicht wesentlich, da der gesamte Stoffwechsel sich ganz anders verhält als bei Gesunden. Die Patienten bekommen stattdessen Durchfall, müssen sich erbrechen oder aufstoßen, ein Teil der Nahrung läuft in die Lunge und verursacht eine gefährliche Entzündung, und am Ende sterben viele wegen der künstlichen Ernährung sogar früher. Obendrein fehlt den Patienten dann nicht nur die sinnliche Erfahrung, wenigstens kleine Häppchen oder Flüssigkeiten zu schmecken und auszukosten, sondern sie erfahren nun auch weniger persönliche Zuwendung und Gespräche, da es viel schneller und unpersönlicher von statten geht, eine Ernährungsflasche an einen Infusionsständer zu hängen und einen Sondenhahn aufzudrehen, als löffelweise Speise anzureichen und den Kranken zum Essen zu motivieren. Wenn sich die Patienten dann noch gegen die ungewohnte, einschränkende und vielleicht sogar halluzinatorisch als Fessel verkannte Verkabelung wehren, werden sie erst recht im wahren Wortsinn gefesselt, etwa an Armen und Beinen fixiert, was nicht nur ihre Würde und Autonomie verletzt, sondern auch eklatante Gesundheitsrisiken birgt. Hätte man Frau Delia eine PEG-Sonde gelegt, wäre bei ihrer „Renitenz“ mit großer Wahrscheinlichkeit eine solche Gefährdung eingetreten. Das Ergebnis all dieser Überlegungen: Die Lebensqualität der Patienten mit fortgeschrittener Demenz wird eher schlechter statt besser, viele sterben sogar früher. Dies alles bedeutet keinesfalls, dass PEG-Sonden generell abzulehnen wären, sie können bei vielen Krankheitsbildern sehr sinnvoll und nützlich sein. Kritisch betrachten sollte man ihren Einsatz aber bei der Demenz im Endstadium und deshalb im Einzelfall eine sorgfältige, individuelle Nutzen-Schadens-Abwägung vornehmen.

Erkenntnisse aus wissenschaftlichen Untersuchungen können bei Entscheidungen über den Einsatz lebenserhaltender Therapie sehr wichtig und sogar ausschlaggebend sein. Aber nicht immer ist die wissenschaftliche Evidenz über Nutzen und Schaden einer Maßnahme so klar und eindeutig wie bei der PEG-Sonde für Demenzkranke am Lebensende. Insbesondere bei seltenen Erkrankungen oder Krankheitsverläufen, aber auch bei schlecht erforschbaren Krankheitsbildern und ganz neuen Therapieverfahren sind die Erkenntnisse und Erfahrungen oft zu dünn, um daraus eindeutige Aussagen über Nutzen und Schaden für den Patienten abzuleiten. Oft bedarf es daher der sorgfältigen Einschätzung eines erfahrenen Arztes, die auch Momente der Intuition enthält. Aber auch erfahrene Ärzte können mitunter im Dissens darüber sein, ob eine bestimmte Therapiemaßnahme für einen bestimmten Patienten mehr Nutzen als Schaden bringt. Hinzu kommt: auch die erfahrensten Ärzte können sich irren, und ihre Einschätzung kann aufgrund aller möglichen situationsbezogenen Faktoren verzerrt werden.

Aus all diesen Gründen ist es sinnvoll, dass bei so gewichtigen Fragen nicht ein Einzelner darüber befindet, welche Therapie am ehesten Nutzen verspricht und daher angeboten wird, sondern dass alle an der Versorgung Beteiligten in den Dialog darüber eintreten – und in diesem Dialog insbesondere auch die Patienten und deren Angehörige mit einbeziehen. In der Krebsbehandlung hat man dies bereits erkannt und trifft wichtige Entscheidungen nur noch nach kollektivem Austausch in einem Tumorboard. Genauso bräuchte man solche Gesprächsrunden für die Behandlung von schweren neurologischen Leiden wie etwa der Demenz. Ethische Fallbesprechungen können solche Foren darstellen, wenn sie von einer kompetenten, möglichst neutralen Person moderiert werden und nach einem ethisch durchdachten und praktikablen Modell strukturiert werden. Solch ein Modell, das sich in zahlreichen Kliniken, aber auch Heimen und anderen Institutionen des Gesundheitswesens bewährt hat, ist die prinzipienorientierte Fallbesprechung nach Georg Marckmann. Andere Beispiele sind der Basler Leitfaden nach Stella Reiter-Theil, das Nimwegener Modell nach Norbert Steinkamp und Bert Gordijn oder der Bochumer Arbeitsbogen nach Hans-Martin Sass.

Prinzipienorientierte ethische Falldiskussion nach Marckmann

Dieses Modell wird als prinzipienorientiert bezeichnet, da es sich an die vier Prinzipien biomedizinischer Ethik nach Tom Beauchamp und James Childress anlehnt (Verpflichtungen des Nutzens, Nichtschadens, Respekts vor der Autonomie des Patienten und der Gerechtigkeit).

In einem ersten Schritt tragen die Gesprächspartner alle für die Entscheidung relevanten Informationen zusammen (zum Beispiel Diagnose, Prognose, Befunde, aber auch soziale, psychische und sonstige Aspekte). Hier ist primär zu fragen: In welcher gesundheitlichen Situation befindet sich der Patient? Dazu gehört sodann die Festlegung, welche Behandlungsoptionen in der gegebenen Situation infrage kommen und welche Chancen und Risiken diese mit sich führen. Dieser erste Schritt ist ausschließlich beschreibend und enthält noch keine ethische Bewertung oder Analyse.

Erst im zweiten Schritt folgt die ethische Bewertung, wobei zunächst gefragt wird, welche Verpflichtungen gegenüber dem betroffenen Patienten bestehen. Hier kommen nun die ersten drei der vier Prinzipien zum Tragen: Erstens stellt sich die Frage, welche der Behandlungsoptionen aus Sicht der Beteiligten (aus der Fürsorgeperspektive) für den Patienten und sein Wohlergehen am besten wären, das heißt ihm möglichst viel nützen und möglichst wenig schaden; zweitens erhebt sich die Frage, welche der verfügbaren Handlungsoptionen der Patient (möglichst nach medizinischer Aufklärung) selbst bevorzugt, was auf der Basis persönlicher Gespräche, einer Patientenverfügung, früher geäußerter Behandlungswünsche oder des mutmaßlichen Willens festgestellt werden kann.

Im dritten Schritt folgt eine weitere ethische Bewertung, die auf das vierte medizinethische Prinzip, die Gerechtigkeit, abzielt. Leitfrage hierbei ist, welche Verpflichtungen gegenüber Dritten zu berücksichtigen sind und welche der Handlungsoptionen für diese am besten ist. Hierbei ist vor allem an andere Patienten zu denken (wenn es um knappe Güter geht), aber mitunter auch an die Angehörigen des Patienten oder die Solidargemeinschaft der Versicherten.

Im vierten Schritt folgt die Synthese der ethischen Bewertungen. Sprechen alle Bewertungsschritte für dieselbe Handlungsoption, ist die Entscheidung klar. Schwieriger wird es bei Divergenzen zwischen den verschiedenen Verpflichtungen: Hier muss fallbezogen abgewogen werden, weshalb bestimmte Verpflichtungen stärker zu gewichten sind als andere und daher den Ausschlag für die Entscheidung geben.

Abschließend wird geklärt, welche weiteren Schritte für die konkrete Umsetzung der Entscheidung nötig sind, welches der stärkste Einwand gegen die Entscheidung ist und wie der ethische Entscheidungskonflikt im Nachhinein hätte verhindert werden können, was wiederum für künftige Fälle hilfreich sein kann.

Wie ließe sich die prinzipienorientierte Falldiskussion auf den Fall von Frau Delia anwenden? Zunächst wäre festzuhalten, dass die Dame sehr wahrscheinlich unter einer Lewy-Körper-Demenz im fortgeschrittenen Stadium leidet. Durch die Ablehnung von Nahrung ist sie in einem durchaus lebenskritischen Zustand der Unterernährung, außerdem ist eine langstreckige Thrombose der Beinvenen bekannt, die ein großes Risiko für eine Lungenembolie darstellt. Da sie nicht kommunikationsfähig ist, lässt sich über ihren psychischen Zustand nicht viel mit Sicherheit sagen, allerdings spricht ihr nonverbales Verhalten für ein ausgeprägtes Leiden an der Situation und eine Unwilligkeit, weitere medizinische und pflegerische Maßnahmen über sich ergehen zu lassen. Rechtlich betrachtet ist sie nicht einwilligungsfähig und wird in Gesundheitsentscheidungen von einer Berufsbetreuerin vertreten, da der einzige Angehörige, ihr Sohn, weit weg wohnt und nicht verfügbar ist.

Zwei Handlungsoptionen stehen zur Auswahl: Entweder wird mit dem Therapieziel der Lebenserhaltung eine Form der künstlichen Ernährung und Flüssigkeitsgabe begonnen (wobei eine dauerhafte Ernährung nur über eine PEG-Sonde möglich ist), oder man entscheidet sich für das Therapieziel der reinen Palliation, also Symptomlinderung und Sterbebegleitung, indem man auf künstliche Ernährung und (zumindest übermäßige) Flüssigkeitszufuhr verzichtet und die Patientin symptomlindernd behandelt.

Im ersten Bewertungsschritt wäre zu fragen, welche der beiden Optionen für Frau Delia die beste wäre. Hier käme unter anderem die wissenschaftliche Evidenz über die künstliche Ernährung bei Demenzerkrankungen ins Spiel: Wenn bei Frau Delia eine demenzbedingte Schluckstörung vorliegen sollte und vieles auf das Endstadium der Erkrankung hindeutete, würde eine PEG-Sondenernährung wahrscheinlich mehr schaden als nutzen. Allerdings könnte es auch sein, dass noch gar keine solche Schluckstörung vorliegt, sondern dass die Unterernährung ausschließlich auf der Nahrungsverweigerung basiert. Hierbei wäre nun zu fragen, ob die ablehnenden Verhaltensäußerungen, insbesondere die Nahrungsverweigerung, eine Willensäußerung darstellen und wie autonom diese Willensäußerungen einzuschätzen sind. Da offenbar keine Patientenverfügung vorhanden ist, keine Hinweise auf mündlich geäußerte Behandlungswünsche vorliegen und sogar ein mutmaßlicher Wille mangels Kenntnis der Patienten nicht zu ermitteln ist, sind die Verhaltensäußerungen der einzige Anhaltspunkt für den Patientenwillen (zuweilen „natürlicher Wille" genannt).

Der nächste Bewertungsschritt fragt nach Verpflichtungen gegenüber Dritten. Im Gegensatz etwa zu einer Organspende oder einer Intensivtherapie besteht in diesem Fall keine Notwendigkeit, begrenzte Ressourcen zwischen verschiedenen Patienten aufzuteilen beziehungsweise Verteilungsentscheidungen zu treffen. Die künstliche Ernährung ist nicht besonders kostenintensiv und stellt somit keine große Belastung für die Solidargemeinschaft dar. Da Angehörige von Frau Delia gar nicht vorhanden beziehungsweise kontaktierbar sind, scheiden Verpflichtungen gegenüber Angehörigen hier ebenfalls aus.

Die Synthese der Bewertungsschritte zeigt, dass tendenziell sowohl die Fürsorge- als auch die Autonomieperspektive in dieselbe Richtung zeigen, nämlich für einen Verzicht auf die künstliche Ernährung und den Beginn einer palliativen Therapie sprechen. Der kritischste Einwand wäre hier sicherlich die unklare Einstufung der gestischen Verhaltensäußerungen von Frau Delia, auf die ich gleich näher eingehen werde. Wie hätte das Entscheidungsproblem im Vorfeld entschärft werden können? Der Fall von Frau Delia zeigt eindrucksvoll, wie hilfreich es gewesen wäre, wenn die Dame frühzeitig, als sie noch urteilsfähig war, mit anderen Menschen, etwa ihrem Hausarzt, ihrer Nachbarin, ihrem Sohn oder jemandem, den sie bevollmächtigt hätte, über ihre Behandlungswünsche für den Fall einer Demenz gesprochen und dies idealerweise sogar in Form einer Patientenverfügung dokumentiert hätte. Noch effektiver wäre es gewesen, wenn Frau Delia die Chance erhalten hätte, im Rahmen eines umfassenden Systems vorausschauender Behandlungsplanung beraten und begleitet zu werden. Solche Systeme existieren im angelsächsischen Sprachraum unter dem Begriff „Advance Care Planning“ und sind nachgewiesenermaßen das wirksamste Instrument, um die Selbstbestimmung von Menschen auch am Lebensende zu respektieren.

Der „natürliche Wille“ oder das Problem, eine Black Box zu erhellen

In der Medizinethik und im Medizinrecht spricht man mitunter von dem „natürlichen Willen“ eines Menschen und meint damit Willensäußerungen, die ein Patient im einwilligungsunfähigen Zustand von sich gibt, also in einem Zustand der reduzierten Selbstbestimmungsfähigkeit. Gelegentlich kann es sich hierbei um sprachliche Äußerungen handeln, etwa wenn verwirrte oder psychotische Patienten bestimmte Wünsche äußern, diese aber aufgrund der schweren akuten psychischen Störung mit Vorsicht zu betrachten sind und nicht unbedingt den authentischen Willen (im Zustand klarer Selbstbestimmungsfähigkeit) widerspiegeln. Zumeist geht es beim natürlichen Willen aber um nicht-sprachliche, mimische, gestische oder sonstige Verhaltensäußerungen. Die typischen Patienten sind solche, die etwa durch einen schweren Schlaganfall im Sprachzentrum des Gehirns oder durch eine fortgeschrittene Demenz die Fähigkeit zu sprechen sowie kognitive Fähigkeiten eingebüßt haben, sich aber dennoch auf eine bestimmte Weise verhalten, um ihre Bedürfnisse, Wünsche und Absichten zu vermitteln.

Oft ist dabei zu beobachten, dass sie bestimmte pflegerische und medizinische Maßnahmen, die an ihnen vorgenommen werden, abwehren, indem sie etwa stöhnen, murren, den Mund zusammenpressen, Tabletten ausspucken, mit Händen und Beinen strampeln oder sich Infusionsschläuche herausziehen. Aber auch das gegenteilige Verhalten kann vorkommen, also ein positives Streben nach etwas: Demenzkranke mögen etwa nach jemanden rufen, die Hand eines anderen festhalten, Kuscheltiere umarmen oder mit sichtlicher Freude Essen zum Mund führen.

In all diesen Situationen scheint es zunächst trivial zu sein, was der Kranke will oder nicht will, doch auf den zweiten Blick verliert sich diese scheinbare Trivialität. Was meint der Kranke wirklich, wenn er die Hand seines Pflegers festhält? Was will er damit sagen, wenn er die Tabletten ausspuckt? Was genau war es, das Frau Delia veranlasste, bei der Essensgabe die Lippen aufeinanderzupressen und den Kopf wegzudrehen: War es der garstige Geschmack des Krankenhausessens, der Kauschmerz durch eine Mundschleimhautentzündung, eine Appetitlosigkeit oder Übelkeit, eine paranoide Halluzination, dass es sich beim Essen um Gift handele, eine depressive Verstimmtheit, die Abneigung gegenüber der das Essen reichenden Krankenschwester, eine Wut auf den ganzen Medizinbetrieb, der Ärger über die eigene Krankheitssituation oder vielleicht sogar der Wunsch, endlich sterben zu können?

Aus einer solchen Vielzahl möglicher Interpretationen die richtige herauszufiltern, bedarf akribischer Beobachtung, umfassender Kenntnis des Patienten und sorgfältiger Versuche, alle wahrscheinlichen Ursachen nacheinander auszutesten und auszuschließen, etwa durch die Variation der Speisen, eine Untersuchung des Mundraums und Ähnliches. Gerade aber, wenn Patienten wie Frau Delia in den verschiedensten Situationen gegenüber allen Pflegekräften und Ärzten sowohl Essen und Trinken als auch Behandlungen und Untersuchungen durchweg, unzweideutig und entschieden ablehnen, scheint die Schlussfolgerung nicht weit hergeholt, dass sie unter ihrer gesamten aktuellen Krankheitssituation leiden und sich ein Ende dieses Leidens, möglicherweise sogar den Tod wünschen.

Nun ergeben sich jedoch weitere Fragen: Können wir beurteilen, wie bewusst und überlegt die Gedanken sind, auf denen das gezeigte Verhalten gründet? Wissen wir, was von all den Informationen, die man Frau Delia zu geben versucht hat oder die sie möglicherweise bei Visitengesprächen aufgeschnappt hat, in ihrem Geist angekommen ist und wie aufgeklärt also ihr Entschluss ist? Haben wir eine Ahnung, wie sehr Frau Delia momentan in der Lage ist, die gewichtige Verantwortung zu tragen, die Entscheidungen über Leben und Tod zu fällen? Diese Fragen bleiben letztlich unbeantwortet, da wir bei kommunikationsunfähigen (und obendrein kognitiv veränderten) Patienten nicht in die „Black Box" des Gehirns blicken können.

Die Ethik tut sich deshalb schwer, das nicht-sprachliche Verhalten von Demenzpatienten einzuordnen – erstens wegen der Schwierigkeit, die genaue Absicht zu entziffern, und zweitens wegen der Frage, welcher Grad von Autonomie einer solchen Willensäußerung zukommt. Welche Rolle soll nun aber der „natürliche Wille" des Patienten bei Therapieentscheidungen spielen? Ihm leichtfertig zu willfahren wäre sicher genauso verfehlt wie ihn achselzuckend zu übergehen. Ohne Zweifel sagt das Verhalten des Patienten stets etwas über sein aktuelles Wohlbefinden aus und muss daher bei der ethischen Bewertung des Wohlergehens (der Nutzen-Schadens-Abwägung) berücksichtigt werden. Wie sehr es darüber hinaus als Willensausdruck ins Gewicht fällt, sollte am ehesten daran festgemacht werden, wie übereinstimmend es von allen Beteiligten beobachtet wird, wie dauerhaft es sich in allen Situationen über eine gewisse Zeit hinweg zeigt und wie sehr es zur Persönlichkeit des Patienten passt.

Diese Einschätzung wird dann besonders wichtig, wenn das aktuelle Verhalten eines Patienten einer zuvor geschriebenen Patientenverfügung widerspricht. Über einen verstorbenen Literaten wird von manchen berichtet, er habe als Demenzkranker zuweilen Lebensfreude und Lebenswille gezeigt, jedoch in seiner Patientenverfügung gerade für den Fall der Demenz lebenserhaltende Medizin kategorisch ausgeschlossen. In solchen Situationen mag die Überlegung leitend sein, dass Menschen zweierlei Interessen haben: erlebnisorientierte Interessen, die sich darauf beziehen, im aktuellen Moment Erfüllung zu finden, und sinnorientierte Interessen, die darin bestehen, dass man seinem Leben als Ganzes einen bestimmten Stempel aufprägen oder bestimmte Überzeugungen und Lebensziele verwirklichen will. Der amerikanische Philosoph Ronald Dworkin hat diese Unterscheidung eingeführt und damit auch versucht, mögliche Konflikte zwischen früherer autonomer Willensäußerung (Patientenverfügung) und aktueller situativer Willensäußerung (Verhalten) zu lösen. Möglicherweise sollte man also die Entscheidung zwischen beiden Willensäußerungen davon abhängig machen, ob die betreffende Person stets im Hier und Jetzt gelebt und damit die erlebnisorientierten Interessen bevorzugt hat oder, im Gegenteil, langfristige Lebenspläne und Ideale verfolgt und damit die sinnorientierten Interessen mehr wertgeschätzt hat.

Ronald Dworkin und die Unterscheidung von erlebnis- und sinnorientierten Interessen

Ronald Dworkin (1931–2013) war ein US-amerikanischer Rechts- und Moralphilosoph, der lange in New York und London lehrte. Im Jahr 1993 veröffentlichte er ein Buch mit dem Titel *Life's Dominion: An Argument About Abortion, Euthanasia, and Individual Freedom*. Darin analysiert er die Argumente für und gegen Eingriffe in menschliches Leben. Er macht auch eine Unterscheidung, die für die folgende Medizinethik von großer Bedeutung sein sollte: die Unterscheidung zwischen *experiential interests* und *critical interests*. Unter *experiential interests* versteht er alle Formen von Interesse, aktuell eine bestimmte Erfahrung zu machen, angenehme Gefühle und Wahrnehmungen zu haben, Schmerzen und andere unangenehme Erlebnisse zu vermeiden. Diese Interessen realisieren sich stets nur in der Gegenwart. Im Gegensatz hierzu stehen *critical interests*: Sie sind nicht an die Erfahrung ihrer Verwirklichung gebunden und überdauern die Gegenwart, reichen sowohl in die Vergangenheit als auch in die Zukunft hinein. Solche Interessen sind etwa, dass man eine bestimmte moralische oder religiöse Überzeugung vertritt und in seinem Leben zum Ausdruck bringt, dass langfristige Lebensziele sich verwirklichen oder ein Lebenswerk bewahrt wird. Eltern haben etwa ein solches *critical interest*, dass es ihren Kindern und Kindeskindern gut ergeht, und nach Dworkin ist dieses Interesse selbst dann noch relevant, wenn die Eltern nicht mehr leben. Das Interesse eines Seemanns, sein Boot sorgsam zu pflegen, kann auch dann noch zu ehren sein, wenn der Seemann gestorben ist. Analog behauptet Dworkin, dass etwa das *critical interest* von Personen, nicht in einer für sie unwürdigen Krankheitssituation (zum Beispiel einer Demenz) am Leben erhalten zu werden, auch dann noch zu beachten ist, wenn die Person demenzkrank geworden ist und dieses Interesse aktuell gar nicht mehr empfinden, geschweige denn äußern kann.

Demenz und Würde – eine Pluralismus mit gravierenden Folgen

An der Demenz scheiden sich die Geister: Manche fürchten sich vor der Krankheit und wollen nichts mit ihr zu tun haben, andere setzen sich liebevoll und engagiert für Demenzkranke ein und entdecken bei den Betroffenen sogar neue Fähigkeiten und Ressourcen. Die einen halten den Zustand der Demenz für würdelos, die anderen sind überzeugt, dass auch Demenzkranken dieselbe Würde zukommt.

Was stimmt nun, wer hat Recht? Wahrscheinlich beide Parteien, denn sie gehen von ganz unterschiedlichen Würdebegriffen aus. Während die ersten einen subjektiven Würdebegriff vertreten, folgen die zweiten einem objektiven Begriff. Beides gibt es: Es gibt erstens die Würde, die man selbst in einer bestimmten Situation mehr oder weniger wahrnimmt und die man in extremen Krankheitssituationen vermisst. Es ist durchaus nachvollziehbar, dass Menschen und Gesellschaften, deren höchste Werte Rationalität, Selbstständigkeit und Leistungsfähigkeit sind, das Leben in einem geistlosen, abhängigen und unproduktiven Zustand nicht hoch achten und daher als würdelos empfinden können. Es gibt aber auf der anderen Seite auch eine Würde, die der sozialen Zuschreibung entzogen und quasi vorgelagert ist, eine objektive und, wie es im deutschen Grundgesetz heißt, unantastbare Würde. Diese Würde wird dann gerade nicht oder nicht ausschließlich durch den Verstand begründet, sondern etwa religiös durch die Schöpfungsnatur beziehungsweise Gottebenbildlichkeit des Menschen, aber auch säkular durch die Spezieszugehörigkeit, die Selbstzweckhaftigkeit oder die Sozialität des Menschen.

Wenn die subjektive und objektive Würde sorgfältig voneinander trennbar sind, dann kann es auch vorkommen, dass beide auseinanderfallen, dass also jemand nach wie vor objektive Menschenwürde besitzt, aber gleichwohl seine subjektive Würde verloren hat. Seine unverminderte objektive Würde verlangt dann danach, dass wir ihn auch und gerade in der verletzlichen Situation einer Demenz ernst nehmen, umsorgen und lieben. Andererseits ist in Medizin, Recht und Gesellschaft inzwischen anerkannt, dass man unter bestimmten Umständen das Sterben auch zulassen darf und mitunter sogar soll, was Menschen mit Demenzerkrankung einschließt. Strittig ist indes, wie es ethisch zu bewerten ist, wenn sich Menschen im (vermeintlichen) Frühstadium einer Demenz freiverantwortlich das Leben nehmen und andere ihnen dabei sogar helfen.

Zwischen dem klassischen Suizid und dem Zulassen eines natürlichen Sterbens befindet sich eine Todesart, die gerade bei Demenzkranken gelegentlich vorzukommen scheint, aber erst in jüngster Zeit öffentlich diskutiert wird: das Sterben durch freiwilligen Verzicht auf Essen und Trinken. Oft ist es bei Demenzerkrankungen gar nicht leicht zu sagen, ob eine verminderte Nahrungsaufnahme durch die Krankheit selbst bedingt ist oder auf einem willentlichen Entschluss zu sterben beruht. Manches spricht für Letzteres, wenn die Nahrungsaufnahme relativ plötzlich und radikal gestoppt oder vermindert wird. Bei Frau Delia war es so, dass sie zwar, als sie noch zu Hause lebte, abmagerte und weniger zu sich nahm, aber als für sie die Odyssee durch die Krankenhäuser begann, schien sie relativ abrupt nicht mehr essen und trinken zu wollen.

Ein bewusster Verzicht auf Essen und Trinken durch einen Patienten mit fortgeschrittener Demenz kann ein durchaus friedliches und würdevolles Sterben bedeuten. Unverzichtbar ist dabei jedoch die palliative Begleitung und intensive Mundpflege zur Vermeidung von Durstgefühl und auch das regelmäßige Angebot von Essen oder Trinken, da der Patient seine Entscheidung ändern könnte, ohne indes den Wunsch noch ausdrücken zu können. Frau Delia war es vergönnt, auf eine andere friedliche Art aus dem Leben zu scheiden. Da sie durch den diensthabenden Arzt ausreichend mit Medikamenten gegen Atemnot, Schmerz und Angst versorgt wurde, starb sie an der Lungenembolie rasch und ohne Qualen. So bewahrheitete sich an ihr die tradierte Weisheit, dass Menschen meist so sterben, wie sie gelebt haben: Frau Delia war eine selbstbewusste, willensstarke Frau, die allem Anschein nach angesichts der fortgeschrittenen Demenz partout keine Magensonde wollte und gerade kurz vor dem geplanten Eingriff starb. Der Tod kam für sie aus derselben Körperregion, die auch ihr Leben und ihr Glück als Tänzerin war: aus den Beinen.

Schlussfolgerungen

Demenzerkrankungen sind charakteristische und zunehmend dominierende Krankheiten unserer Zeit, die zahlreiche ethische Fragen aufwerfen. Am Beispiel von Frau Delia wird deutlich, dass Behandlungsentscheidungen insbesondere dann kompliziert werden, wenn die Betroffenen kaum Angehörige haben, einsam in Großstädten leben und keine vorausschauenden Gespräche geführt und Vorkehrungen für solche Krankheitssituationen getroffen haben. Der geschilderte Fall zeigt, wie dringend wir eine neue Kultur des Umgangs mit Demenzkranken brauchen, in Krankenhäusern wie in der Gesellschaft generell, um den Kranken wirklich gerecht zu werden und sie auf humane und würdige Weise zu begleiten.

Wie tot ist tot genug? Organentnahme bei Hirntoten und Herztoten

Ralf J. Jox

Geplatzter Lebenstraum und überrumpelte Familie

Agnieszka hatte in ihrem jungen Leben schon viel erreicht: Im polnischen Krakau geboren, war sie schon früh mit ihren Eltern in eine süddeutsche Stadt gezogen, hatte dort mit 18 Jahren ein glänzendes Abitur absolviert und nicht einmal fünf Jahre darauf ein juristisches Prädikatsexamen erworben. Vor wenigen Monaten war sie in eine internationale Anwaltskanzlei eingestiegen, die darauf spezialisiert war, die Rechte von Minderheiten und gesellschaftlich Diskriminierten wie etwa Flüchtlingen oder psychisch Kranken durchzusetzen. Die 23-jährige war glücklich in ihrer neuen Tätigkeit und engagierte sich zudem parteipolitisch, um den Alltag in Deutschland ein wenig gerechter zu gestalten.

Ihre vielen ambitionierten Aktivitäten ließen der schlanken Junganwältin nur wenig Freizeit. Am meisten genoss sie die abendlichen Gespräche mit Kollegen in ihrer Lieblingsbar oder zigarettenrauchend vor deren Eingang. Nur manchmal fand sie Zeit, sich beim Yoga von ihrem stressigen Beruf zu erholen. Agnieszka war kerngesund, sie hatte noch nie in einem Krankenhaus gelegen, war noch nie operiert worden. Umso überraschter war sie eines Abends, als sie plötzlich einen stechenden Kopfschmerz verspürte, der sich anfühlte, als sei tief in ihrem Hirn eine Bombe explodiert, gefolgt von einem innerlichen Schwirren, Brausen und Drehen, dass ihr ganz schwindelig und übel wurde. Zum Glück war eine Freundin anwesend, die schnell einen Notruf absetzte. Doch als der Notarzt kam, hatte Agnieszka bereits das Bewusstsein verloren, ihre Pupillen reagierten nicht mehr auf einen Lichtreiz.

In der Klinik vermutete man eine Hirnblutung, was die Computertomografie denn auch schnell bestätigte: Ihr Gehirn war an verschiedenen Stellen umflossen von Blut, das sich auf den Bildern wie ein weißer Film darstellte. Wenig später konnte als Ursache ein großes Aneurysma einer Hirnarterie festgestellt werden. Die Ärzte erklärten den geschockten Eltern, dass dies eine Gefäßaussackung sei, die wahrscheinlich auf eine erbliche Anlage zurückgehe. Deren Neigung zu platzen sei durch das Rauchen noch begünstigt worden. Etliche Menschen hätten solche Aneurysmen, ohne es zu wissen, doch nur bei wenigen käme es, zumal in so jungen Jahren, zu einer solchen Katastrophe wie bei Agnieszka.

Nicht einmal zwei Tage nachdem sie in die Klinik eingeliefert worden war, teilte der neurologische Oberarzt den Eltern auf der Intensivstation mit, dass Agnieszka möglicherweise hirntot sei. Man müsse zwar noch ein paar Untersuchungen machen, doch im Grunde sei man sich sicher. Es könne leider nichts mehr für ihre Tochter getan werden, aber vielleicht käme es für sie in Betracht, die Organe von Agnieszka zu spenden? Die Eltern, einfache Arbeiter ohne medizinische Kenntnisse, fanden keine Worte, um auch nur eine einzige Frage zu stellen.

Wenige Stunden später erfuhren sie, dass Agnieszka zwar noch nicht hirntot sei, da einer der Hirnstammreflexe noch vorhanden sei, doch es sei nur eine Frage der Zeit, bis auch dieser Reflex ausfalle. Danach würde der Hirntod festgestellt werden. In der Zwischenzeit müssten die Beatmung und alle weiteren intensivmedizinischen Maßnahmen fortgesetzt werden, um die Qualität der Organe nicht zu beeinträchtigen. Agnieszkas Freund hatte in der Zwischenzeit eine Patientenverfügung der aufstrebenden Anwältin gefunden, in der sie, juristisch unanfechtbar, lebenserhaltende Maßnahmen unter anderem für den Fall untersagte, dass sie eine schwere Hirnschädigung erleide, durch die sie aller Wahrscheinlichkeit nach nie mehr ein bewusstes, kommunikationsfähiges und selbstständiges Leben würde führen können. Während Agnieszkas Freund diese Situation für eingetreten hielt und die Ärzte aufforderte, die Beatmung zu beenden, betonten diese, dass es hier nicht vordringlich darum gehe, Agnieszka sterben zu lassen, sondern dass zahlreiche schwerkranke Menschen auf der Warteliste für Transplantationen von ihren Organen profitieren könnten.

Die Eltern waren entsetzt über die Haltung von Agnieszkas Freund und erklärten, dass ein Abschalten der Geräte auf keinen Fall in Frage komme. Kaum hatten sie dies ausgesprochen, berichtete der herbeigeeilte Stationsarzt, dass die neuerliche Hirntoddiagnostik nun „positiv" verlaufen sei – soeben sei der Tod festgestellt worden. Die Eltern konnten nicht verstehen, wie das möglich war, da ihre Tochter doch noch genau so wirkte wie am Vortag: ruhig schlafend, mit rosiger Gesichtsfarbe, die Hände warm, der Puls regelmäßig, die Brust im Rhythmus der Atmung sich hebend und senkend. Für sie war klar: So sieht kein Leichnam aus. Die beiden Katholiken, die mehrmals pro Woche die polnische Messe besuchten, waren sich sicher, dass Gott ein Wunder wirken würde. Außerdem sei es eine Anmaßung und eine Sünde, wenn der Mensch sich zum Herrn über Leben und Tod aufschwinge.

Die Ärzte und Pflegenden gingen aus Zeitgründen nicht auf die religiösen Bedenken der Eltern ein, sondern drängten wegen der Organentnahme. Ob ein Organspenderausweis existierte, wussten weder die

Eltern noch der Freund. Dieser berichtete allerdings, dass er vor einigen Monaten mit Agnieszka kurz über einen Organspendeskandal diskutiert hätte: Seine Freundin habe damals gegen die skrupellosen Profiteure des Systems gewettert und von einer tiefen Vertrauenskrise der Transplantationsmedizin gesprochen.

Nach diesen Informationen gingen die Ärztinnen und Ärzte davon aus, dass Agnieszka einer Organspende mutmaßlich nicht zustimmen würde, obgleich sie die verpasste Chance, zahlreiche Leben zu retten, sehr schmerzte. Der Stationsarzt schickte sich daraufhin an, die Beatmung sowie die organerhaltenden Infusionen abzuschalten, doch am Patientenbett saß betend der Vater von Agnieszka. Als der Arzt diesem die Situation noch einmal erklärte und ihn bat, für einige Minuten den Raum zu verlassen, geriet der Mann außer sich vor Wut und drohte, alle zu verklagen, wenn man seine Tochter jetzt einfach sterben ließe. Der zuständige Oberarzt sah sich genötigt einzugreifen, denn schließlich warteten zwei kritisch kranke Patienten auf Normalstationen, dass endlich ein Bett auf der Intensivstation frei würde. Er kontaktierte die katholische Klinikseelsorgerin und bat sie, mit den Eltern zu sprechen. Es dauerte zwei Tage und brauchte etliche lange Gespräche und gemeinsame Gebete, bis die Eltern schließlich einsahen, dass ihre Tochter unwiderruflich tot war und die intensivmedizinischen Geräte nun abgeschaltet wurden. Sie haderten noch lange mit ihrer Entscheidung und vergaßen diese Tage in der Klinik nie.

Der sogenannte Hirntod: eine Erfindung des 20. Jahrhunderts

Agnieszkas Fallgeschichte wirft zahlreiche ethische Probleme auf; viele davon haben mit dem Phänomen des Hirntodes zu tun. Doch bevor wir uns den ethischen Themen zuwenden, lohnt es sich zu fragen: Was hat es eigentlich mit diesem Begriff des Hirntodes auf sich, der zugleich so lapidar und so missverständlich daherkommt? Auf den ersten Blick scheint das Wort zu bedeuten, dass hier nur ein Organ tot ist, nämlich das Gehirn. Das kann freilich nicht im Wortsinne zutreffen, denn tot sein können nur Lebewesen als Ganze, nicht einzelne Organe. Gemeint ist also, dass das Gehirn seine Funktion unwiederbringlich verloren hat. Dieser Funktionsverlust hat aber insofern doch etwas mit dem Tod des Menschen zu tun, als er nach der heute gültigen medizinisch-rechtlichen Definition den Todeseintritt markiert. Indes kennen wir aus Filmen oder aus persönlicher Zeugenschaft den Todeseintritt ganz anders: Nämlich als eine Situation, in der der Sterbende daliegt, seine letzten Atemzüge aushaucht, bevor sein Herz stehen bleibt. Die allermeisten Menschen sterben auf diese Weise. Die Medizin nennt die Phase nach dem Herz-Kreislauf- und Atemstillstand zunächst „klinischen Tod“ (solange eine Wiederbelebung noch möglich ist), bevor dann nach einigen Minuten der endgültige Tod eintritt.

Hinter der Tatsache, dass nach einigen Minuten jeder Versuch der Wiederbelebung scheitert, steckt unter anderem der unwiederbringliche Funktionsverlust des Gehirns nach einigen Minuten ohne Durchblutung. Letztlich kommt es also auch beim herkömmlichen Sterben zu einem Hirntod, doch wird er nicht eigens untersucht, sondern einfach angenommen. Anders ist die Situation, wenn infolge einer schweren Hirnschädigung eine intensivmedizinische Therapie begonnen und die Funktionen der Atmung und des Herz-Kreislauf-Systems medizinisch unterstützt beziehungsweise übernommen werden. In dieser Situation sprechen Mediziner auch vom „dissoziierten Hirntod“, weil zwar der irreversible Funktionsverlust des Gehirns aus Untersuchungen angenommen werden kann, aber andere Organfunktionen dank medizinischer Therapie noch funktionieren – dissoziiert, also unabhängig, vom Gehirn. In der internationalen Fachsprache sprechen Mediziner inzwischen immer seltener vom „Hirntod“ (*brain death*) und „Herztod“, sondern von der neurologischen und der kardiovaskulären Feststellung des Todes, da es ja nur einen Tod geben kann und sich allenfalls die Methode der Todesfeststellung unterscheidet.

Aus diesen ersten sprachlichen Annäherungen an das Phänomen des Hirntodes lässt sich bereits ersehen, dass der Hirntod viel mit der modernen Intensivmedizin zu tun hat. Man kann sogar mit Fug und Recht behaupten, dass der dissoziierte Hirntod (als neurologische Todesfeststellung) erst mit der modernen Intensivmedizin „erfunden“ wurde und es überhaupt keine Hirntoddiagnostik außerhalb des notfall- und intensivmedizinischen Kontexts geben kann. Hätte Agnieszka hundert Jahre früher gelebt, wäre ein Arzt zu ihr nach Hause gerufen worden und hätte dort lediglich den Tod festgestellt, indem er den Puls gefühlt und den Atemstillstand beobachtet hätte. Die ethischen Folgeprobleme, die der zunächst drohende und schließlich diagnostizierte Hirntod für die Familie und die Behandelnden von Agnieszka bereithielt, hätten sich damals gar nicht erst ergeben.

Die Todesfeststellung in der Geschichte der Medizin

Die Feststellung des Todes war in der Geschichte der Medizin nie unumstritten. Da gab es zum Beispiel den sogenannten Scheintod, der dem äußeren Erscheinungsbild des Todes ähnelte, weil der Patient reglos dalag, nur sehr flach atmete und einen kaum fühlbaren Puls hatte. Das Bedürfnis sicherzustellen, dass der Betreffende wirklich tot war und nicht wieder zu sich kommen würde, war seit jeher groß. Denn es war nicht nur für die Umstehenden erschütternd, einen für tot Geglaubten sich wieder bewegen zu sehen, sondern die Menschen hatten vor allem Angst, selbst irrigerweise für tot erklärt und dann lebendig beigesetzt zu werden.

Bereits in der römischen Antike hatten die Leichenwäscher, die *pollinctores*, die Aufgabe, die Leichen mehrfach und vernehmlich mit Namen anzurufen, um sicherzugehen, dass sie nicht mehr lebten. Zu verschiedenen Zeiten waren Berichte im Umlauf, wonach in Särgen Kratzspuren entdeckt worden und Scheintote erst kurz vor der Bestattung als lebendig erkannt worden waren. Es gab im Lauf der Geschichte immer wieder Bemühungen, insbesondere im Zeitalter der Aufklärung, den Tod mit allerlei Hilfsmitteln zweifelsfrei festzustellen und gleichwohl für den Fall eines Irrtums vorzusorgen. So wurde leblosen Personen ein Spiegel vor den Mund gehalten, um zu sehen, ob er durch die Atmung beschlage, oder es wurde ein Glas Wasser auf den Brustkorb gestellt, um unmerkliche Bewegungen des Brustkorbs an Hand der Wasserkräuselung zu erkennen; auch wurden schmerzhafte und andere intensive Reize eingesetzt, um mögliche Reaktionen zu provozieren. Weiterhin gab es auch Bestattungsriten, um Scheintoten eine Reaktion zu ermöglichen: Es wurden Särge mit Glöckchen, Signalvorrichtungen oder Ausstiegsmöglichkeiten versehen, und mancherorts wurde Ärzten sogar erlaubt, den Verstorbenen einen Dolch ins Herz zu stoßen, um sich des Todes zu vergewissern.

Unter anderem als Reaktion auf diese Unsicherheit hat die moderne Medizin die Lehre von den sicheren Todeszeichen entwickelt, die im Rahmen der staatlich vorgeschriebenen ärztlichen Leichenschau zu dokumentieren sind. Als sichere Todeszeichen gelten heute

1. der *Rigor mortis*, die typische Leichenstarre der Muskeln, die je nach Muskel, Todeszeitpunkt und Temperatur unterschiedlich früh eintritt und durch eine vorübergehende, starke Verkettung der Muskeleiweiße erklärbar ist;
2. die *Livores mortis*, also die blauvioletten Leichenflecken an den unten gelegenen Körperpartien, welche durch das Absinken von Blut und Gewebsflüssigkeit entlang der Schwerkraft entstehen;

3. eine Gewebezersetzung durch bakterielle Fäulnis, chemische Verwesung oder Verdauung von Gewebe durch Körperenzyme;
4. Spätzeichen wie die Besiedelung des Körpers durch Maden und andere Aasfresser;
5. seltene umweltbedingte Gewebeveränderungen wie die Mumifizierung oder die Wachsbildung;
6. und schließlich die mit dem Leben nicht vereinbaren, extremen Verletzungen, bei deren Anblick man bereits den sicheren Tod feststellen kann (etwa die Abtrennung des Kopfes vom Rumpf).

Die Todeszeichen sind frühestens 20 Minuten nach dem Herz-Kreislauf-Stillstand zu beobachten, wenn sich die ersten Leichenflecken abzeichnen. Diese Zeitspanne ist indessen zu lang für den Erhalt der Funktionen lebenswichtiger Organe, die man entnehmen und transplantieren möchte, insbesondere das Herz. Damit sind wir bereits bei einem der beiden zentralen Gründe für das Hirntodkonzept: der Organtransplantation. Die Geschichte der Organtransplantation ist eine relativ junge, obwohl Ärzte schon seit Jahrhunderten den Traum hegten, funktionsuntüchtige Organe durch andere zu ersetzen. Die erste erfolgreiche Transplantation eines großen Organs war die Verpflanzung einer Niere von einem lebenden Spender 1954 durch den Bostoner Chirurgen Thomas Murray. Es wurde aber schnell klar, dass die Lebendspende nur für wenige Organe möglich war und wegen medizinischer und ethischer Bedenken nicht die optimale Lösung sein konnte. Daher entstanden in den fünfziger Jahren des 20. Jahrhunderts bereits erste Diskussionen über ein neues Todeskriterium. 1962 transplantierte Murray erstmals die Niere eines für tot erklärten Menschen, und 1967 erfolgte die erste erfolgreiche Herztransplantation durch Christiaan Barnard in Kapstadt. Eine 25-jährige Patientin, die in Kapstadt bei einem Autounfall schwerste Hirnverletzungen erlitten hatte, lag in einem Zustand, der wohl, was die Hirnschädigung angeht, dem heutigen Hirntod sehr nahe kommt. Allerdings war das Hirntodkonzept damals noch nicht formuliert worden, sodass der Tod erst durch den Herzstillstand festgestellt werden konnte. Wie erst vor kurzem publik wurde, injizierte Barnard der jungen Patientin damals Kaliumchlorid in ihr Herz, um es zum Stillstand zu bringen.

Ein solches Vorgehen wurde mit der zeitgleich aufkommenden Vorstellung vom Hirntod gerechtfertigt. Diese wiederum hatte ihren Ursprung im technologischen Fortschritt der modernen Intubationsbeatmung in den fünfziger Jahren des vergangenen Jahrhunderts, die es ermöglichte, Patienten mit schwersten Hirnverletzungen inklusive Schädigung des Atemzentrums im Hirnstamm kontrolliert und für lange Zeit am Leben zu erhalten. Die Pariser Neurologen Pierre Mollaret und Maurice Goulon prägten in einem Artikel 1959 den Begriff *Coma dépassée* für einen Zustand, der jenseits des bisher bekannten Komas lag, weil das Gehirn unwiederbringlich zerstört war und der Rest des Organismus künstlich am Leben erhalten wurde. Sie beschrieben ein tiefes Koma mit erloschenen Hirnstammreflexen, Verlust der Spontanatmung, Harnruhr und Blutdruckabfall, sofern der Blutdruck nicht dauerhaft durch Medikamente hochgehalten wurde. Zudem wiesen sie darauf hin, dass diese Patienten unmittelbar stürben, sobald man die Beatmung beende oder die Zufuhr kreislaufstützender Medikamente stoppe. Daraus wird aber schon ersichtlich, dass sie das Coma dépassée noch nicht als Tod ansahen.

Diesen Schritt unternahmen dann dreizehn Wissenschaftler, die in einem Ad-hoc-Komitee an der Harvard Medical School in Boston zusammenfanden. Sie veröffentlichten im amerikanischen Ärzteblatt JAMA 1968 einen Artikel mit dem Titel „A Definition of Irreversible Coma“. Gleich der erste Satz gab das Ziel unmissverständlich vor: „Our primary purpose is to define irreversible coma as a new criterion for death.“ Sie führten dafür zwei Begründungen an: Da war zunächst jene neue Gruppe von Patienten, die trotz einer schweren Hirnschädigung dank der verbesserten notfall- und intensivmedizinischen Maßnahmen am Leben erhalten werden konnten. Die Forscher betonten die Belastungen, die dadurch für die Patienten, ihre Angehörigen, die Kliniken und andere Kranke, die dringend Intensivbetten brauchen, entstünden. Hier könne das neue Todeskriterium eine Begründung liefern, die intensivmedizinischen Maßnahmen zu beenden. Diese Begründung ist freilich nur vor dem damaligen juristischen und ethischen Hintergrund zu verstehen, dass ein Sterbenlassen durch Beendigung lebenserhaltender Maßnahmen im Gegensatz zu heute weder gängige Praxis noch rechtlich und ethisch anerkannt war. Zweitens wiesen sie darauf hin, dass es durch das neue Todeskriterium weniger kontrovers sei, lebenswichtige Organe zum Zwecke der Transplantation zu entnehmen. Damit spielen sie letztlich auf die sogenannte *Dead Donor Rule* an, wonach lebenswichtige Organe nur von Verstorbenen entnommen werden dürfen.

Die Harvarder Expertenkommission stellte vier Bedingungen für die neurologische Feststellung des Todes auf, die auch heute noch den Kernbestand der Hirntoddiagnostik ausmachen:

1. *Nonresponsivität*: Selbst die stärksten Schmerzreize führen zu keiner motorischen, verbalen oder sonstigen Reaktion beim betroffenen Patienten. Damit liegt ein tiefes Koma vor, das nach traditionellem medizinischem Verständnis einen Zustand der Bewusstlosigkeit darstellt.
2. *Keine spontane Atmung und Bewegung*: Es sind keine spontanen Bewegungen zu beobachten, insbesondere keine spontane Atemtätigkeit, was durch eine vorübergehende Pause des Beatmungsgeräts für drei Minuten festgestellt werden sollte.
3. *Keine Reflexe*: Der Bericht nennt verschiedene Hirnstammreflexe, aber auch Muskeleigenreflexe an den Gliedmaßen, deren Ausfall für die Harvard-Kommission ein weiteres Kriterium darstellte.

4. *Nulllinien-EEG*: Als Zusatzkriterium zur Bestätigung des Hirntodes nannte der Bericht ein technisches Untersuchungsergebnis, nämlich die sogenannte „Nulllinie" in der Hirnstrommessung, der Elektroenzephalografie (EEG).

Die medizinische Bestimmung des Hirntodes

Obwohl das neue Konzept des Hirntodes unmittelbar nach der Veröffentlichung des Berichts 1968 von prominenten Stimmen kritisiert wurde, am schärfsten sicher von dem bekannten deutsch-amerikanischen Philosophen Hans Jonas, setzte es sich in der Medizin rasch durch, was zweifellos auch an dem zunehmenden Bedarf an Organen für Transplantationen lag. Mit einer gewissen Verzögerung wurde im Sinne der normativen Kraft des Faktischen in den meisten westlichen Ländern das Hirntodkriterium politisch und juristisch bestätigt. In den USA statuierte das Gesetz *Uniform Determination of Death Act* 1981 die neurologische Feststellung des irreversiblen Funktionsausfalls des Gesamthirns als eines von zwei Kriterien der Todesfeststellung. In Deutschland gibt es zwar keine ausdrückliche gesetzliche Festschreibung, doch im Zuge des Transplantationsgesetzes, das 1997 erlassen wurde, definierte der Wissenschaftliche Beirat der Bundesärztekammer im selben Jahr den Hirntod als Kriterium für die Feststellung des Todes.

Für erfahrene Intensivmediziner ist es eine zwar nicht alltägliche, aber doch vertraute Tätigkeit, den Hirntod festzustellen. Insbesondere bei jungen Patienten mit sehr schweren Hirnverletzungen oder -blutungen, wie im Falle Agnieszkas, ist Ärzten in der Regel bewusst, dass ein Hirntod eintreten könnte und eine Entnahme transplantierbarer Organe eine Option darstellt. Es gibt kaum eine medizinische Prozedur, die so minutiös geregelt ist wie die Feststellung des Hirntodes. Die Bundesärztekammer hat hierzu eine Richtlinie mit einem ausgeklügelten Algorithmus veröffentlicht.

Drei Bedingungen müssen zusammenkommen, damit der Hirntod festgestellt werden kann: Erstens muss eine schwere Hirnschädigung vorliegen, die zum Beispiel auf einen Sauerstoffmangel, eine Blutung, einen Infarkt oder eine Verletzung des Hirngewebes zurückzuführen ist; zugleich müssen Zustände ausgeschlossen werden, die einen Hirntod vortäuschen können, beispielsweise Vergiftungen, Unterkühlung oder hormonelle Entgleisungen. Zweitens muss das klinische Syndrom des Hirntodes nachgewiesen werden. Hierzu gehören folgende Elemente: das tiefe Koma, das auch bei stärksten Schmerzreizen kein Zeichen für Bewusstsein offenbart; das Fehlen der selbstständigen Atmung, was dadurch nachgewiesen wird, dass die Beatmungsmaschine für eine kurze Zeit abgestellt wird; und schließlich der Ausfall sämtlicher Kopfreflexe (zum Beispiel Pupillen-, Blinzel- und Würgereflexe), was anzeigt, dass die Funktion des lebenswichtigen Hirnstammes erloschen ist. Drittens muss mit höchster Wahrscheinlichkeit sichergestellt sein, dass dieses klinische Syndrom des Hirntodes unumkehrbar ist. Hierzu dienen je nach Alter des Patienten und Art der Hirnschädigung eine Beobachtungszeit von einem halben bis drei Tagen oder apparative Untersuchungen, die den Stillstand der Hirndurchblutung oder das Fehlen elektrischer Hirnaktivität abbilden.

Diese sogenannte Hirntoddiagnostik wird immer dann durchgeführt, wenn ein Patient nach einer schweren Hirnschädigung auf einer Intensivstation liegt und die Ärzte aus der Schwere der Schädigung und der klinischen Beobachtung den Hirntod vermuten. Zeigt die Untersuchung, dass der Hirntod eingetreten ist, wird der Tod verkündet, wobei das Ende der Untersuchung pragmatischerweise als Todeszeitpunkt dokumentiert wird. Daraus können sich zwei mögliche Konsequenzen ergeben: Kommt der Patient medizinisch, ethisch und rechtlich als Organspender in Frage, wird die operative Organentnahme vorbereitet. Ist dies nicht der Fall, werden sogleich sämtliche Therapiemaßnahmen beendet, Maschinen abgestellt und der Körper als Leichnam behandelt.

Wenn die Untersuchung jedoch ergibt, dass der Hirntod (noch) nicht eingetreten ist, was durchaus vorkommt, wird der Patient unverändert weiterbehandelt. Danach passiert es nicht selten, dass der klinische Verlauf sich noch mehr verschlechtert und eine zweite Hirntoddiagnostik durchgeführt wird, die dann den eingetretenen Hirntod feststellt.

Allerdings gab es gerade in jüngster Zeit Kritik an der Hirntodfeststellung. Da die Empfehlungen der Bundesärztekammer seit 16 Jahren beinahe unverändert bestanden, spielten bislang neue apparative Untersuchungsmethoden, wie etwa die computertomografische Angiografie, eine untergeordnete Rolle. Durch diese kann man jedoch einen Stillstand der Hirndurchblutung zweifelsfrei feststellen. Außerdem wurde teilweise kritisiert, dass die Hirntodfeststellung nicht durch Fachärzte für Neurologie durchgeführt werden muss, sondern lediglich eine mehrjährige Erfahrung in der intensivmedizinischen Behandlung von Patienten mit schweren Hirnschädigungen vorausgesetzt wurde. Diese Kritik führte zu einer Überarbeitung der Richtlinien, die im Sommer 2015 veröffentlicht wird und sowohl den Stellenwert apparativer Diagnostik aufwertet als auch fordert, dass einer der beiden den Hirntod feststellenden Ärzte ein Neurologe oder Neurochirurg sein muss. Nicht unproblematisch ist allerdings auch die Tatsache, dass die Hirntodfeststellung in der Regel von Gutachtern der Deutschen Stiftung Organtransplantation (DSO) überprüft wird, sodass ein möglicher Interessenskonflikt zwischen Hirntodfeststellung und Organtransplantation im Raum steht.

Friedlich sterben lassen oder Organe schützen: ein Zielkonflikt?

Die ethischen Fragen beginnen bereits vor der Feststellung des Hirntodes. Im geschilderten Beispielfall war es so, dass der Hirntod zunächst noch nicht vorlag, aber aufgrund der klinischen Verschlechterung für die nächsten Tage zu erwarten war. Das kommt nicht selten vor, denn das Gehirn reagiert auf Verletzungen, Durchblutungsstörungen und andere Schädigungen oft mit einer Schwellung, die sich innerhalb weniger Tage bis zu einem Maximum steigert und dann erst zur „Einklemmung" des Gehirns im knöchernen Schädel und damit zum Hirntod führt. Agnieszka hatte jedoch wie ein Viertel aller Bundesbürger eine Patientenverfügung verfasst. Diese enthielt spezifisch die Ablehnung lebenserhaltender Maßnahmen für den Fall der schweren Hirnschädigung mit infauster Prognose. Da die Formulierung recht eindeutig auf die aktuelle Situation zutraf, wäre die Willensäußerung nach dem Patientenverfügungsgesetz von 2009 als eine verbindliche Behandlungsverweigerung umzusetzen gewesen.

Die gesetzliche Regelung der Patientenverfügung

Mit dem „Dritten Gesetz zur Änderung des Betreuungsrechts" von 2009 wurde in Deutschland gesetzlich geregelt, wie mit einer Patientenverfügung umzugehen ist. Zunächst enthält das Gesetz eine Definition, wonach genau dann eine Patientenverfügung vorliegt, wenn „ein einwilligungsfähiger Volljähriger für den Fall seiner Einwilligungsunfähigkeit schriftlich festgelegt hat, ob er in bestimmte, zum Zeitpunkt der Festlegung noch nicht unmittelbar bevorstehende Untersuchungen seines Gesundheitszustands, Heilbehandlungen oder ärztliche Eingriffe einwilligt oder sie untersagt" (§ 1901a, Absatz 1, BGB). Dabei ist es unerheblich, in welcher gesundheitlichen Situation sich der Betreffende befindet, ob er eine körperliche, psychische oder gar keine Krankheit hat (§ 1901a, Absatz 3, BGB).

Das Gesetz betont, dass Patientenverfügungen verbindliche Willensäußerungen darstellen, sofern die Festlegungen auf die aktuelle Lebens- und Behandlungssituation zutreffen. Der rechtliche Vertreter des Patienten (Betreuer oder Bevollmächtigter) hat die Aufgabe, den Ärzten eine Patientenverfügung vorzulegen und ihre Prüfung und Anwendung zu gewährleisten. Das Gesetz schweigt über die Art und Weise, wie eine solche Verfügung zuvor erstellt werden soll, etwa, ob es eine Beratung geben soll, erwähnt jedoch, dass bei ihrer Anwendung der Arzt nicht nur mit dem rechtlichen Vertreter des Patienten Einigkeit erzielen muss, sondern auch die Einschätzungen anderer Angehöriger und Freunde einholen soll (§ 1901b, BGB). Eine richterliche Genehmigung ist nur erforderlich, wenn der rechtliche Vertreter des Patienten und der behandelnde Arzt sich nicht darüber einig werden, wie eine Patientenverfügung zu interpretieren ist, wie also der Patientenwille aufzufassen ist (§ 1904, BGB).

Nun verfügte Agnieszka nicht über einen Organspendeausweis und auch ihre mutmaßliche Einstellung zur postmortalen Entnahme ihrer Organe war wohl eher skeptisch. Doch es gibt nicht selten auch die Situation, dass Menschen einerseits eine Patientenverfügung haben, andererseits mittels eines Organspendeausweises in die Organentnahme im Zustand des Hirntodes einwilligen. Bei dieser Konstellation steht der Arzt vor einem Dilemma, weil er sich mit zwei, möglicherweise widersprüchlichen, Willensäußerungen des Patienten konfrontiert sieht. Einerseits will der Patient das Risiko eines Wachkomas nicht eingehen und bei einer schweren Hirnschädigung friedlich sterben dürfen, andererseits will er im Todesfall Organe spenden, was aber nur möglich ist, wenn man die maximale intensivmedizinische Behandlung inklusive Beatmung fortführt, bis der Hirntod eintritt – mit dem Risiko, dass statt des Hirntodes vielleicht gerade ein Wachkoma eintritt.

Viel zu wenige Menschen wissen um diesen möglichen Zielkonflikt und viel zu wenige Ärzte, Notare und Andere klären darüber auf, wenn sie Menschen bei der Abfassung einer Patientenverfügung oder dem Ausfüllen eines Organspendeausweises beraten.

Selbst wenn keine schriftliche Patientenverfügung oder keine schriftliche Einwilligung in die Organspende existiert, kann es zu einem Konflikt kommen, da in diesem Fällen stets der mutmaßliche Wille des Patienten handlungsleitend sein muss. Letztlich stellt sich dann oft die Frage, was dem Betroffenen ein wichtigeres Anliegen war: das Sterben außerhalb der Intensivstation oder die Spende der eigenen Organe. Es steht zu vermuten, dass viele Menschen eine kurzzeitige intensivmedizinische Behandlung akzeptieren würden, wenn dies nötig sein sollte, um als Organspender in Frage zu kommen. Doch sofern sie dies nicht in ihren schriftlichen Vorausverfügungen notieren oder ihren Angehörigen beziehungsweise Ärzten mitteilen, tendiert die formalrechtliche Bewertung dazu, dass in einer Situation des erwarteten, aber noch nicht eingetretenen Hirntodes ausschließlich die Patientenverfügung Anwendung findet, denn diese ist für die letzte Lebensphase geschrieben, während der Organspendeausweis erst nach dem festgestellten Tod Anwendung findet.

Kritik am Hirntod

In Agnieszkas Fall hatte sich die Angelegenheit insofern rasch geklärt, als einen Tag nach der Diskussion um die Patientenverfügung der Hirntod medizinisch festgestellt wurde. Damit galt Agnieszka nun vor dem Gesetz als tot, die Ärzte füllten den Totenschein aus und betrachteten ihren Körper als Leichnam. Allerdings wurde zugleich auch die Frage nach einer möglichen Organspende akut. Da die junge, bisher gesunde Agnieszka ungeachtet ihrer schweren Hirnblutung bestens funktionierende Organe hatte, war sie eine ideale Kandidatin für die Organspende. Dabei muss man sich vergegenwärtigen, dass von einem Spender mehrere Menschen mit lebensbedrohlichen Organschäden profitieren können: Dem Einen rettet das Herz das Leben, einem Anderen die Leber, zwei Weiteren die Nieren, und Anderen vielleicht sogar die Bauchspeicheldrüse oder die Lunge.

Für die Organempfänger bedeutet die Transplantation in vielen Fällen eine buchstäbliche Rettung, die ihre Lebenserwartung um Jahrzehnte verlängern und ihre Lebensqualität so dramatisch steigern kann, dass sie von Todkranken zu Menschen werden, die wieder in das Berufs- und Privatleben zurückkehren können. Andererseits gibt es auch Patienten, denen das neue Organ nicht langfristig hilft, da sie zum Beispiel eine Abstoßungsreaktion entwickeln oder sonstige Komplikationen eintreten, die dazu führen können, dass das transplantierte Organ versagt und sie möglicherweise erneut für eine Transplantation gelistet werden müssen oder sogar sterben. Insbesondere in den letzten Jahren sind die medizinischen Ergebnisse der Transplantationen in Deutschland immer schlechter geworden, da – vor allem bei Lebertransplantationen – immer mehr Menschen mit schwersten, komplexen Krankheitsbildern, geringerer Lebenserwartung und höherem Alter als Organempfänger ausgewählt wurden. Letztlich drückt sich darin auch aus, dass das deutsche System der Organzuteilung (Allokation) vorrangig dem Kriterium der Dringlichkeit verpflichtet ist und das Kriterium des zu erwartenden Gesamtnutzens eher nachrangig einstuft.

Organallokation und Gerechtigkeit

Der begrenzten Anzahl von Transplantationsorganen steht eine ungleich größere Zahl von kranken Menschen gegenüber, die Organe benötigen. Das ist ein Problem der Verteilungsgerechtigkeit (distributive Gerechtigkeit). Sie lässt sich in zwei Komponenten zerlegen: Erstens sollten die Regeln und Prozesse der Verteilung gerecht sein und zweitens sollte auch das Ergebnis der Verteilung gerecht sein.

Die prozedurale Gerechtigkeitsforderung drückt sich hier zum Beispiel darin aus, dass die Verteilung der Organe nach expliziten, demokratisch legitimierten Regeln ablaufen muss, dass alle Prozesse transparent und überprüfbar sein müssen. Für die Ergebnisgerechtigkeit gibt es verschiedene Kriterien, die miteinander konkurrieren:

1. Jeder Mensch soll möglichst gleich viel erhalten, was bei der Organallokation aber kaum realisierbar ist.
2. Was ein Mensch bekommt, soll sich daran orientieren, was er (für die Gemeinschaft) geleistet hat oder zu leisten bereit ist. Auf dieser Grundlage wird mitunter für sogenannte Reziprozitätsmodelle plädiert, wobei nur derjenige ein Organ erhält, der auch ein eigenes spenden würde.
3. Menschen mit größerem Bedarf sollten priorisiert werden, also auch eher Organe erhalten.
4. Die Verteilung sollte so gestaltet sein, dass der Gesamtnutzen maximiert wird, also möglichst viele Menschenleben dauerhaft und mit einer guten Lebensqualität gerettet werden.

Letztlich hängt die Gewichtung dieser Kriterien für die Organallokation auch davon ab, welche ethische Theorie man zugrunde legt, ob man zum Beispiel primär dem Utilitarismus verpflichtet ist, der die Maximierung des gesellschaftlichen Gesamtnutzens anstrebt, oder einer deontologischen Ethik, die kategorische Pflichten, etwa des Lebensschutzes, ins Zentrum rückt.

Gerade die Notwendigkeit einer Organallokation unterstreicht, dass bei der Transplantation ein großer und steigender Bedarf an Organen einem vielfach geringeren und abnehmenden Pool an Spenderorganen gegenübersteht. Diese Entwicklung hat vielfache Gründe, sowohl auf der Seite des Organbedarfs (immer mehr chronische Organkrankheiten in einer alternden Gesellschaft, bessere Operationstechniken und Fortschritte in der Kontrolle des Immunsystems nach der Transplantation) als auch auf der Seite des Organangebots. Deutschland hat innerhalb Europas eine der geringsten Organspenderquoten, prozentual auf die Bevölkerung bezogen weniger als die Hälfte manch anderer Länder wie etwa Spanien. Dies hängt nur teilweise mit dem schwindenden Vertrauen durch die 2012 aufgedeckten Täuschungen und Richtlinienverstöße in der Organvergabe an mehreren Universitätsklinika zusammen. Bereits vor diesem Skandal sanken die Spenderquoten deutlich. Nach einer Untersuchung der Deutschen Stiftung Organspende liegt eine der Ursachen genau in dem oben beschriebenen Faktum, dass immer mehr Menschen Patientenverfügungen haben und die heutige Notfall- und Intensivmedizin mit lebensrettenden Maximalmaßnahmen vorsichtiger ist als es noch vor einigen Jahrzehnten der Fall war.

Ein weiterer Grund für die Hemmungen vieler Bürger, eine Organspende bei sich selbst oder bei Angehörigen zu erlauben, liegt zweifelsohne in der Skepsis gegenüber dem Hirntod. Bei Agnieszkas Eltern wurde dies überdeutlich. Diese Skepsis ist so alt wie das Konzept des Hirntods selbst. Bereits im Jahr 1968, als die Harvard-Kommission den Hirntod definierte und propagierte, wurde prominente Kritik laut: Der deutsch-amerikanische Philosoph Hans Jonas bemängelte, hier werde der Tod des Menschen interessengeleitet umdefiniert, ohne dass eine plausible biologisch-philosophische Begründung geliefert würde. In Deutschland gaben in den neunziger Jahren des 20. Jahrhunderts der Theologe Johannes Hoff und der Arzt Jürgen in der Schmitten dieser Kritik eine Stimme. Seit die Bioethik-Kommission des US-Präsidenten im Jahr 2008, gestützt auf Untersuchungen des Neurologen Alan Shewmon, das Hirntodkonzept in einer aufsehenerregenden Stellungnahme in Zweifel zog, flammte die Kontroverse insbesondere in Deutschland wieder auf, zuletzt auch dokumentiert in einer umfangreichen Stellungnahme des Deutschen Ethikrats zum Thema Hirntod.

Das Herzstück der Kritik attackiert die Norm, wonach der medizinisch festgestellte Zustand des Hirntodes als Tod des Menschen gilt. Zunächst widerspricht diese Norm aller Intuition, die wir durch unsere sinnliche Wahrnehmung haben: Der hirntote Mensch auf der Intensivstation unterscheidet sich auf den ersten Blick nicht von anderen intensivmedizinisch behandelten Patienten. Das hatte auch Agnieszkas Eltern verstört. Da liegt ein Mensch mit warmer Haut, dessen Herz schlägt, dessen Puls man fühlen kann, dessen Brustkorb sich regelmäßig hebt und senkt, dessen Glieder beweglich sind und der von den Pflegekräften und Ärzten intensiv umsorgt und betreut wird. Das ist das Gegenbild zu dem üblichen Bild des Leichnams, der weiß, kalt und steif daliegt, ohne medizinische Schläuche und Apparate, von Ärzten und Pflegenden eher gemieden, mit Zeichen des Abschieds wie zum Beispiel Kreuzen oder Blumen versehen.

Das Konzept des Hirntodes ist und war stets ein szientistisches, das auf komplexen medizinisch-biologischen und philosophischen Überlegungen basiert. Die traditionelle Begründung lautet, dass das Gehirn das zentrale Steuerungsorgan aller anderen Organe und damit des gesamten Organismus darstelle. Gegner dieser These weisen darauf hin, dass der Organismus eher eine komplexe Wechselwirkung verschiedener Organsysteme sei und dass zahlreiche Funktionen des Organismus ganz ohne Steuerung durch das Gehirn auskämen (zumindest sofern eine intensivmedizinische Therapie stützend eingreift). Und in der Tat kann man nachweisen, dass etwa Verdauung, Immunsystem, Hormonsystem und Blutbildung recht autonom auch bei schwerster Hirnschädigung funktionieren. Bekannt sind auch die Fälle von schwangeren Hirntoten, deren ungeborene Kinder sich in der Gebärmutter weiter entwickeln und sogar über mehrere Wochen hinweg bis zur Lebensfähigkeit gebracht und dann per Kaiserschnitt geboren werden können. Ein wichtiger Grund, weshalb viele Organe auch bei ausgefallener Hirnfunktion funktionieren, ist die Tatsache, dass es auch bei Hirntoten intakte Nervensysteme im Körper gibt, etwa das Darmnervensystem, das Rückenmark oder Teile des autonomen Nervensystems, die jeweils auch Steuerungsfunktionen ausführen.

Ein weiteres Argument für die Gleichsetzung von Hirntod und Tod war lange Zeit, dass man davon ausging, dass hirntote Körper unaufhaltsam zerfallen und es auch mit maximalen medizinischen Mitteln nicht möglich sei, Herz-Kreislauf-System, Atmung und andere Funktionen länger als ein paar Tage funktionsfähig zu halten. Ironischerweise hat aber gerade die Transplantationsmedizin, die ja den Hirntod braucht, dazu geführt, dass man erforschte, wie durch immer differenziertere intensivmedizinische Maßnahmen die Organe Hirntoter möglichst lange funktionstüchtig gehalten werden können. Dies ist heute prinzipiell über Wochen hinweg möglich, auch wenn es in der Regel nicht nötig ist, da innerhalb von Stunden nach der Hirntodfeststellung die Organe entnommen werden. Dass der Körper ohne das Gehirn nicht notwendigerweise zerfällt und sich zersetzt, zeigen auch seltene Krankheitsbilder, in denen es zu einer funktionellen Trennung des Gehirns vom restlichen Körper kommt (etwa bei einem schweren Guillain-Barré-Syndrom oder einem kompletten hohen Querschnitt auf Höhe des Halsmarks).

Der Versuch, aus der Biologie heraus eine klare Grenze zwischen Leben und Tod zu ziehen und eine Begründung für die Gleichsetzung von

Hirntod mit Tod zu finden, hat sich als erfolglos herausgestellt. Die moderne Biologie definiert Leben (und Lebewesen) durch folgende Elemente:

1. ein genetisches Programm, das eine Entwicklung vorgibt, aber zugleich Anpassungen an die Umwelt erlaubt,
2. eine innere Ordnung in unterschiedliche räumliche Kompartimente und Systeme,
3. ein energetisch offenes System, das Energieträger aus der Umgebung aufnimmt, umwandelt und Abfallstoffe ausscheidet,
4. ein System der Regeneration von Zellen und Organen und die Fähigkeit zur Reproduktion des ganzen Organismus, also zur Fortpflanzung,
5. grundlegende Reaktionen auf Reize aus der Umgebung, was die Basis für Wachstum, Entwicklung, Verhalten und Lernen darstellt.

Legt man dieses biologische Konzept von Leben zugrunde, ist es schwierig, den hirntoten Organismus nicht als lebend zu klassifizieren. Dies mag allenfalls gelingen, wenn man verlangte, dass das Lebewesen all diese Fähigkeiten autark vollbringen müsse, doch dies hätte die groteske Konsequenz, dass jeder Mensch, der eine lebenserhaltende medizinische Maßnahmen braucht (etwa eine Dialyse), nicht als lebend gelten dürfte.

Die Biologie liefert also kein zwingendes Argument für das Hirntodkonzept, und zwar schon deshalb nicht, weil die Natur nur Prozesse kennt, aber keine Schwarz-Weiß-Kategorien. Ein exakter Umschlagspunkt zwischen Leben und Tod lässt sich aus der Natur nicht herauslesen – genauso wenig, wie man den genauen Wechsel vom Tag zur Nacht angeben kann. Allmählich dämmert der Tag in die Nacht hinein, der exakte Zeitpunkt des Sonnenuntergangs ist eine gesellschaftliche Konvention, um hier eine Markierung zu setzen. Letztlich muss daher auch der Zeitpunkt des Todeseintritts eine gesellschaftliche Konvention sein, auf die sich alle einigen, weil es gute Gründe dafür gibt. Wie aber lauten diese Gründe? Hieran scheiden sich die Geister. Für manche sind Hirntote „tot genug", um per Konvention als tot zu gelten, insbesondere um Organtransplantationen zu ermöglichen, während sie für andere noch nicht „tot genug" sind, da sie vielleicht die Würde des Sterbeprozesses nicht stören wollen, die Unversehrtheit des Körpers hochhalten oder Angst haben, dass der Hirntote bei der Organentnahme doch noch etwas erleiden könnte.

Agnieszkas Eltern waren zunächst überzeugt, dass ihre hirntote Tochter nicht wirklich tot war. Was sie im Einzelnen dazu bewogen hat, ist unklar, ob es etwa etwas mit ihrer religiösen Einstellung zu tun hatte. Erst jüngst gab es in den USA einen ähnlichen Fall: Ein 13-jähriges Mädchen wurde wegen eines Schlaf-Apnoe-Syndroms einer umfangreichen HNO-Operation in einem Kinderkrankenhaus unterzogen und erlitt durch starke Nachblutungen nach der Operation einen Herzstillstand. Vier Tage nach der Operation war sie als hirntot diagnostiziert worden. Auch hier waren es ihre Eltern, die die Feststellung des Todes nicht akzeptierten und die Fortführung der Intensivtherapie forderten, zumal sie die Hoffnung nicht aufgaben, dass ihre Tochter wieder aufwachen und sich erholen würde. Es kam zu einem Gerichtsprozess mit dem Ergebnis, dass die Klinik nicht zu einer weiteren Therapie gezwungen werden konnte. Die Familie ließ das Mädchen in eine andere medizinische Einrichtung verlegen, die bereit war, die Therapie fortzusetzen. Ein Jahr nach der Hirntodfeststellung wird das Mädchen offenbar immer noch an einem unbekannten Ort behandelt, während der Rechtsstreit weitergeht.

Es gibt sogar Fälle, in denen die Angehörigen des Patienten nicht nur dessen Einordnung als hirntot ablehnen, sondern sogar die diagnostischen Untersuchungen zur Hirntodbestimmung zurückweisen. Es ist jedoch ungeklärt, ob Angehörige dies überhaupt verweigern können, selbst wenn sie als gerichtlich bestellte Betreuer oder vom Patienten Bevollmächtigte die rechtsgültige Erlaubnis haben, stellvertretend für diesen über medizinische Maßnahmen zu entscheiden. Denn bei der Hirntodbestimmung handelt es sich ja im strengen Sinn nicht um eine diagnostische Maßnahme, die als Eingriff in die körperliche Unversehrtheit einer Einwilligung bedarf. Außerdem besteht zu diesem Zeitpunkt ja stets schon der plausible Verdacht, dass der Patient hirntot und damit nach herrschender Meinung tot sein könnte, sodass die Befugnisse eines Stellvertreters ohnehin überschritten wären. Schließlich lässt sich auch argumentieren, dass die Todesfeststellung eine Art hoheitliche Aufgabe darstellt, die auf einem relevanten öffentlichen Interesse der Gemeinschaft basiert, das die individuellen Interessen der betroffenen Patienten und ihrer Angehörigen übersteigt.

Das Hirntod-Trilemma und mögliche Auswege

Die Kritik am Hirntod zeigt zumindest theoretisch überzeugend, dass die konzeptionellen Grundlagen des Hirntodes ungenügend sind. Die Situation stellt sich als ein Trilemma dar, eine Wahl zwischen drei Optionen, die alle gleichermaßen unbefriedigend sind. Die erste Option besteht darin, die Gleichsetzung von Hirntod und Tod zu behalten, aber eine neue und tragfähigere Begründung zu suchen. Die Bioethik-Kommission des US-Präsidenten hat dies jüngst versucht, indem sie per Mehrheitsvotum darauf abhob, dass es zum Wesenskern von lebenden Organismen gehöre, in einem Austausch mit ihrer Umgebung zu stehen und eine bedürfnisgetrieben Selbsterhaltung zu erreichen (durch Atmung, Ernährung, Reiz-Reaktions-Verhalten und so weiter). Wenn diese essenzielle Fähigkeit der Selbsterhaltung verloren sei, dann könne man einen Menschen als tot bezeichnen. Denkt man diese Idee jedoch konsequent zu Ende, dann wäre jeder Mensch, der in seinem Alltag von lebenserhaltenden (medizinischen) Maßnahmen abhängt, etwa von einer Magensonde, schon als tot zu bezeichnen, da er die Lebenserhaltung ja nicht aus sich heraus vermag. Außerdem setzt dieses Konzept ein durchaus fragwürdiges essentialistisches Menschenbild voraus.

Als zweite Option könnte statt des klassischen Hirntodkonzepts eine neue (vorgelagerte) Todesdefinition eingeführt werden, die bereits den irreversiblen Verlust des Bewusstseins als Todeskriterium festschriebe. Damit wäre die Todesdefinition nicht mehr primär biologisch orientiert und für alle Spezies gleichermaßen geltend, sondern würde als eine humanspezifische Todesdefinition von einer Fähigkeit ausgehen, die wir für menschliches Leben als charakteristisch ansehen, nämlich dem Bewusstsein und den damit verbundenen kognitiven Fähigkeiten. Dieses sogenannte *higher-brain criterion* würde aber praktisch bedeuten, dass alle Menschen mit einer isolierten Großhirnschädigung, die zwar unumkehrbar bewusstlos sind, aber deren Hirnstamm noch funktioniert und sie in einem Wachkoma hält, für tot erklärt werden müssten. Auch ist eine objektive Messung des Bewusstseins von außen bislang nicht zweifelsfrei möglich. Und in dem Fall, dass man keine naturwissenschaftlich nachweisbaren Korrelate von Bewusstsein finden sollte, wäre damit noch nicht belegt, dass auch keine subjektive Form bewussten Wahrnehmens mehr existiert. Denn diese subjektive Sphäre ist für messende Verfahren unzugänglich und nur durch das Gespräch mit anderen Subjekten erreichbar. Kein Beweis für Bewusstsein ist mitnichten ein Beweis für kein Bewusstsein. Überdies basiert diese Option auch auf einer irrigen Verwechslung speziestypischer Eigenschaften (Bewusstsein) mit den Eigenschaften, die notwendigerweise alle Lebewesen ausmachen, eben der Lebendigkeit.

Die dritte Option wäre im Gegensatz zum *higher-brain criterion* eine nachgelagerte, tutioristische, also auf Nummer sicher gehende Todesdefinition, wonach nur der unwiederbringliche Stillstand von Atmung und Herz-Kreislauf-Tätigkeit den Tod anzeigte. Zwar wäre es auch nicht ganz einfach anzugeben, ab welcher Dauer des Atmungs- und Herzstillstandes sicher von einer Irreversibilität auszugehen wäre, doch das eigentlich Problem wäre, dass nach dieser Zeit die meisten Organe wegen Sauerstoffmangel so schwer geschädigt wären, dass man sie nicht mehr transplantieren könnte. Den Großteil der Transplantationsmedizin müsste man dann aufgeben, was wiederum bedeutete, dass man zahlreiche Patienten, die man relativ leicht retten könnte, aus Gründen theoretischer Stimmigkeit sterben lassen müsste. Wollte man diese Menschen retten, aber gleichwohl den unumkehrbaren Atem- und Kreislaufstillstand als Todesdefinition anerkennen, hieße dies, dass man lebenswichtige Organe aus sterbenden, also noch lebenden Menschen entnehmen müsste. Damit gäbe man die Grundregel der *Dead Donor Rule* auf und würde letztlich Menschen durch die Organentnahme töten, um andere zu retten. Selbst wenn eine solche Handlung auf ausdrücklichen, autonomen Wunsch des Organspenders geschähe, könnte sie als Tötung auf Verlangen eingestuft werden und wäre ethisch hochproblematisch. Auch stellt sich die Frage, ob hier nicht das Leben einer Person zur Lebensrettung einer anderen Person instrumentalisiert würde, selbst wenn beide darin einwilligten. Diese Lösung könnte indessen bedeuten, dass die Zahl der Organspenden deutlich angehoben werden könnte, aber gerade daran zeigt sich die große Missbrauchsgefahr, die von solch einem System ausgehen könnte.

Organspende nach Herzstillstand: eine ethisch vertretbare Alternative?

Da die Zahl der postmortalen Organspender, unter anderem wegen der aufgezeigten Fragen und Zweifel am Hirntod, aber auch wegen der abnehmenden Zahl schwerer Unfälle und der erfolgreicheren notfall- und intensivmedizinischen Behandlung, in vielen Ländern sinkt, ist seit einigen Jahren eine Renaissance der Organspende nach Herztod zu beobachten. Diese wurde bereits in den sechziger und siebziger Jahren des 20. Jahrhunderts angewandt, bis dann das Hirntodkonzept die postmortale Organspende einführte. Diese Form der Organspende wird international unter den Schlagworten *Donation after cardiac death* (DCD) oder *Non-heart-beating donation* diskutiert.

Nach Erfahrungen des Universitätsklinikums Maastricht in Belgien aus den achtziger Jahren gibt es folgende Konstellationen, die dabei unterschieden werden können: Erleidet ein Mensch einen plötzlichen und unerwarteten Herzstillstand und scheitern alle Wiederbelebungsversuche, so kann unter Zeitdruck die Entscheidung getroffen werden, den Patienten in eine Klinik zu fahren (wenn das nicht schon geschehen ist) und dort Organe zu entnehmen. Dahinter steckt die Prämisse, dass bei einem so schweren Herzstillstand das Gehirn aufgrund des Durchblutungsstopps vermutlich schon hirntot ist. Man nennt diese Form der Organspende die „unkontrollierte DCD". Im Gegensatz dazu spricht man von einer „kontrollierten DCD", wenn im Einklang mit rechtlichen und ethischen Prinzipien und auf der Basis des Patientenwillens die Entscheidung getroffen wird, lebenserhaltende Maßnahmen zu beenden, was oft auf einer Intensivstation geschieht. In dem folgenden Sterbeprozess kommt es irgendwann zum Herzstillstand und damit zu einem Stopp der Gehirndurchblutung. Nach einer definierten Wartezeit von wenigen Minuten (*no-touch period*) wird davon ausgegangen, dass das Gehirn irreversibel geschädigt ist und es erfolgt die Entnahme der Organe.

Eine oder beide dieser Formen der Organentnahme werden inzwischen in vielen Ländern praktiziert, insbesondere in den USA, England, Spanien, Frankreich, den Niederlanden, Österreich und der Schweiz, während sie hingegen in Deutschland verboten sind und von der Bundesärztekammer strikt abgelehnt werden. Die ethischen Bedenken sind im Wesentlichen zweierlei. Legt man die Todesdefinition des Hirntodes zugrunde, müsste eigentlich zweifelsfrei nachgewiesen sein, dass die betroffenen Patienten nach ihrem Herzstillstand einen unwiederbringlichen Funktionsverlust des gesamten Gehirns aufweisen. Dies ist jedoch fraglich, zumal mit Ausnahme der Schweiz die meisten Länder in diesen Situationen keine Untersuchungen zur Feststellung des Hirntodes fordern, sondern lediglich eine bestimmte Wartezeit von zumeist zwei bis fünf Minuten verlangen. Nun ergibt sich jedoch ein Problem: Je länger man mit der Organentnahme nach dem Herzstillstand wartet, desto sicherer ist zwar der vermutete Hirntod, aber desto schlechter wird die Funktion der zu transplantierenden Organe, da sie ebenfalls unter der ausbleibenden Durchblutung (Ischämie) leiden. Insbesondere wenn man Herzen transplantieren will, muss man die Ischämiezeit sehr gering halten. Es gab allerdings bereits Berichte, wonach ein bis zwei Minuten nach dem Herzstillstand die Herzen von Kindern entnommen, anderen Kindern eingepflanzt und dort wieder zu schlagen begonnen haben. Dies bedeutet aber, dass bei den Organspendern kein irreversibler Herzstillstand vorlag, dass also eine Reanimation durchaus hätte erfolgreich sein und das Leben der Spender retten können.

Das zweite ethische Problem der Organspende nach Herztod ist die Gefahr des Missbrauchs und der unzulässigen Verquickung von Organspende und Sterbenlassen. So besteht die Sorge, dass im Kontext einer extremen Organknappheit Druck auf schwer und unheilbar kranke Menschen ausgeübt werden könnte, auf lebenserhaltende Maßnahmen zu verzichten, damit mehr transplantierbare Organe zur Verfügung stehen. In Belgien ist die kontrollierte DCD sogar schon so weit praktiziert worden, dass Patienten, die eine rechtlich mögliche Tötung auf Verlangen wünschten, zugleich aber Organe spenden wollten, durch die Organentnahme in Narkose getötet wurden.

Schlussfolgerungen

Die Ausführungen zum Hirntod, zur postmortalen Organspende und zur Organspende nach Herzstillstand haben deutlich gemacht, dass hier grundlegende anthropologische Fragen berührt werden und man in vertrackte ethische Dilemmata gerät. Zugleich illustriert der anfangs geschilderte Fall eindrücklich, wie sensibel Menschen auf Fragen der Todesfeststellung reagieren, welche sozialen Auswirkungen damit verbunden sind und wie unabdingbar eine gute Kommunikation in diesem Bereich der Medizin ist (die in diesem Fall offenkundig fehlte). Angehörige wie Agnieszkas Eltern und ihr Freund sind durch die meist unerwartete Situation einer schweren Hirnschädigung in einer Ausnahmesituation, schockiert, ratlos, fassungslos, traurig und voller Angst. Wenn sie dann zum ersten Mal in ihrem Leben mit dem Thema Hirntod konfrontiert werden und zur gleichen Zeit darüber entscheiden sollen, ob sie einer Organspende zustimmen, ohne dass sie vielleicht jemals zuvor mit dem Patienten darüber gesprochen hatten, dann wird verständlich, wie irritiert, verärgert oder verletzt manche Angehörige darauf reagieren.

Umso wichtiger wäre es, die Kommunikation mit Angehörigen rund um das Thema Todesfeststellung, Hirntod und Organspende zu optimieren. Ärzte, Medizinstudierende und Pflegende sollten frühzeitig darin geschult werden, was bisher jedoch kaum geschieht – geschweige denn, dass es hierzu gute Forschung oder Leitlinien gäbe. Auch wäre dringend zusätzliches Personal einzustellen, um die Bewältigung kommunikativer, psychosozialer und spiritueller Herausforderungen, die auf Angehörige wie auf Kliniker zukommen, zu fördern. Schließlich braucht es neue Konzepte, um würdevolles Sterben und die Erfahrungen palliativmedizinischer Sterbebegleitung auch für die Todesfeststellung im Kontext der Organspende fruchtbar zu machen.

Die Büchse der Pandora? Genetische Diagnostik in der Neurologie

Markus Frings

Eine seltene Erkrankung

Der etwa siebzig Jahre alte Herr Jürgens kam zum ersten Mal in die Sprechstunde der Neurologin Frau Dr. Harding. Er hatte einen dicken Aktenordner bei sich, trug einen gepflegten zeitlosen Anzug und war in seinem Auftreten sachlich und freundlich. Früher hatte er als Jurist gearbeitet. Der Aktenordner enthielt chronologisch geordnet alle Arztbriefe, in denen seine Beschwerden, alle Untersuchungsergebnisse und Behandlungsversuche zusammengefasst waren; dazu eine Vielzahl Originalbefunde zum genaueren Nachschlagen. Bevor Dr. Harding sich dem Ordner zuwandte, fragte sie Herrn Jürgens, welche Beschwerden ihn zu ihr führten.

Herr Jürgens antwortete ausführlich: „Ich leide seit zwei Jahren unter einem Schwindelgefühl. Anfangs habe ich nur eine allgemeine Leistungsminderung bemerkt, dann aber bin ich immer unsicherer auf den Beinen geworden. Ich fühle mich beim Laufen wie betrunken und befürchte, dass andere das von mir denken. Wenn ich eine ruckartige Bewegung zur Seite mache, dann dreht sich alles um mich herum. Einmal bin ich schon in mein Bücherregal gefallen bei einer raschen Drehbewegung. Glücklicherweise habe ich mich dabei nicht verletzt. Erst bin ich zu meinem Hausarzt gegangen, der nichts feststellen konnte, aber eine Störung des Gleichgewichtssinnes im Innenohr vermutete. Der Hals-Nasen-Ohren-Arzt, zu dem er mich schickte, hat mich gründlich untersucht. Er fand nichts Auffälliges und vermutete aufgrund meiner Schilderung, dass es sich um eine milde Entzündung des Gleichgewichtsnerven handele. Er verschrieb mir ein Medikament, das ich einige Tage einnehmen sollte.

Als der Schwindel nicht besser wurde, konsultierte ich nach Empfehlung eines Bekannten einen Neurologen. Der Neurologe veranstaltete einige sportliche Übungen mit mir, um zu überprüfen, ob ein gutartiger Lagerungsschwindel vorlag, der – wie er mir erklärte – durch lose Kristalle im Innenohr hervorgerufen werde und eigentlich harmlos sei. Dabei ist mir etwas schwindeliger als sonst gewesen, aber nicht grundsätzlich anders schwindelig. Trotz eines unauffälligen Befundes hielt der Neurologe an seiner Vermutung fest, da er meinte, meine Geschichte sei so typisch, dass es ein gutartiger Lagerungsschwindel sein musste. Man könne jetzt nichts mehr feststellen, weil die Erkrankung eigentlich schon vorüber sei. Oft fühlten sich Patienten danach über Wochen noch etwas merkwürdig. Der Neurologe verschrieb mir Krankengymnastik und stellte in Aussicht, dass der Spuk bald vorbei sei.

Das war aber nicht der Fall, und ich begann schon an meinem Verstand zu zweifeln. Dass psychische und körperliche Beschwerden zusammenhängen können, ist mir bekannt. Meine Frau leidet hin und wieder an Phasen der Depression und hat dabei auch verschiedenste körperliche Beschwerden: von Herzrasen über Kopfschmerzen, Bauchweh und tatsächlich auch Schwindel. Ihr Hausarzt führt dann immer einige Untersuchungen durch, um sie zu beruhigen. Dass die Beschwerden mit der Stimmung zu tun haben, ist uns aber allen klar. Bei mir ist die Situation irgendwie anders. Einige Ärzte haben mir schon zu verstehen gegeben, dass die Psyche bei meinen Beschwerden eine nicht unwesentliche Rolle spielen könnte. Ich selbst kann aber keine Auffälligkeiten in meiner Stimmung und meinen Empfindungen feststellen. Vor einiger Zeit habe ich von Ihrer Spezialambulanz zur Behandlung von Schwindelerkrankungen erfahren. Ich habe mir erhofft, endlich den Grund meiner Beschwerden zu verstehen.“

Damals war Herr Jürgens das erste Mal in der Ambulanz, in der auch Dr. Harding arbeitete. Er traf bei seinem ersten Besuch in dieser Ambulanz auf einen Kollegen von Dr. Harding. Der Ambulanzarzt machte auf Herrn Jürgens einen sehr empathischen und kenntnisreichen Eindruck. Bei der körperlichen Untersuchung wurde zwar vieles wiederholt, was er von den anderen Ärzten bereits kannte, es gab aber auch einige Untersuchungen, die in dieser Form noch nicht durchgeführt worden waren. Dazu gehörte eine etwas merkwürdige Methode: Der Arzt bat ihn, seinen Kopf zu schütteln, nicht nur ein bisschen, sondern wirklich ordentlich und mindestens zwanzig Mal. Dann setzte er ihm eine sogenannte Frenzel-Brille auf. Deren extreme Vergrößerungsgläser sorgen dafür, dass der Patient nichts sieht, der Arzt aber umso mehr.

Herr Jürgens merkte nach dem massiven Kopfschütteln selbst, dass seine Augen ordentlich hin- und herwackelten. Der Arzt war ganz beeindruckt von diesem Kopfschüttelnystagmus. Damit war die Angelegenheit für ihn offenbar klar. Es erfolgten zwar noch einige Untersuchungen mit diversen Apparaten, die seine Gefäße und Nerven und auch sein Gleichgewichtssystem untersuchten, aber bei alledem konnte nichts Weiteres festgestellt werden. Der Arzt erklärte dem Patienten, dass das Augenwackeln ein klares Zeichen für eine vorangegangene Schädigung des Gleichgewichtsnerven sei. Er kam damit zu dem gleichen Schluss wie der erste Hals-Nasen-Ohren-Arzt.

Herr Jürgens war zunächst einmal beruhigt, dass es endlich einen Befund gab, der für eine bestimmte körperliche Erkrankung sprach. Er hatte sich sein Beschwerden nicht nur eingebildet. Nun erhoffte er sich eine Therapie, die ihn endlich heilen könnte. Doch so einfach war es nicht.

Der Arzt erklärte Herrn Jürgens, dass man bei der Schädigung des Gleichgewichtsnerven nichts machen könne. Es handele sich in der Regel um eine Viruserkrankung, die vollständig ausheile, aber eine Minderfunktion des betroffenen Gleichgewichtsnerven zurücklasse. Diese sei aber in Herrn Jürgens Fall gar nicht mehr das Problem, sondern vielmehr der fehlende Ausgleich dieser Minderfunktion durch höhere Zentren des Gehirns. Dieser Ausgleich habe bei ihm nicht gut funktioniert. Der Arzt erklärte: „Ursächlich für Ihre jetzigen Beschwerden ist eine vermehrte Selbstbeobachtung mit verstärkter Wahrnehmung physiologischer Körperschwankungen. Es kommt zu einer Verunsicherung und daraus resultierend zu einer bewussten Haltungskontrolle, durch die die Körperschwankungen zusätzlich verstärkt werden. Häufig folgt dieser sogenannte somatoforme Schwindel einer organischen Erkrankung, in Ihrem Falle einer Neuritis vestibularis, einer Entzündung des Gleichgewichtsnerven."

Herr Jürgens fragte sich, ob er nun doch unter einer Depression litt. Der Arzt versuchte ihn zu beruhigen: Dieses Problem sei nicht Ausdruck einer psychischen Krankheit im engeren Sinne, sondern vielmehr eines falschen Lernprozesses nach der ursprünglichen körperlichen Erkrankung. Die Aussichten auf Heilung oder zumindest auf deutliche Linderung seien sehr hoch. Der Arzt erklärte ihm: „Zunächst ist das Wissen um die wieder gewonnene organische Gesundheit die Voraussetzung für eine aktive körperliche und sportliche Betätigung. Deshalb sollten Sie schwindelauslösende Situationen nicht meiden, sondern im Gegenteil bewusst aufsuchen. Es ist wichtig, dass Sie sich aktiv körperlich betätigen, um so das Vertrauen in die eigene Haltungskontrolle zu stärken. Gut ist auch, wenn Sie sich ablenken und nicht mehr so auf den Schwindel fokussieren. Dadurch kommt es bei den meisten Patienten zu einer Besserung der Beschwerden."

Das hörte sich für Herrn Jürgens zwar etwas schematisch an, aber er schloss daraus, dass man mit Patienten wie ihm schon sehr häufig zu tun gehabt hatte. Der Arzt läge mit einer großen Wahrscheinlichkeit richtig. Herrn Jürgens wurden verschiedene krankengymnastische Übungen zum Training des Gleichgewichtssystems vermittelt und zusätzlich ein Entspannungsverfahren, das er täglich anwenden sollte.

Zunächst war Herr Jürgens zuversichtlich, aber seine Beschwerden ließen nicht nach, im Gegenteil: Neben der Gangunsicherheit kam eine leichte Ungeschicklichkeit der Hände hinzu. Sein Hausarzt beantragte eine psychosomatische Rehabilitationsbehandlung: über drei Wochen Gleichgewichtstraining, Gesprächstherapien, verschiedenste Anwendungen. Doch Herr Jürgens fühlte sich danach wie zuvor.

Weil er grundsätzlich von der Kompetenz der Spezialambulanz zur Behandlung von Schwindelerkrankungen überzeugt war, kam er nach einem halben Jahr wieder. Nachdem er seine Geschichte so ausführlich erzählt hatte, Dr. Harding den zusammenfassenden Arztbrief der letzten Behandlung des Patienten in der Spezialambulanz gelesen und den dicken Aktenordner überflogen hatte, wollte sie sich selbst ein Bild machen. Sie hatte das Gefühl, dass Herr Jürgens nicht der typische Patient mit einer psychischen oder somatoformen Störung war. Deshalb interessierte sie sich sehr für den klinischen Untersuchungsbefund. Erneut löste sie den Kopfschüttelnystagmus aus, aber etwas stimmte nicht daran. Er war viel ausgeprägter und hielt viel länger an, als man das bei einer alten Schädigung des Gleichgewichtsnerven erwarten konnte. Dr. Harding vermutete eine Erkrankung des Kleinhirns. Das Kleinhirn ist eine tennisballgroße Struktur in der hinteren Schädelgrube unter den beiden Großhirnhälften. Die wichtigste Funktion des Kleinhirns ist die Koordination von Bewegungen, die im Großhirn gestartet werden.

Im Ersten Weltkrieg kam es durch den erstmaligen breiten Einsatz zielgenauer Schusswaffen bei vielen Soldaten zu umschriebenen, also deutlich abgegrenzten und lokalisierbaren Hirnverletzungen, darunter auch solchen des Kleinhirns. Durch deren klinische Untersuchung präzisierte der amerikanische Neurologe Gordon Holmes im Jahr 1917 die Funktionsstörungen bei einem Ausfall des menschlichen Kleinhirns. Er beschrieb Schwierigkeiten mit Genauigkeit oder Koordination bei Bewegungsabläufen, die sich nicht durch eine Schwäche oder eine Störung der Empfindung erklären ließen. Die Bewegungsstörungen, Ataxie genannt, können den Rumpf, Stand oder Gang betreffen, sodass der Patient auf einen Rollstuhl angewiesen sein kann. Probleme mit der Zielgenauigkeit von Armen oder Beinen durch überschießende Bewegungen oder Störungen der Feinbewegungen der Hände können zu dem Krankheitsbild gehören, ebenso Sprech- und Augenbewegungsstörungen. Wissenschaftliche Untersuchungen der letzten zwei Jahrzehnte haben gezeigt, dass das Kleinhirn auch an höheren geistigen Leistungen beteiligt ist, aber das spielt im klinischen Alltag meist keine Rolle.

Sollte Herr Jürgens an einer Störung des Kleinhirns leiden, müssten auch andere klinische Zeichen zu erkennen sein. Deshalb konzentrierte sich Dr. Harding bei der übrigen Untersuchung genau auf diese Aspekte. Sie stellte fest, dass Herr Jürgens tatsächlich leichte Probleme mit Zielbewegungen beider Arme hatte. Bei einer Videoanalyse der Augenbewegungen zeigte sich, dass die Wackelbewegung der Augen nicht nur beim Kopfschütteln, sondern als sogenannte sakkadierte Blickfolge auch bei langsamer Augenbewegung in alle Richtungen auftrat. Dr. Harding sah sich auch die Kernspintomografien an, die von Herrn Jürgens Kopf angefertigt worden waren. Sie waren zwar als unauffällig eingeschätzt worden, aber bei genauem Hinsehen stellte Dr. Harding fest, dass das Kleinhirn etwas kleiner war als es sein sollte.

Sie fragte Herrn Jürgens, ob auch bei jemandem in der Verwandtschaft die Beweglichkeit gestört gewesen sei. Herr Jürgens berichtete, dass seine Eltern früh an Krebserkrankungen gestorben seien. Der Vater seiner Mutter habe allerdings an einer ungeklärten Gangstörung gelitten. Er sei eigentlich sehr rüstig gewesen, aber im Alter irgendwann im Rollstuhl gelandet, ohne dass ein spezieller Grund ersichtlich gewesen sei. Dessen Bruder habe unter einer Art Zittern gelitten und konnte irgendwann ebenfalls nicht mehr laufen. Herr Jürgens selbst hatte weder Geschwister noch Kinder.

Dr. Harding war sich sicher, dass es sich um eine spezielle Form der erblichen Kleinhirnerkrankung handeln musste. Wahrscheinlich hatten ihre Kollegen das bisher nicht feststellen können, weil die Symptome noch zu gering ausgeprägt gewesen waren. Die inzwischen aber eindeutigen klinischen Zeichen einer Kleinhirnstörung, die Atrophie des Kleinhirns, die in der Kernspintomografie sichtbar war, sowie die Hinweise auf einen erblichen Zusammenhang sprachen für eine genetische Kleinhirnerkrankung, von denen es viele verschiedene Formen gibt. Aufgrund des Auftretens im höheren Lebensalter konnte Dr. Harding die Erkrankung auf eine sogenannte spinozerebelläre Ataxie eingrenzen. Dabei handelt es sich um eine degenerative Erkrankung, das heißt, es kommt zu einer vorzeitigen Alterung dieses speziellen Teiles des Gehirns.

Es gibt inzwischen mehr als 30 Formen der spinozerebellären Ataxien, die nach der Reihenfolge der Entdeckung der Genveränderung durchnummeriert wurden. Bei dem häufigeren Typ 6 (SCA 6) treten keine weiteren Begleiterkrankungen wie Nervenlähmungen oder Demenz auf, daher schloss Dr. Harding aufgrund der Patientengeschichte und der klinischen Untersuchungsbefunde auf diese seltene Erkrankung als wahrscheinliche Ursache der Beschwerden von Herrn Jürgens. Dieser wollte nun natürlich wissen, ob man etwas dagegen unternehmen könne. Dr. Harding versuchte ihn zu beruhigen, dass bei einem Auftreten der Erkrankung in seinem Alter in der Regel die Lebenserwartung nicht beeinflusst ist. Allerdings gibt es keine ursächliche Behandlung. Das Fortschreiten kann auch nicht aufgehalten, aber durch intensive Krankengymnastik verzögert werden.

Eine Vielzahl von anderen Tests wäre nun sinnvoll, um sicher zu gehen, dass es sich nicht doch um eine andere, behandelbare Ursache handele. Um den Verdacht der erblichen Erkrankung zu bestätigen, wäre eine genetische Blutuntersuchung erforderlich. Herr Jürgens quälte sich schon so lange mit der Ungewissheit, dass für ihn das Wichtigste war, die Ursache zu klären. Die Gefahr, damit vielleicht von einer unheilbaren chronischen Krankheit zu erfahren, spielte für ihn keine Rolle mehr.

Das neue, im Jahr 2010 in Kraft getretene Gendiagnostikgesetz soll Patienten vor übereilten genetischen Untersuchungen schützen und das Selbstbestimmungsrecht wahren (siehe Internet-Links (S. 289)). Dazu gehört eine ausführliche Aufklärung, die unter anderem Informationen über die zu untersuchende Erkrankung, das Wesen der genetischen Untersuchung und mögliche Ergebnisse und Konsequenzen beinhaltet, vor allem aber das Recht auf Nichtwissen erläutern soll. Das bedeutet, dass Patienten das Recht haben, auf die Untersuchung zu verzichten oder die Einwilligung zur Untersuchung jederzeit zurückzuziehen. Die Aufklärung über diese Möglichkeit ist sehr wichtig, weil sich nicht wenige Patienten nach anfänglicher Einwilligung später doch entscheiden, das Ergebnis einer genetischen Untersuchung nicht erfahren zu wollen. Der Inhalt der Aufklärung muss schriftlich dokumentiert werden, und es muss eine schriftliche Einwilligung zur Untersuchung erfolgen. Zudem ist eine angemessene Bedenkzeit einzuräumen.

Gesetz über genetische Untersuchungen bei Menschen (Gendiagnostikgesetz – GenDG) – Teil 1

§ 7 Arztvorbehalt

1. Eine diagnostische genetische Untersuchung darf nur durch Ärztinnen oder Ärzte und eine prädiktive genetische Untersuchung nur durch Fachärztinnen oder Fachärzte für Humangenetik oder andere Ärztinnen oder Ärzte, die sich beim Erwerb einer Facharzt-, Schwerpunkt- oder Zusatzbezeichnung für genetische Untersuchungen im Rahmen ihres Fachgebietes qualifiziert haben, vorgenommen werden.
2. Die genetische Analyse einer genetischen Probe darf nur im Rahmen einer genetischen Untersuchung von der verantwortlichen ärztlichen Person oder durch von dieser beauftragte Personen oder Einrichtungen vorgenommen werden.
3. Eine genetische Beratung nach § 10 darf nur durch in Absatz 1 genannte Ärztinnen oder Ärzte, die sich für genetische Beratungen qualifiziert haben, vorgenommen werden.

§ 8 Einwilligung

1. Eine genetische Untersuchung oder Analyse darf nur vorgenommen und eine dafür erforderliche genetische Probe nur gewonnen werden, wenn die betroffene Person in die Untersuchung und die Gewinnung der dafür erforderlichen genetischen Probe ausdrücklich und schriftlich gegenüber der verantwortlichen ärztlichen Person eingewilligt hat. Die Einwilligung nach Satz 1 umfasst sowohl die Entscheidung über den Umfang der genetischen Untersuchung als auch die Entscheidung, ob und inwieweit das Untersuchungsergebnis zur Kenntnis zu geben oder zu vernichten ist. Eine nach § 7 Abs. 2 beauftragte Person oder Einrichtung darf die genetische Analyse nur vornehmen, wenn ihr ein Nachweis der Einwilligung vorliegt.
2. Die betroffene Person kann ihre Einwilligung jederzeit mit Wirkung für die Zukunft schriftlich oder mündlich gegenüber der verantwortlichen

ärztlichen Person widerrufen. Erfolgt der Widerruf mündlich, ist dieser unverzüglich zu dokumentieren. Die verantwortliche ärztliche Person hat der nach § 7 Abs. 2 beauftragten Person oder Einrichtung unverzüglich einen Nachweis des Widerrufs zu übermitteln.

§ 9 Aufklärung

1. Vor Einholung der Einwilligung hat die verantwortliche ärztliche Person die betroffene Person über Wesen, Bedeutung und Tragweite der genetischen Untersuchung aufzuklären. Der betroffenen Person ist nach der Aufklärung eine angemessene Bedenkzeit bis zur Entscheidung über die Einwilligung einzuräumen.
2. Die Aufklärung umfasst insbesondere 1. Zweck, Art, Umfang und Aussagekraft der genetischen Untersuchung einschließlich der mit dem vorgesehenen genetischen Untersuchungsmittel im Rahmen des Untersuchungszwecks erzielbaren Ergebnisse; dazu gehören auch die Bedeutung der zu untersuchenden genetischen Eigenschaften für eine Erkrankung oder gesundheitliche Störung sowie die Möglichkeiten, sie zu vermeiden, ihr vorzubeugen oder sie zu behandeln, 2. gesundheitliche Risiken, die mit der Kenntnis des Ergebnisses der genetischen Untersuchung und der Gewinnung der dafür erforderlichen genetischen Probe für die betroffene Person verbunden sind, bei Schwangeren auch gesundheitliche Risiken, die mit der vorgeburtlichen genetischen Untersuchung und der Gewinnung der dafür erforderlichen genetischen Probe für den Embryo oder Fötus verbunden sind, 3. die vorgesehene Verwendung der genetischen Probe sowie der Untersuchungs- oder der Analyseergebnisse, 4. das Recht der betroffenen Person, die Einwilligung jederzeit zu widerrufen, 5. das Recht der betroffenen Person auf Nichtwissen einschließlich des Rechts, das Untersuchungsergebnis oder Teile davon nicht zur Kenntnis zu nehmen, sondern vernichten zu lassen, 6. bei einer genetischen Reihenuntersuchung die Unterrichtung der betroffenen Personen über das

Ergebnis der Bewertung der Untersuchung durch die Gendiagnostik-Kommission nach § 16 Abs. 2.

3. Die verantwortliche ärztliche Person hat den Inhalt der Aufklärung vor der genetischen Untersuchung zu dokumentieren.

Neben der Aufklärung und Einwilligung, die man als Patient natürlich auch schon von operativen Eingriffen kennt, fordert das Gendiagnostikgesetz noch zusätzlich: die genetische Beratung. Diese Beratung soll deutlich über eine Aufklärung hinausgehen und den Patienten dazu verhelfen, eine selbstständige Entscheidung zu treffen. Deshalb erfordern diese Gespräche deutlich mehr Zeit als eine einfache Aufklärung. In der Regel wird dafür über eine Stunde eingeplant. Die Beratung soll allgemeinverständlich und ergebnisoffen erfolgen und sich an den individuellen Anliegen und den Wertvorstellungen des Betroffenen orientieren. Es wird ein Stammbaum aufgezeichnet und über die mögliche Bedeutung der Ergebnisse für Angehörige und die eigene Lebens- und Familienplanung gesprochen und dabei über die Wege der Vererbung informiert. Der Gesprächsinhalt wird in einem ausführlichen und frei formulierten Brief festgehalten, anders als eine Aufklärung, die in der Regel über ein vorbereitetes Formular erfolgt. Gegebenenfalls wird bei starker psychischer Belastung auch die Vermittlung einer psychotherapeutischen Begleitung angeboten.

Diese Beratung darf nicht jeder durchführen. Weil sie eine gewisse Berufserfahrung, aber auch Kenntnisse der Erkrankung und der Genetik erfordert, ist eine sogenannte Qualifikation zur fachgebundenen genetischen Beratung erforderlich, die ein Facharzt für sein spezielles Fachgebiet erwerben kann. Fachübergreifend werden diese Beratungen von Fachärzten für Humangenetik durchgeführt.

Diese ausführliche Beratung erhält nicht jeder Patient, bei dem eine genetische Untersuchung durchgeführt werden soll. Das wäre in der klinischen Praxis gar nicht umsetzbar, denn es fallen selbst Routineuntersuchungen auf erbliche Formen von Gerinnungsstörungen, die man häufig nach Schlaganfällen durchführt, gemäß Gendiagnostikgesetz unter die Kategorie einer genetischen Untersuchung. Bei ihnen erfolgt vor der Untersuchung eine Aufklärung mit schriftlicher Einwilligung. Das Gendiagnostikgesetz sieht allerdings vor, dass nach Vorliegen der Untersuchungsergebnisse eine genetische Beratung angeboten werden soll. Sie muss angeboten werden, wenn es sich um eine Erkrankung handelt, die nicht behandelbar ist wie im Falle von Herrn Jürgens.

Einen weiteren Unterschied macht der Gesetzgeber bei prädiktiven Untersuchungen. Hierbei handelt es sich um genetische Untersuchungen, bei denen der Betroffene nicht erkrankt ist, aber in Zukunft erkranken könnte. Wenn bei Herrn Jürgens eine SCA 6 bestätigt würde und er ein gesundes Kind hätte, so könnte dieses (erwachsene) Kind eine prädiktive genetische Untersuchung durchführen lassen. Damit könnte geklärt werden, ob es die Krankheit in Zukunft auch bekommen wird. Diese Frage ist bei der SCA 6 relevant, weil die Erkrankung autosomal-dominant vererbt wird, das heißt, es besteht ein 50-prozentiges Risiko, dass sie von einem Elternteil auf ein Kind übertragen wird (siehe Box „Genetik in wenigen Worten“). Es besteht aber ein grundlegender Unterschied darin, ob eine Untersuchung durchgeführt wird, weil geklärt werden soll, was der Patient für eine Krankheit hat, oder ob eine Untersuchung durchgeführt wird, um zu klären, ob er später eine Krankheit bekommen wird. Besondere Bedeutung erhält diese Frage bei Erkrankungen, die nicht behandelbar sind wie die SCA 6. Daher schreibt das Gendiagnostikgesetz bei allen prädiktiven Untersuchungen vor, dass die genetische Beratung zweimal erfolgt, und zwar vor Durchführung der Untersuchung und nach Vorliegen der Untersuchungsergebnisse.

Gesetz über genetische Untersuchungen bei Menschen (Gendiagnostikgesetz – GenDG) – Teil 2

§ 10 Genetische Beratung

1. Bei einer diagnostischen genetischen Untersuchung soll die verantwortliche ärztliche Person nach Vorliegen des Untersuchungsergebnisses der betroffenen Person eine genetische Beratung durch eine Ärztin oder einen Arzt, die oder der die Voraussetzungen nach § 7 Abs. 1 und 3 erfüllt, anbieten. Wird bei der betroffenen Person eine genetische Eigenschaft mit Bedeutung für eine Erkrankung oder gesundheitliche Störung festgestellt, die nach dem allgemein anerkannten Stand der Wissenschaft und Technik nicht behandelbar ist, gilt Satz 1 mit der Maßgabe, dass die verantwortliche ärztliche Person die Beratung anzubieten hat.
2. Bei einer prädiktiven genetischen Untersuchung ist die betroffene Person vor der genetischen Untersuchung und nach Vorliegen des Untersuchungsergebnisses durch eine Ärztin oder einen Arzt, die oder der die Voraussetzungen nach § 7 Abs. 1 und 3 erfüllt, genetisch zu beraten, soweit diese nicht im Einzelfall nach vorheriger schriftlicher Information über die Beratungsinhalte auf die genetische Beratung schriftlich verzichtet. Der betroffenen Person ist nach der Beratung eine angemessene Bedenkzeit bis zur Untersuchung einzuräumen.
3. Die genetische Beratung erfolgt in allgemein verständlicher Form und ergebnisoffen. Sie umfasst insbesondere die eingehende Erörterung der möglichen medizinischen, psychischen und sozialen Fragen im Zusammenhang mit einer Vornahme oder Nichtvornahme der genetischen Untersuchung und ihren vorliegenden oder möglichen Untersuchungsergebnissen sowie der Möglichkeiten zur Unterstützung bei physischen und psychischen Belastungen der betroffenen Person durch die Untersuchung und ihr Ergebnis. Mit Zustimmung der betroffenen Person kann eine weitere sachverständige Person mitberatend hinzugezogen werden. Ist anzunehmen, dass genetisch Verwandte der

betroffenen Person Träger der zu untersuchenden genetischen Eigenschaften mit Bedeutung für eine vermeidbare oder behandelbare Erkrankung oder gesundheitliche Störung sind, umfasst die genetische Beratung auch die Empfehlung, diesen Verwandten eine genetische Beratung zu empfehlen. Soll die genetische Untersuchung bei einem Embryo oder Fötus vorgenommen werden, gilt Satz 4 entsprechend.

4. Die verantwortliche ärztliche Person oder die Ärztin oder der Arzt, die oder der die Beratung angeboten oder vorgenommen hat, hat den Inhalt der Beratung zu dokumentieren.

Herr Jürgens entschied sich dafür, sich auf behandelbare Ursachen seiner Erkrankung untersuchen zu lassen, was aber erwartungsgemäß ergebnislos verlief. Er wünschte sich im Anschluss die Durchführung der genetischen Untersuchung auf eine SCA 6 nach ausführlicher Aufklärung, schriftlicher Einwilligung und Bedenkzeit. Die Untersuchung bestätigte den Verdacht. Herr Jürgens verzichtete auf eine genetische Beratung. Er hatte keine Geschwister und keine Kinder, für die das Ergebnis eine Bedeutung haben könnte. Er hatte auch sonst keine Fragen mehr.

Es tat Dr. Harding leid, dass sie trotz ihrer Diagnose die Erkrankung von Herrn Jürgens nicht wesentlich beeinflussen konnte, auch wenn der Effekt der Krankengymnastik auf den Verlauf nicht unterschätzt werden darf. Herr Jürgens war zumindest erleichtert, dass er keine psychische oder psychosomatische Erkrankung hatte und sich in seiner Körperwahrnehmung nicht getäuscht hat. Er hatte schon ein gewisses Alter erreicht und konnte sich mit der Diagnose einer langsam fortschreitenden Erkrankung arrangieren. Er gehörte zu den Menschen, die definitiv wissen wollen, woran sie sind.

Eine Erkrankung mit weitreichenden Konsequenzen

Bei einer anderen Patientin mit einer erblichen Erkrankung lagen die Dinge anders: Zum einen trat die Erkrankung in deutlich jüngerem Alter auf und verkürzte die Lebenszeit erheblich, zum anderen hatte die Patientin eine Tochter.

Es handelte sich um die 44-jährige Frau Heinrich, die seit einigen Monaten zunehmend unter unkoordinierten Bewegungen litt. Zudem war sie intellektuell nicht mehr in der Lage, ihren Beruf als Verwaltungsangestellte auszuüben. Schon längere Zeit litt sie unter Unruhezuständen und Depressionen. Durch ihr aufbrausendes Verhalten hatte sie Freundschaften verloren, auch die Ehe litt ganz erheblich. Ihr niedergelassener Neurologe und Psychiater wies sie stationär in die Universitätsklinik ein, an der Dr. Harding damals arbeitete.

Dr. Harding beobachtete bereits bei der Begrüßung der Patientin auf der Station unregelmäßige, plötzlich einschießende, kurzdauernde, unwillkürliche Bewegungen der Arme und Beine sowie ein unmotiviertes Grimassieren und Schmatzen. Bei Anblick der Patientin hatte Dr. Harding bereits eine Verdachtsdiagnose: Mit hoher Wahrscheinlichkeit handelte es sich um eine Chorea Huntington, benannt nach George Huntington, der die Erkrankung als Erster im Jahr 1872 beschrieb. Bei der Chorea Huntington kommt es im mittleren Alter zu einer Kombination aus Bewegungsstörung, psychiatrischen Symptomen und Demenz. Es gibt keine Heilung, allenfalls eine Linderung der ausschweifenden Bewegungen und der psychiatrischen Symptome durch Medikamente. Die Erkrankung führt innerhalb einiger Jahre zum Tod. Es handelt sich wie die spinozerebelläre Ataxie um eine erbliche Erkrankung und ebenfalls um eine mit autosomal-dominantem

Erbgang. Die Wahrscheinlichkeit der Kinder, die Erkrankung irgendwann ebenfalls zu erleiden, liegt bei 50 Prozent. Bei manchen Patienten kommt es durch eine zunehmende Zahl von Wiederholungen im betroffenen Gen, sogenannten Trinukleotid-Repeats, über Generationen sogar zu einem immer früheren Krankheitsbeginn.

Dr. Harding veranlasste zunächst einige Untersuchungen, um ihren Verdacht zu hinterfragen. Auch in der Kernspintomografie zeigte sich ein für die Chorea Huntington typischer Befund mit einer Verschmächtigung des Großhirns, aber vor allem des sogenannten Striatums, einer tief im Hirn liegenden Struktur, die an der Bewegungskoordination beteiligt ist. Alle anderen Untersuchungen auf Erreger oder Stoffwechselerkrankungen waren unauffällig. Auch eine Medikamentennebenwirkung war nicht zu vermuten, weil die Patientin bisher völlig gesund gewesen war. Ein Hinweis auf die erbliche Ursache der Erkrankung ergab sich aus der Familiengeschichte: Nach mehreren Jahren einer sehr glücklichen Ehe habe sich die Mutter vom Vater getrennt, als beide Mitte vierzig waren. Der Vater sei immer aggressiver geworden und habe immer mehr Alkohol getrunken, woraufhin die Mutter ihn verlassen hatte. Die plötzliche Veränderung seiner Persönlichkeit sei immer rätselhaft geblieben. Er verunglückte bei einem Verkehrsunfall.

Nachdem die meisten Untersuchungen abgeschlossen waren und sich kein Anhalt für eine andere Ursache ergab, sprach Dr. Harding mit Frau Heinrich und ihrem Mann. Beiden war aufgrund des bisherigen Verlaufs klar, dass es sich um eine fortschreitende und nicht besonders gutartige Krankheit handelte. Wegen der Geschichte des Vaters hatten sie auch schon an eine Erbkrankheit gedacht. Für die Patientin und ihren Mann war es das Hauptziel des stationären Aufenthaltes, zu klären, ob es eine behandelbare Ursache gab. Dr. Harding musste die beiden enttäuschen. Sehr wahrscheinlich handele es sich um Chorea Huntington und damit um eine vorzeitige Alterung bestimmter Hirnstrukturen, die zu ihren Symptomen führte. Eine ursächliche Behandlungsmöglichkeit existiere nicht. Einige Symptome ließen sich aber lindern.

Dr. Harding erläuterte den beiden, dass es eine Möglichkeit gäbe, mit Hilfe eines Gentestes die Erkrankung sicher nachzuweisen oder auch auszuschließen. Es sei gesetzlich neben der Aufklärung eine Einwilligung und eine Bedenkzeit erforderlich. Weil bei der Chorea Huntington die mögliche Sicherung des Verdachts nicht nur für sie selbst, sondern auch für die Familie erhebliche Konsequenzen haben kann, würde sie Frau Heinrich raten, zu einer auf diese Erkrankung spezialisierten Ambulanz für Humangenetik zu gehen, um sich dort ausführlich beraten und möglicherweise auch psychologisch betreuen zu lassen. So könnte sie in Ruhe darüber nachdenken, ob sie die Untersuchung machen lassen wollte oder nicht.

Große Sorgen machte Herr und Frau Heinrich der Gedanke an ihre Tochter. Falls sich die Diagnose bestätigte, würde sie mit einer 50-prozentigen Wahrscheinlichkeit ebenfalls an der Krankheit leiden. Erst vor einigen Monaten hatte sie selbst ein Kind bekommen. Frau Heinrich wollte ihre Tochter vor Kummer bewahren, aber verheimlichen konnte sie ihre Krankheit ja auch nicht, ihre Symptome würden schlimmer werden. Es kam noch einen Punkt hinzu: Ihre Tochter hatte sich immer viele Kinder gewünscht. Was wäre, wenn sie selbst krank würde und die Kinder nicht versorgen könnte? Was wäre, wenn diese Kinder auch die Krankheit bekämen? Sie würde ihren Eltern nie verzeihen, wenn sie sie jetzt anlögen. Herr Heinrich sah Dr. Harding an: „Wissen Sie, Frau Doktor: Wenn sich Ihr Verdacht durch die Untersuchung bewahrheitet und meine Frau diese Krankheit hat, dann verändert sich nicht nur unser Leben. Wenn wir unserer Tochter alles offenlegen und sie sich dann auch für einen Test entscheidet und sich auch bei ihr die Krankheit bestätigt, wäre ihre Unbeschwertheit dahin.

Sie wäre um so viele Pläne beraubt. Und wenn sie sich gegen einen Test entscheiden würde, dann würde sie der Gedanke an die mögliche Krankheit für immer begleiten."

Dr. Harding konnte die Ängste der Patientin und ihres Mannes gut verstehen. Ihr war klar: Die diagnostische Untersuchung bei der Patientin ließ sich nicht von einer prädiktiven Untersuchung bei der Tochter trennen. Es gab noch einen weiteren Aspekt: Solange der Test nicht erfolgt war, bestand keine Klarheit: Dr. Harding könnte sich irren, und Herr und Frau Heinrich könnten sich umsonst mit der Sorge um die Zukunft ihrer Tochter quälen. Auf die Frage von Frau Heinrich, was passieren würde, wenn sie diesen Test nicht machen ließe, erklärte Dr. Harding, dass sie nicht zu diesem Test verpflichtet sei. Sie habe das Recht auf Nichtwissen. Egal, ob sie den Test durchführt oder nicht: Die Symptome würden behandelt. Man würde versuchen, mit Medikamenten ihre Depression und ihr Aufbrausen in den Griff zu bekommen. Zur Behandlung der unwillkürlichen Bewegungen gab es einige Medikamente, die manchen Patienten eine spürbare Besserung brachten. Frau Heinrich würde in gewissen Abständen immer wieder untersucht, um eine andere behandelbare Ursache nicht doch zu übersehen. Wenn die Symptome aber weiter zunähmen, vor allem der geistige Abbau, dann müssten sie und ihr Mann auch einige Vorkehrungen treffen: Sie müssten über eine Patientenverfügung sprechen, über eine Vorsorgevollmacht für ihren Mann, auch darüber, wie eine mögliche Pflege organisiert wird.

Frau Heinrich und ihr Mann entschieden sich dafür, ihrer Tochter alles zu erzählen. Zu ihrer Erleichterung reagierte sie gefasst, sie machte ihnen keine Vorwürfe, sie mit diesem Wissen zu belasten. Ihr war klar: Bereits durch den Verdacht war die Büchse der Pandora geöffnet worden und ließ sich nicht mehr schließen. Die Frage war nun: Wie wollte Familie Heinrich nun damit umgehen?

Frau Heinrich kam nicht zu dem angebotenen Kontrolltermin. Dr. Harding hat nie erfahren, ob sie den Test hat durchführen lassen, und auch nicht, welche Auswirkungen es auf die Familie hatte.

Eine behandelbare Erkrankung

In einem anderen Fall machte Dr. Harding eine ganze andere Erfahrung. Hierbei führte das Wissen um genetische Zusammenhänge zu einer aussichtsreichen Behandlung, und der Einbezug der Familie war für alle hilfreich.

Der 25-jährige Herr Karl kam auf die Station von Frau Dr. Harding aufgrund eines starken Zitterns, einer Gangunsicherheit sowie Verkrampfungen von Armen und Beinen, dazu kamen seit einigen Monaten zunehmend depressive Gedanken. Die Symptome waren denen von Frau Heinrich nicht unähnlich, es gab aber auch Parallelen zu den Symptomen von Herrn Jürgens. Die Krankheit von Herrn Karl enthielt also Zeichen einer Chorea Huntington und einer Kleinhirnerkrankung. Außerdem fanden sich Symptome einer Parkinsonkrankheit. Bei dieser Kombination in diesem jungen Alter musste Frau Dr. Harding an einen sogenannten Morbus Wilson denken, benannt nach Samuel Alexander Kinnier Wilson, der diese Erkrankung im Jahr 1911 beschrieben hatte. Der Verdacht erhärtete sich, als zusätzlich eine beginnende Leberzirrhose nachgewiesen werden konnte, und ein typischer Ring an der Augenhornhaut, der sogenannte Kayser-Fleischer-Ring. Außerdem ließ sich in den Laboruntersuchungen die für die Krankheit ursächliche Störung des Kupferstoffwechsels zeigen. Die mangelnde Ausscheidung von Kupfer, das in geringen Mengen in jedem menschlichen Körper vorhanden ist, führt zu einer krankhaften Speicherung in den verschiedenen Organen, vor allem in der Leber und im Gehirn. Die Kupferablagerungen im Gehirn, die zu den Bewegungsstörungen und der Depression führten, waren auch in der Kernspintomografie zu sehen.

Der Morbus Wilson ist ebenfalls eine Erbkrankheit, allerdings mit einer autosomal-rezessiven Vererbung (siehe Box „Genetik in wenigen Worten"), das bedeutet, die Wahrscheinlichkeit, dass auch Kinder eines Betroffenen erkranken, ist deutlich geringer als bei einer autosomal-dominanten Erkrankung wie der Chorea Huntington. Sie liegt bei etwa 0,5 Prozent. Die Geschwister eines Erkrankten sind allerdings mit einer hohen Wahrscheinlichkeit von 25 Prozent betroffen. Ein weiterer wesentlicher Unterschied zur spinozerebellären Ataxie und zur Chorea Huntington ist die Behandelbarkeit. Wenn die Erkrankung schon weit fortgeschritten ist, lassen sich die neurologischen Symptome und auch die Lebererkrankung oft nicht mehr beseitigen. Bei frühzeitiger Behandlung, am besten vor Auftreten von Symptomen ist allerdings mit medikamentöser Therapie eine normale Lebenserwartung möglich. Ohne Behandlung endet die Krankheit nach Auftreten der Symptome innerhalb weniger Jahre tödlich.

In der Regel führt die Kombination der verschiedenen Symptome und Laborbefunde zur Diagnose des Morbus Wilson. Eine genetische Untersuchung entfällt deshalb häufig. Der genetische Nachweis ist auch technisch sehr aufwendig, weil es sehr viele mögliche Mutationen gibt, die zu derselben Erkrankung führen. Wenn die Mutation allerdings durch einen genetischen Test bei einem Betroffenen einmal festgestellt worden ist, kann man durch einen Genvergleich bei anderen Familienmitgliedern vor Auftreten von Krankheitszeichen die Diagnose stellen. Hierfür wird ein Gentest durchgeführt.

Herr Karl hatte eine jüngere Schwester und einen zwei Jahre alten Sohn. Dr. Harding empfahl Herrn Karl, seine Schwester über die Erkrankung zu informieren. Ihr sollte eine Untersuchung empfohlen werden, um zu klären, ob sie zu den 25 Prozent betroffener Geschwister gehört. Das würde zwar wie bei der Tochter von Frau Heinrich bedeuten, dass sie frühzeitig eine Diagnose erfahren würde, ohne Symptome zu haben, aber bei dieser Erkrankung könnte die Erkenntnis lebensrettend sein.

Als Ergänzung des Gendiagnostikgesetzes gibt es Richtlinien einer Gendiagnostik-Kommission aus dem Jahr 2011 über die Inhalte der genetischen Beratung, die auf den vorliegenden Fall anzuwenden sind. Dort heißt es: „Ergeben sich aus dem Befund bzw. aus dem Beratungsgespräch Hinweise, dass genetische Verwandte der betroffenen Person Trägerinnen oder Träger der zu untersuchenden genetischen Eigenschaft sein können, sollten die genetisch Verwandten durch die ratsuchende Person auf die Möglichkeit einer genetischen Beratung hingewiesen werden; im Fall einer vermeidbaren oder behandelbaren Erkrankung bzw. gesundheitlichen Störung ist der betroffenen Person zu empfehlen, den Verwandten eine genetische Beratung zu empfehlen.“ (siehe Internet-Links (S. 289)).

Für den Sohn des Patienten empfehlen die aktuellen Leitlinien der Fachgesellschaften trotz der geringen Wahrscheinlichkeit von 0,5 Prozent in einem Alter von etwa fünf Jahren ebenfalls eine Untersuchung, weil bei Betroffenen bereits im Kindesalter die Leber geschädigt werden kann, was sich durch eine frühzeitige Therapie verhindern lässt.

Bei einem Kind in diesem Alter handelt es sich im Prinzip um eine nicht-einwilligungsfähige Person, sodass keine angemessene Einwilligung möglich ist. Auch zu dieser Frage gibt es eine passende Richtlinie der Gendiagnostik-Kommission zu genetischen Untersuchungen aus dem Jahr 2011: „Eine genetische Untersuchung mit prädiktiver Zielrichtung kann zulässig sein, um bei einer nicht-einwilligungsfähigen Person das Vorliegen der Anlage für eine noch nicht manifeste, genetisch bedingte Erkrankung abzuklären mit dem Ziel, präventive Maßnahmen einzuleiten, oder um Belastungen durch weitere Untersuchungen zu vermeiden. Wichtige Beispiele sind erbliche Tumordispositionssyndrome, die schon im Kindesalter zur Tumorentstehung führen können und bei denen im Fall eines positiven Befundes evtl. eine frühzeitige operative Entfernung von Risikoorganen notwendig wird, oder bei denen im Falle eines negativen Befundes eine belastende klinische Betreuung entfällt. Für Erkrankungen, die erst im Erwachsenenalter auftreten und für die keine Präventionsmaßnahmen möglich sind, liegen die Voraussetzungen für eine genetische Untersuchung von Kindern und Jugendlichen vor Einwilligungsfähigkeit nicht vor. Das gilt beispielsweise für spätmanifeste neurologische Erkrankungen. Das gebietet der Respekt vor dem Recht auf Nichtwissen und der künftigen Entscheidungsautonomie des Kindes bzw. des Jugendlichen hinsichtlich der Inanspruchnahme von genetischen Untersuchungen auch bei einem entgegenstehenden, dringenden Wunsch der Eltern."

Das bedeutet, dass im Falle des Morbus Wilson eine Diagnostik auch schon beim Kind erlaubt und sogar geboten ist, weil es lebensrettend sein kann. Neben dem Morbus Wilson und den in den Richtlinien erwähnten familiären Tumorkrankheiten gibt es allerdings nur sehr wenige behandelbare Erkrankungen, die diese Maßnahme rechtfertigen.

Genetik in wenigen Worten

Ein *Gen* ist ein Teil der Erbinformation, der den Code für ein bestimmtes Protein und damit für ein Merkmal enthält.

Die *Chromosomen* sind lange dünne Fäden, auf denen die Gene aufgereiht sind. Es gibt ein Paar Geschlechtschromosomen (XX bei der Frau und XY beim Mann) und 22 Paare weiterer Chromosomen: die Autosomen. Die eine Hälfte jedes dieser Paare stammt von der Mutter, die andere vom Vater.

Ein *Allel* ist die mögliche Zustandsform eines Gens. Besitzt ein Mensch für ein Merkmal zwei gleiche Allele, ist er hinsichtlich dieses Merkmals homozygot. Besitzt er für ein Merkmal zwei verschiedene Allele, ist er heterozygot. Bei Heterozygotie bestimmt ein Allel über das andere. Das Allel, das die Ausprägung des Merkmals bestimmt, wird als dominant bezeichnet, während das andere Allel als rezessiv bezeichnet wird.

Bei einem *autosomal-dominanten Erbgang* kommt es zu einer Mutation, also einer krankhaften Veränderung, eines einzelnen dominanten Allels. Die eine Veränderung kann bei diesem Erbgang bereits dazu führen, dass eine Erkrankung auftritt. Da die Hälfte der Chromosomen der Körperzellen in die Samen- oder Eizellen gelangen, wird das dominante Allel und damit die Erkrankung mit 50-prozentiger Wahrscheinlichkeit an die Kinder weitergegeben. Beispiele für autosomal-dominante Erkrankungen in der Neurologie sind die Chorea Huntington und die spinozerebellären Ataxien.

Bei einem *autosomal-rezessiven Erbgang* kann ein Allel den Funktionsverlust eines mutierten Allels ausgleichen. Daher tritt eine Erkrankung nur auf, wenn beide Allele mutiert sind. Wenn beide Elternteile gesund sind, aber Anlageträger für das Allel sind, also ein mutiertes und ein gesundes Alles besitzen, so hat das Kind der beiden mit einer 50-prozentigen Wahrscheinlichkeit das mutierte Allel der Mutter und mit einer 50-prozentigen Wahrscheinlichkeit das mutierte Allel des Vaters. Damit liegt die Wahrscheinlichkeit der Kinder dieses Paares, beide mutierte Allele zu tragen und damit auch zu erkranken, bei 25 Prozent. Das erkrankte Kind wird das mutierte Allel mit 100-prozentiger Wahrscheinlichkeit an seine Kinder weitergeben. Aber die Wahrscheinlichkeit, dass diese auch erkranken, hängt davon ab, ob der Partner ebenfalls Träger eines mutierten Allels ist und damit von der Häufigkeit des mutierten Allels in der Gesamtbevölkerung. Damit ist die Wahrscheinlichkeit der Weitergabe einer solchen Erkrankung deutlich geringer als bei autosomal-dominanten Erkrankungen. Beispiele für autosomal-rezessive neurologische Erkrankungen sind der Morbus Wilson, die Friedreich-Ataxie oder die spinalen Muskelatrophien.

Die autosomal-dominanten und -rezessiven Erbgänge betreffen Gene der Autosomen. Die häufigsten Erkrankungen, die über Geschlechtschromosomen vererbt werden, sind *x-chromosomal-rezessiv*. Bei einer Frau führt das mutierte rezessive Allel häufig nicht zu einer Erkrankung, da sie noch ein weiteres X-Chromosom besitzt. Daher sind meist männliche Familienmitglieder betroffen. Beispiele neurologischer Erkrankungen sind die progressiven Muskeldystrophien Typ Duchenne oder Becker.

Die historische Verantwortung

Vor einigen Jahren arbeitete Dr. Harding in einer Epilepsie-Ambulanz. Sie konnte in diesem Spezialgebiet bald eine gewisse Kompetenz erwerben, und ihre Hauptaufgabe war die Beratung der Patienten. Dabei begegnete sie einer älteren Dame, Frau Hübner, die seit ihrer Jugend unter einer Epilepsie litt. Sie hatte nur sehr selten Anfälle, meist lagen viele Jahre dazwischen. Doch das Medikament, das sie seit Jahrzehnten nahm, verursachte bei ihr immer mehr Nebenwirkungen. Es vertrug sich nicht mit all den anderen internistischen Medikamenten, die sie inzwischen einnehmen musste. Daher war es erforderlich, sie auf neuere, wesentlich besser verträgliche Präparate umzustellen. Eigentlich hätte man ihr Anfallsmedikament auch ganz langsam ausschleichen können, weil sie vor fast zwanzig Jahren den letzten Anfall gehabt hatte. Aus heutiger Sicht hätte sie bei dieser Seltenheit der Anfälle auch nicht unbedingt ein Medikament nehmen müssen. Aber Frau Hübner hatte ein sehr starkes Sicherheitsbedürfnis und wollte auf keinen Fall riskieren, ohne Epilepsiemedikament zu sein. Sie bestand vehement darauf. Deshalb war sie vom Hausarzt in die Epilepsie-Ambulanz überwiesen worden. Die Umstellung auf ein neues Präparat gestaltete sich problemlos, so dass Dr. Harding mit ihr vereinbarte, sich von nun an in Halbjahresabständen zu treffen, um den weiteren Verlauf im Auge zu behalten.

Als sie nach längerer Zeit wieder einmal zu einem Kontrolltermin erschien, medizinisch jedoch alles unauffällig war, kamen sie und Frau Dr. Harding ins Plaudern. Frau Hübner sagte: „Wissen Sie, Frau Doktor, jetzt im Alter leide ich zunehmend darunter, dass ich keine Familie gründen konnte. Damals in den fünfziger Jahren, als ich meinen zweiten Anfall hatte, sagte mir ein Neurologe, dass ich niemals Kinder bekommen dürfe, weil sie diese Krankheit erben könnten, und sie bei ihnen schlimmer sein könnte als bei mir. Na ja, ich habe mich damit arrangiert. Ich habe eine Ausbildung in einem Büro machen können und irgendwann eine eigene kleine Wohnung gehabt. Aber geheiratet habe ich nicht und eben auch keine Kinder bekommen. Ich habe nie gerne über meine Krankheit gesprochen, aber in den letzten Jahren bin ich doch sehr traurig darüber."

Dr. Harding war erschrocken, dass ein Arzt mit einem Satz das ganze Leben eines Menschen so beeinflussen konnte. Medizinisch gibt es keinen Grund, bei so seltenen Anfällen auf eine Schwangerschaft zu verzichten. Heute weiß man um das Risiko von Fehlbildungen bei Neugeborenen aufgrund der Einnahme von bestimmten Epilepsiemedikamenten durch die Mutter. Das Risiko schwerer Fehlbildungen liegt in der Allgemeinbevölkerung bei 1 bis 2 Prozent und bei Behandlung mit modernen gut verträglichen Medikamenten nicht viel höher. Manche Medikamente und insbesondere Kombinationsbehandlungen können allerdings das Risiko deutlich erhöhen. Frau Hübner hatte jedoch erst in den siebziger Jahren begonnen, Medikamente einzunehmen.

Bei einer sehr hohen Anfallshäufigkeit sollte ein Kaiserschnitt erwogen werden. Ansonsten wird eine natürliche Entbindung angestrebt. In der Regel verläuft eine Schwangerschaft bei einer Epilepsie heutzutage ganz normal. Das wäre bei Frau Hübner auch zu erwarten gewesen. Heute ist es üblich, dass eine junge Frau mit Epilepsie, die sich Kinder wünscht, von einem spezialisierten Neurologen beraten wird. Manchmal macht es Sinn, die medikamentöse Behandlung für die Schwangerschaft zu optimieren. Bei manchen Medikamenten muss auch die Dosis in der Schwangerschaft angepasst werden. Es gibt einige einfache Verhaltensregeln, über die informiert werden muss: zum Beispiel das Baby auf einer Matratze auf dem Boden zu wickeln und nicht auf dem Wickeltisch oder das Kind nicht alleine zu baden. Das Argument der Erblichkeit einer Epilepsie spielt in der Regel keine Rolle. Zwar sind erbliche Faktoren beteiligt, wie es bei vielen Erkrankungen wie Diabetes oder Migräne der Fall ist. Es gibt eine erbliche Veranlagung zu einer erhöhten Anfallsbereitschaft, und verschiedene Umwelteinflüsse spielen eine Rolle. Diejenigen Epilepsie-Syndrome, die direkt vererbt werden können, sind allerdings sehr selten.

Vielleicht hat der Neurologe seine Worte nicht genau bedacht und ist von Frau Hübner missverstanden worden. Vielleicht hat er es aber auch genauso gemeint. Wenn es so war: Was mögen seine Beweggründe gewesen sein? Vielleicht waren es die damals mangelnden Therapiemöglichkeiten? Zu dieser Zeit standen nur sehr begrenzt Medikamente zur Verfügung. Phenobarbital wurde zwar schon 1912 in die Epilepsietherapie eingeführt, verursachte aber viele Nebenwirkungen und machte vor allem sehr müde. Phenytoin wurde 1937 entwickelt und wird auch heute noch gelegentlich eingesetzt, hilft aber nicht gegen jede Form von Epilepsie und kann schwere Nebenwirkungen nach sich ziehen. Valproat und die Benzodiazepine wurden erst in den sechziger und Carbamazepin in den siebziger Jahren erstmals eingesetzt, sie spielen nach wie vor eine wichtige Rolle in der Behandlung. Erst in den neunziger Jahren kam es zur Entwicklung einer Vielzahl moderner und zum Teil deutlich besser verträglicher Medikamente gegen epileptische Anfälle. Ein weiterer Grund für die Aussage des Neurologen mag gewesen sein, dass die Erblichkeit von Epilepsien zur damaligen Zeit deutlich überbewertet wurde.

Vielleicht war der Grund aber auch, dass bei diesem Neurologen, wie bei vielen Medizinern der damaligen Zeit, die Denkmuster der Eugenik den Nationalsozialismus überdauert hatten.

Die Eugenik ist die Lehre von der Verbesserung des biologischen Erbgutes des Menschen. Der Begriff wurde im Jahr 1883 von Francis Galton eingeführt, einem britischen Anthropologen und Cousin Charles Darwins. Infolge der Abstammungslehre und unter den Eindrücken von Industrialisierung und Elend in den Städten entwickelte sich in vielen Staaten eine Vision der Züchtung des Menschen zur Verbesserung der Erbanlagen durch die Auslese von Erbkranken. In Deutschland wurde auch der Begriff der Rassenhygiene benutzt, der den Aspekt der Rasse hervorhebt und eine radikalere Version der Eugenik beinhaltet.

Erstmalig erwähnt wurde der Begriff der Rassenhygiene 1895 von dem Arzt Alfred Ploetz. Im Jahr 1905 wurde eine deutsche Gesellschaft für Rassenhygiene gegründet. Einer der dominierenden ärztlichen Repräsentanten der Rassenhygiene in Deutschland war Ernst Rüdin, seit 1917 Abteilungsdirektor in der Deutschen Forschungsanstalt für Psychiatrie, dem Kaiser-Wilhelm-Institut in München, und bis 1945 Vorsitzender der Gesellschaft Deutscher Neurologen und Psychiater. 1929 formulierte er in seinem Artikel „Psychiatrische Indikation zur Sterilisierung“ in der Zeitschrift „Das kommende Geschlecht“ bereits die rassenhygienischen Indikationen zur Sterilisierung von Menschen mit psychiatrischen und neurologischen Erkrankungen. Wenige Jahre später machte der Nationalsozialismus die Rassenhygiene zur Leitideologie des öffentlichen Gesundheitswesens, und am 14. Juli 1933 wurde das „Gesetz zur Verhütung erbkranken Nachwuchses“ verabschiedet, das zur Sterilisation von mehr als 350.000, vor allem psychiatrischen und neurologischen Patienten gegen ihren Willen führte.

Im ersten Paragrafen dieses Gesetzes heißt es:
„(1) Wer erbkrank ist, kann durch chirurgischen Eingriff unfruchtbar (sterilisiert) werden, wenn nach den Erfahrungen der ärztlichen Wissenschaft mit großer Wahrscheinlichkeit zu erwarten ist, dass seine Nachkommen an schweren körperlichen oder geistigen Erbschäden leiden werden.
(2) Erbkrank im Sinne dieses Gesetzes ist, wer an einer der folgenden Krankheiten leidet: 1. Angeborenem Schwachsinn, 2. Schizophrenie, 3. Zirkulärem (manisch-depressivem) Irresein, 4. erblicher Fallsucht (Epilepsie), 5. erblichem Veitstanz (Huntingtonsche Chorea), 6. erblicher Blindheit, 7. erblicher Taubheit, 8. schwerer erblicher körperlicher Missbildung.
(3) Ferner kann unfruchtbar gemacht werden, wer an schwerem Alkoholismus leidet.“

Formal „antragsberechtigt“ waren die Menschen selbst, die unfruchtbar gemacht werden sollten. Gestellt wurden die Anträge auf Unfruchtbarmachung jedoch von den ebenfalls berechtigten beamteten Ärzte oder Anstaltsleitern einer Kranken-, Heil-, Pflege- oder Strafanstalt. Die Entscheidung lag beim sogenannten Erbgesundheitsgericht, das den Amtsgerichten angegliedert war. Im Paragraf 12 ist die zwangsweise Umsetzung dieser Maßnahme eindeutig formuliert:
„(1) Hat das Gericht die Unfruchtbarmachung endgültig beschlossen, so ist sie auch gegen den Willen des Unfruchtbarzumachenden auszuführen, sofern nicht dieser allein den Antrag gestellt hat. Der beam-

tete Arzt hat bei der Polizeibehörde die erforderlichen Maßnahmen zu beantragen. Soweit andere Maßnahmen nicht ausreichen, ist die Anwendung unmittelbaren Zwanges zulässig."

Die historische Aufarbeitung der Zwangssterilisationen ist noch lange nicht abgeschlossen. Das Gesetz wurde im Gegensatz zu den meisten anderen im Nationalsozialismus verabschiedeten Gesetzen nicht direkt durch die Alliierten aufgehoben. Seine Aufhebung oder Aussetzung erfolgte durch die einzelnen Bundesländer. Weil die Erbgesundheitsgerichte abgeschafft waren, konnte es allerdings nicht mehr zur Anwendung kommen. Es dauerte dennoch bis zum Jahre 1974, bis der Deutsche Bundestag das Gesetz auf Ebene des Bundesrechtes außer Kraft setzte. 1986 stellte das Amtsgericht Kiel fest, dass das Gesetz zur Verhütung erbkranken Nachwuchses dem Grundgesetz widersprach und damit nach dem Krieg nicht weiter galt. Im Jahr 2007 wurde das Gesetz vom Deutschen Bundestag als nationalsozialistisches Unrecht geächtet. Aber die Opfer werden bis heute nicht als Verfolgte des Nationalsozialismus anerkannt und haben daher keinen Anspruch auf Entschädigung nach dem Bundesentschädigungsgesetz.

Schlussfolgerungen

Nachdem die Vererbungslehre in der ersten Hälfte des 20. Jahrhunderts zu viel Unglück und Missbrauch geführt hat, gab es in den vergangenen Jahrzehnten einen erheblichen Fortschritt der klinischen Genetik, der für manche Patienten sehr segensreich ist. Seltene Erkrankungen können sicher diagnostiziert werden und den Betroffenen manchmal erleichternde Klarheit bringen. Bei einigen Erkrankungen kann die frühzeitige Diagnose durch eine genetische Untersuchung zu einer gezielten Behandlung führen. Allerdings kann die prädiktive Diagnostik genetischer Erkrankungen, für die keine Behandlung existiert, für den Betroffenen zu einer großen Last werden. Gerade bei autosomal-dominantem Erbgang kann die Kenntnis einer Erkrankung bei einem Einzelnen, die anderen Mitglieder der Familie zu Entscheidungen zwingen, die das menschliche Entscheidungsvermögen übersteigen. Das Wissen um das Wissenkönnen bedeutet bereits den Verlust des Nichtwissens. Das kann auch das Gendiagnostik-Gesetz und eine ausführliche genetische Beratung nicht verhindern.

Wer viel untersucht, findet viel! Über Gehirnbilder und Zufallsbefunde

Markus Frings

Das radiologisch isolierte Syndrom

Lena Wagner studierte Medizin im sechsten Semester in einer renommierten Universitätsstadt. Sie interessierte sich schon seit dem ersten Semester sehr für die Neuroanatomie und nach Erreichen des klinischen Teils ihres Studiums umso mehr für die Neurologie. Wie viele ihrer Kommilitoninnen und Kommilitonen hatte sie schon vor einiger Zeit begonnen, sich um ein Thema für eine Doktorarbeit zu bemühen. Sie recherchierte im Internet die Arbeit von Forschungsgruppen an ihrer Universität, schrieb E-Mails an Dozenten und meldete sich auf Aushänge. Bisher hat sie sich weder für eine Arbeitsgruppe noch für ein Thema entscheiden können.

An einem Schwarzen Brett der Universitätsklinik, an dem sie täglich vorbeikam, fiel ihr eines Tages ein Aushang auf, mithilfe dessen gesunde Probanden für eine wissenschaftliche Untersuchung gesucht wurden: Um die Bedeutung verschiedener Areale des Gehirns für die Bildung von Sprache zu untersuchen, sollten die Teilnehmer Texte lesen und sprechen, während eine Kernspintomografie durchgeführt wurde. Lena wusste, dass dieses Verfahren nicht mit körperlichen Risiken verbunden war. Sie hatte selbst schon einmal eine solche Untersuchung wegen einer Kniegelenksentzündung durchführen lassen. Lena beschloss, an der Studie teilzunehmen, auch, weil sie hoffte, die beteiligten Wissenschaftler kennenzulernen. Vielleicht würden ihr das Thema und die Arbeitsgruppe so zusagen, dass sie dort eine Doktorarbeit beginnen wollte.

Lena rief unter der angegebenen Telefonnummer an und traf sich wenige Tage später mit Prof. Bohr, dem Leiter der Arbeitsgruppe. Dieser war froh, eine weitere Probandin für seinen Versuch gefunden zu haben. Er erklärte Lena den Ablauf der Untersuchung und gab ihr einen ausführlichen Aufklärungsbogen sowie eine Einverständniserklärung, die Lena in Ruhe lesen und dann unterschreiben sollte. Darin musste sie bestätigen, dass sie keine Metallteile wie Herzschrittmacher, Medikamentenpumpen oder Ähnliches an oder in sich trug. Sie musste ebenso bescheinigen, dass sie nicht schwanger ist, weil die Auswirkungen der Kernspintomografie auf einen Fötus vor allem in den ersten Schwangerschaftswochen nicht völlig geklärt sind.

Ein ausführlicher Absatz über Zufallsbefunde weckte ihr Interesse. Prof. Bohr erklärte auf ihre Nachfrage, dass bei der geplanten funktionellen Kernspintomografie auch eine strukturelle Hirnaufnahme durchgeführt wurde, die theoretisch Dinge aufdecken könnte, die Lena gar nicht wissen wollte: Tumore, Entzündungen oder Fehlbildungen könnten zu sehen sein. Eine frühzeitige Entdeckung ist natürlich gut, wenn Erkrankungen behandelt werden können. Anders jedoch ist es, wenn das Gefundene nicht behandelbar ist und Sorgen, Ängste oder weitere Untersuchungen nach sich zieht. Da Lena völlig gesund war, schätzten beide das Risiko sehr gering ein. Prof. Bohr erklärte vorsorglich, dass solch eine Aufnahme keine Untersuchung aus medizinischen Gründen ersetzen würde, weil ganz andere Sequenzen durchgeführt wurden als bei einer Untersuchung in einer radiologischen Praxis. Im Anschluss untersuchte er Lena neurologisch, um sicher zu gehen, dass sie wirklich als gesunde Probandin für diesen Versuch geeignet war. Die Untersuchung in der Radiologie der Universitätsklinik sollte an einem der kommenden Abende stattfinden. Weil die Vorbereitung der technischen Apparatur sehr aufwendig war und insgesamt knapp zwanzig Probanden untersucht werden mussten, sollten mehrere Untersuchungen am selben Abend stattfinden.

Lena erschien pünktlich zu dem vereinbarten Termin. Nachdem sie noch einmal genau über ihre Aufgabe während der Messungen im Kernspintomografen instruiert worden war, musste sie alle metallhaltigen Gegenstände, auch ihre Brille, ablegen. Sie legte sich auf die Untersuchungsliege und bekam einen Kopfhörer auf. Ihr Kopf wurde mit einer Spule fixiert, bevor man sie in den Kernspintomografen hineinschob. Während der Untersuchung sollte sie bestimmte Sprechaufgaben durchführen: Sie musste Silben wiederholen, Wörter vorlesen oder zu Bildern passende Worte bilden. Die Instruktionen wurden ebenso wie die Wörter und Bilder an die Wand projiziert. Sie konnte diese über einen Spiegel, der über ihrem Kopf angebracht war, an der Wand erkennen. Mitunter musste sie Worte laut aussprechen, manchmal nur denken, und zwischendurch gab es auch Phasen, in denen sie an gar nichts denken und sich nur entspannen sollte. Am Ende der Untersuchung wurde Lena wieder aus dem Gerät befreit.

Kernspintomografie

Mit einer Kernspintomografie oder Magnetresonanztomografie (MRT) kann man Körperstrukturen wie das Gehirn schichtweise darstellen, ohne sie zu verletzen. Dabei wird im Gegensatz zur Computertomografie keine Röntgenstrahlung benutzt, sondern ein magnetisches Feld erzeugt.

Die Kerne von Wasserstoffatomen besitzen einen eigenen Drehimpuls, den Kernspin, und damit ein magnetisches Feld. Der Kernspintomograf erzeugt ein sehr starkes Magnetfeld, in dem sich die Atomkerne mit ihrem Feld ausrichten. Zusätzlich wird durch ein magnetisches Wechselfeld eine Bewegung der Atomkerne hervorgerufen. Diese Bewegung ist mit einem

Spielzeugkreisel vergleichbar, der eine Kreisbewegung um die senkrechte Achse ausführt, eine sogenannte Präzessionsbewegung. Dadurch entsteht eine elektrische Spannung, die messbar ist. Wenn das Wechselfeld wieder ausgeschaltet wird, klingt die Präzessionsbewegung in einem gewebsspezifischen Zeitraum ab. Das führt letztlich zu einem Schnittbild des Körpers, in dem Körpergewebe und -strukturen dargestellt werden können.

Die Messung geht mit sehr lauten Geräuschen einher, sodass zum Schutz des Gehörs Kopfhörer oder Ohropax getragen werden. Die Patienten liegen während der Untersuchung auf dem Rücken auf einer Untersuchungsliege in der Röhre des Kernspintomografen und sollten sich möglichst nicht bewegen. Wegen des starken Magnetfeldes darf die Kernspintomografie nicht bei Patienten mit Herzschrittmachern, Defibrillatoren, Medikamentenpumpen oder einer tiefen Hirnstimulation durchgeführt werden. Schlüssel, Münzen oder Uhren müssen außerhalb des Raumes bleiben, weil sie von dem Kernspintomografen angezogen werden und zu erheblichen Verletzungen oder Beschädigungen des Gerätes führen können. Magnetkarten werden bei zu großer Nähe zum Gerät gelöscht oder deaktiviert.

Bei der funktionellen Kernspintomografie (fMRT) wird die Aktivierung von Hirnarealen bei bestimmten Bewegungen oder Denkvorgängen indirekt dargestellt. Ist ein bestimmter Bereich im Gehirn aktiv, führt dies zu einem erhöhten Stoffwechsel in dieser Region: Es fließt vermehrt sauerstoffreiches Blut. Da sich Blut abhängig vom Sauerstoffgehalt in der Kernspintomografie unterschiedlich darstellt, können diese Änderungen bildlich dargestellt werden. Kontrastmittel muss hierfür nicht gegeben werden.

Wie vorher vereinbart, setzte sich Prof. Bohr mit Lena zusammen, um ihr die strukturellen Aufnahmen ihres Gehirns zu zeigen. Durch ihr Studium hatte Lena eine ungefähre Vorstellung davon, wie eine Kernspintomografie des Gehirns aussah. Auf dieser Aufnahme aber waren einige helle Flecken zu erkennen, die dort nicht hingehörten. Prof.

Bohr erklärte ihr, dass solche Veränderungen in der Kernspintomografie nicht die Regel, aber auch nicht unbedingt besorgniserregend waren. Da Lena keinerlei neurologische Symptome zeigte, sollte sie sich erst einmal keine Gedanken machen. Er würde die Bilder mit einem Oberarzt der Neuroradiologie besprechen, der dann entscheiden könne, ob Lena weitere Aufnahmen zur medizinischen Abklärung machen sollte.

Am nächsten Morgen teilte Prof. Bohr ihr mit, dass der Neuroradiologe eine Ergänzung der Kernspintomografie und auch Aufnahmen mit Kontrastmittel empfahl. Nach dieser zweiten Untersuchung sprachen Prof. Bohr und der Neuroradiologe gemeinsam mit Lena. Ihr war wichtig, genauestens über alles informiert zu werden, nichts sollte ihr verschwiegen werden. Der Neuroradiologe erklärte ihr, dass es sich bei den Flecken um sogenannte Demyelinisierungsherde handle, wie man sie typischerweise bei einer Multiplen Sklerose findet. Als Medizinstudentin konnte Lena natürlich mit dem Begriff etwas anfangen: Die Multiple Sklerose, auch Encephalomyelitis disseminata genannt, ist eine chronisch entzündliche Erkrankung des zentralen Nervensystems, die durch den Angriff körpereigener Abwehrzellen auf die äußere Hülle der Nervenfasern im Gehirn und Rückenmark verursacht wird. Sie ist eine der häufigsten neurologischen Erkrankungen des jungen Erwachsenenalters. Prof. Bohr wandte ein, dass Lena keinerlei neurologische Symptome wie Lähmungen oder Empfindungsstörungen zeige – schließlich werde die Diagnose Multiple Sklerose nicht nur anhand der Kernspintomografie, sondern auch aufgrund klinischer Kriterien gestellt. Die Kernspintomografie, entgegnete der Radiologe, zeige auch einen Herd, der Kontrastmittel aufnahm. Das sei Ausdruck einer gewissen entzündlichen Aktivität. Prof. Bohr erklärte, dass auch dadurch noch nicht die Kriterien einer Multiplen Sklerose erfüllt seien. Es handelte sich vielmehr um ein sogenanntes radiologisch isoliertes Syndrom.

Diesen Begriff gibt es erst seit einigen Jahren. Erstmals wurde er in einer Fachzeitschrift 2009 erwähnt (Okuda et al. 2009). Durch den zunehmenden Einsatz der Kernspintomografie in Klinik und Forschung kommt es immer häufiger zu solchen Zufallsbefunden. Der Begriff ist angelehnt an das klinisch isolierte Syndrom, bei dem auf gewisse Weise die umgekehrte Situation besteht: Dabei handelt es sich um einen ersten Schub einer möglichen Multiplen Sklerose, bei dem die kernspintomografischen Kriterien nicht oder vielleicht noch nicht erfüllt sind.

Der Gedanke an eine Multiple Sklerose beunruhigte Lena natürlich. Sie wusste aber auch, dass das Spektrum dieser Erkrankung sehr groß war. Sie würde eher zu den leichten Fällen gehören, da sie keine klinischen Symptome zeigte. Wenn das jemals der Fall wäre, gäbe es inzwischen eine so große Zahl von Medikamenten, dass sie ihr Leben halbwegs normal würde weiterführen können.

Wichtig war für Lena im Augenblick vor allem die Frage, wie groß die Wahrscheinlichkeit sei, dass aus dem radiologisch isolierten Syndrom tatsächlich eine Multiple Sklerose würde. Prof. Bohr berichtete ihr von einer kleinen Studie, in der von ungefähr dreißig Patienten, die in einer ähnlichen Situation wie Lena waren, im Verlauf von fünf Jahren zehn Patienten den ersten Schub einer Multiplen Sklerose entwickelten. Leitlinien zum Umgang mit dem radiologisch isolierten Syndrom gebe es noch nicht, aber das allgemein empfohlene Vorgehen war, mit einer prophylaktischen Therapie erst zu beginnen, wenn sich neurologische Symptome als Folge der Entzündung zeigten. Verschiedenes konnte aber bereits im Vorfeld gemacht werden: Einige Autoren empfahlen nur eine Kontrolle der Kernspintomografie in einigen Monaten, andere die Durchführung einer Liquorpunktion, um das Risiko der Entwicklung einer Multiplen Sklerose besser einschätzen zu können, zudem Laboruntersuchungen, um andere behandelbare und behandlungsbedürftige Ursachen der Läsionen auszuschließen, und Nervenleituntersuchungen, um festzustellen, ob sie nicht doch bereits messbare Beeinträchtigungen der Nervenfunktionen hätte. Ebenso ließe sich eine Kernspintomografie der Wirbelsäule ergänzen, da bei zusätzlichen entzündlichen Läsionen im Rückenmark die Entwicklung einer Multiplen Sklerose wahrscheinlicher ist.

Lena entschied sich für die Maximalvariante. Sie wurde stationär aufgenommen und erhielt alle genannten Untersuchungen. Damit konnte sie das Risiko minimieren, dass eine andere behandelbare Erkrankung übersehen wurde. Allerdings konnte sie so auch erfahren, ob die Multiple Sklerose nicht doch mit höherer Wahrscheinlichkeit einträte. Außerdem konnte dies bedeuten, dass sie in Zukunft Schwierigkeiten beim Abschluss einer privaten Krankenversicherung oder einer Berufsunfähigkeitsversicherung bekommen könnte. Durch den stationären Aufenthalt verließ das radiologisch isolierte Syndrom die Sphären der Forschung und wurde für die Krankenkasse aktenkundig.

Glücklicherweise waren alle Untersuchungsergebnisse unauffällig. Nur nach der Liquorpunktion bekam Lena Kopfschmerzen, was gelegentlich passieren kann. Sie verbrachte einige Tage im Bett, bis die Kopfschmerzen abklangen.

Bevor sie entlassen wurde, sprach sie noch einmal mit Prof. Bohr. Ihm tat es leid, dass er Lena durch diese Studie in eine solche Lage gebracht hatte. Einen Vorteil hatte sie durch ihre neuen Erkenntnisse nicht, sondern nur den Nachteil zu wissen, dass sie ein gewisses Krankheitsrisiko in sich trug. Glücklicherweise konnte Lena sehr gefasst mit dem Befund umgehen. Sie nahm sich fest vor, bis zur Kontrolle der Kernspintomografie in einem halben Jahr nicht mehr daran zu denken und sich eine Doktorarbeit in einer anderen Arbeitsgruppe zu suchen.

Diagnostische Kriterien eines radiologisch isolierten Syndroms

Man spricht von einem radiologisch isolierten Syndrom, wenn folgende Kriterien erfüllt sind (freie Übersetzung nach Okuda et al. 2009):

1. Zufällig nachgewiesene Läsionen in der weißen Substanz des zentralen Nervensystems, die folgende kernspintomografische Kriterien erfüllen:
   a) Rundliche, gut umschriebene und gleichmäßige Strukturen.
   b) Signalanhebungen in der sogenannten T 2-Wichtung der Kernspintomografie mit einer Größe über 3 Millimeter, die die Diagnosekriterien zur räumlichen Verteilung der entzündlichen Läsionen erfüllen, die für die Multiple Sklerose gelten.
   c) Die Läsionen zeigen kein typisches Muster von Durchblutungsstörungen.
2. In der Vergangenheit traten keine schubförmigen neurologischen Ausfallssymptome auf.
3. Die nachgewiesenen Auffälligkeiten in der Kernspintomografie führen nicht zu klinisch manifesten Beeinträchtigungen oder Funktionseinbußen im Privatleben oder Beruf.
4. Die Auffälligkeiten in der Kernspintomografie können nicht auf direkte Einwirkungen von Substanzen wie bei Drogenmissbrauch oder Intoxikation zurückgeführt werden und sind auch nicht die Folge anderer medizinischer Umstände.
5. Ausgeschlossen werden Personen mit Auffälligkeiten in der Kernspintomografie, die eine ausgedehnte Schädigung der weißen Substanz und dabei keine Mitbeteiligung des Balkens zeigen. Das ist die quer verlaufende Verbindung beider Gehirnhälften, die bei der Multiplen Sklerose häufig mitbeteiligt ist.
6. Die Auffälligkeiten in der Kernspintomografie sind mit keiner anderen Erkrankung vereinbar.

Der Umgang mit Zufallsbefunden

Jede medizinische Untersuchung kann unerwartete Befunde zu Tage fördern, die mit den eigentlichen Beschwerden des Patienten nichts zu tun haben. Sie werden Zufallsbefunde genannt. Bislang haben sie sich nicht in Beschwerden niedergeschlagen, oder diese Beschwerden sind so gering, dass eine medizinische Abklärung nicht notwendig schien. Im günstigsten Fall handelt es sich um harmlose Befunde ohne Krankheitswert oder um Variationen der Norm. Zum Beispiel wird bei einer Kernspintomografie des Kopfes mit Gefäßdarstellung häufig ein Seitenunterschied der Vertebralarterien, also jener Arterien, die den hinteren Teil des Gehirns mit Blut versorgen, festgestellt. Dies ist bei rund 20 Prozent der Bevölkerung der Fall und hat keinerlei Krankheitswert.

Wird bei Patienten, die wiederkehrende Kopfschmerzen und keine weiteren Symptome haben, eine Kernspintomografie durchgeführt, ist der Befund in der Regel unauffällig. Den meisten chronischen Kopfschmerzarten wie Migräne oder Spannungskopfschmerz liegen keine morphologisch fassbaren Veränderungen zugrunde. Häufig wird eine Kernspintomografie durchgeführt, weil die Patienten Sorgen vor einer schwerwiegenden Erkrankung wie einem Hirntumor haben. Allerdings ist bei typischen chronischen Kopfschmerzsymptomen und unauffälliger klinischer Untersuchung ein irrelevanter Zufallsbefund wahrscheinlicher als ein behandlungsbedürftiger Befund.

Jede Auffälligkeit bei wissenschaftlichen Untersuchungen an gesunden Probanden ist ein Zufallsbefund, weil ja gar nicht nach der Ursache von Beschwerden gesucht wird. Besonders häufig sind Zufallsbefunde in der Hirnforschung bei der Durchführung von Kernspintomografien. Gelegentlich werden wie bei Lena Wagner chronische Entzündungsherde gefunden, die auf eine mögliche Multiple Sklerose deuten können. Ebenso werden ältere stumme Schlaganfälle entdeckt, die eine Abklärung mit Analyse der Risikofaktoren und eine Sekundärprophylaxe mit einer Blutverdünnung erforderlich machen können. Hierdurch kann das Risiko eines neuerlichen und dann möglicherweise schwerwiegenden Schlaganfalles verhindert werden. Bei einer zufällig festgestellten Gefäßaussackung, dem Aneurysma, sind manchmal Verschlüsse durch Katheterbehandlungen oder auch offene Operationen notwendig. Hierbei kann es schwierig sein, die Komplikationen der Behandlung gegen das Risiko einer Blutung aus diesen Aneurysmata abzuwägen. Manchmal werden auch Anlagestörungen nachgewiesen, die sich noch nicht in Symptomen niedergeschlagen haben, dies aber in der Zukunft können, wie die Arnold-Chiari-Malformation, bei der Anteile des Kleinhirns etwas tiefer liegen und in den Rückenmarkskanal hineinreichen. Eine präventive Maßnahme ergibt sich aus diesem Zufallsbefund jedoch in der Regel nicht, sondern nur die vielleicht beunruhigende Erkenntnis, dass etwas nicht ganz normal ist.

Im Kapitel über Komapatienten (S. 68) wurde die prinzipienorientierte Medizinethik bereits vorgestellt, die von Tom L. Beauchamp und James F. Childress erstmalig 1979 formuliert wurde. Die vier wichtigen Prinzipien des Verhältnisses zwischen Arzt und Patient in diesem Konzept sind Fürsorge, Gerechtigkeit, Schadensvermeidung und Respekt vor der Autonomie des Patienten. Einer wissenschaftlichen Untersuchung liegt aber keine klassische Arzt-Patienten-Beziehung zugrunde. Gerade das Prinzip der Fürsorge, nach dem das Wohl des Patienten gefördert und Krankheiten behandelt oder vermieden werden sollen, kann bei Untersuchungen in den Grundlagenwissenschaften nicht angewendet werden. Ihr Ziel ist der rein wissenschaftliche Erkenntnisgewinn. Das Prinzip der Gerechtigkeit fordert eine faire Verteilung von Gesundheitsleistungen oder – für ein einzelnes Land formuliert – die faire Verteilung von Ressourcen innerhalb eines Gesundheitssystems. Auch dieses Prinzip kann nicht zugrunde gelegt werden, weil die Untersuchungen durch wissenschaftliche Forschungsgelder aus verschiedenen Quellen finanziert werden.

Zur Anwendung kommen kann allerdings das Autonomieprinzip, das ein informiertes Einverständnis (*informed consent*) fordert. Das bedeutet, dass jeder diagnostischen oder therapeutischen Maßnahme, aber auch einer wissenschaftlichen Untersuchung eine Einwilligung des Patienten beziehungsweise Versuchsprobanden vorangehen muss. Dazu gehört die Einwilligungsfähigkeit des Probanden, eine Aufklärung, die zweifelsfrei von dem Probanden verstanden wird, und am Ende die Zustimmung zur Durchführung der Maßnahme. Zur Aufklärung gehört natürlich auch, mögliche Nebenwirkungen der Maßnahme offenzulegen. Bei der Kernspintomografie gehört konkret dazu, auf die Gefahr hinzuweisen, die von Metallteilen am oder im Körper ausgeht.

Ebenso muss intensiv über das Risiko von Zufallsbefunden aufgeklärt werden. Wie schon erwähnt, können solche Befunde dazu führen, dass Erkrankungen frühzeitig entdeckt und behandelt werden können. Eventuell sind weitere Untersuchungen erforderlich, um eine zu befürchtende Krankheit sicher nachzuweisen oder auch auszuschließen. Diese Untersuchungen können sehr belastend sein oder selbst zu Komplikationen führen.

Durch einen Zufallsbefund kann aber auch, wie in der obigen Fallgeschichte, eine Erkrankung frühzeitig diagnostiziert werden, die sich eventuell später in Symptomen manifestiert, aktuell aber keiner Behandlung bedarf. Dann bringt die Diagnose keinen Vorteil, aber den Nachteil der Erkenntnis. Unter Umständen führt das zu einer Beeinträchtigung der Lebensqualität, zu sozialen Konflikten oder zu psychischen Erkrankungen. Ebenso kann dies erhebliche versicherungsrechtliche Konsequenzen nach sich ziehen. Bei Abschluss einer privaten Krankenversicherung, einer Lebensversicherung oder einer Berufsunfähigkeitsversicherung müssen heute alle Untersuchungen, Diagnosen und Behandlungen akribisch aufgeführt werden. Ein Zufallsbefund und die frühzeitige Diagnose einer Erkrankung können ausschlaggebend sein, dass ein Versicherungsunternehmen den Abschluss einer Versicherung ablehnt oder erhöhte Beiträge einfordert.

Diese Konsequenzen machen deutlich, dass ein weiteres Prinzip des Verhältnisses zwischen Arzt und Patient bei wissenschaftlichen Untersuchungen zur Anwendung kommen muss: das Prinzip der Schadensvermeidung, in der hippokratischen Tradition verankert durch den bekannten Grundsatz primum nihil nocere (lat. zuerst einmal nicht schaden).

Allerdings müssen die Probanden auch darüber aufgeklärt werden, dass eine Kernspintomografie aus wissenschaftlichen Gründen keine aus medizinischen Gründen ersetzt. Häufig werden bei wissenschaftlichen Untersuchungen andere Messprotokolle und Sequenzen durchgeführt, sodass es durchaus geschehen kann, dass der Hirntumor einer Probandin bei einer wissenschaftlich motivierten Kernspintomografie des Kopfes nicht bemerkt wird. Bei wissenschaftlichen Fragestellungen werden zumeist keine Gefäße mit untersucht und auch kein Kontrastmittel gegeben, wodurch manche Entzündungen übersehen werden können. Zur Abklärung von medizinischen Sachverhalten sollten deshalb entsprechendere Maßnahmen ergriffen werden.

Der Diskrepanz zwischen medizinischer und wissenschaftlicher Untersuchung wird unterschiedlich begegnet. Am National Institute of Health (NIH), dem nationalen Gesundheitsinstitut der USA in Bethesda, Maryland, wird jeder Proband, der sich einer wissenschaftlich motivierten Kernspintomografie unterzieht, zusätzlich klinisch neuroradiologisch untersucht. Das erhöht allerdings das Risiko von Zufallsbefunden und macht aus Probanden in gewisser Weise Patienten. Eine gegenteilige Lösung besteht darin, nur dann nur einen Neuroradiologen hinzuzuziehen, wenn dem Leiter der wissenschaftlichen Studie eine Besonderheit in den Aufnahmen auffällt. Viele Einrichtungen legen inzwischen alle Forschungsdaten einem spezialisierten Neuroradiologen vor, der bei Auffälligkeiten die Möglichkeit zusätzlicher kernspintomografischer Untersuchungen empfehlen kann.

Ein weiteres Dilemma kann entstehen, wenn ein bedrohlicher Zufallsbefund festgestellt wird, der weiterer Abklärung bedarf, der Proband aber nicht über einen solchen Befund informiert werden möchte. Sowohl Patienten als auch Probanden einer wissenschaftlichen Untersuchung haben das Recht auf Nichtwissen. Studienärzte können dadurch in einen ganz erheblichen Konflikt zwischen der Einhaltung des Autonomieprinzips und der Schadensvermeidung geraten. Bei einer wissenschaftlichen Untersuchung lässt sich dies zum Beispiel dadurch verhindern, dass nur Probanden teilnehmen dürfen, die in die Mitteilung der Ergebnisse einwilligen. Zumindest bei einer wissenschaftlichen Untersuchung in der Grundlagenforschung entsteht dadurch für die nicht-teilnehmenden Probanden kein medizinischer Schaden.

Ein VIP-Syndrom?

Am 18. Dezember 2005 litt der damalige israelische Premierminister Ariel Sharon im Alter von 77 Jahren plötzlich für einige Minuten an einer Sprachstörung. Er wurde in das Hadassah Medical Center in Jerusalem gebracht. Dort wurde eine Kernspintomografie durchgeführt, die eine kleine Durchblutungsstörung in der linken Hirnhälfte zeigte, passend zu seinen flüchtigen Beschwerden. Gleichzeitig waren auch kleinste Einblutungen zu sehen, die aber nicht im Zusammenhang mit seinen aktuellen Symptomen standen.

Ariel Sharon hatte bekanntermaßen ein ganz erhebliches Übergewicht, aber darüber hinaus keine der üblichen Risikofaktoren wie Bluthochdruck oder Diabetes. Zur Abklärung der Ursache seiner Durchblutungsstörung wurde eine Ultraschalluntersuchung des Herzens durchgeführt, die ein offenes Foramen ovale (PFO) zeigte. Das ist ein kleines Loch in der Scheidewand zwischen den Vorhöfen des Herzens. Zusätzlich wurde in dieser Untersuchung noch ein Vorhofseptumaneurysma festgestellt, eine Aussackung des Vorhofes im Herzen. Man beschloss, das kleine Loch mit einem Schirmchen zu verschließen. Dazu führt man einen Katheter über ein Gefäß in der Leiste bis zur Herzscheidewand und platziert dort einen sich selbst entfaltenden Drahtschirm. Bis zu dieser Behandlung in wenigen Tagen sollte Sharon Heparinspritzen erhalten, die das Blut verdünnen und damit einen erneuten Schlaganfall verhindern sollen.

Sharon verließ bereits nach zwei Tagen die Klinik und widmete sich wieder den Staatsgeschäften. Am Tag vor dem geplanten Eingriff fuhr Sharon auf seine Ranch in Berscheeba. Dort fühlte er sich plötzlich unwohl und sollte zurück in die Klinik nach Jerusalem gebracht werden. Auf dem Weg dorthin verlor er erneut die Sprache und wenig später das Bewusstsein. In der Klinik in Jerusalem stellte man fest, dass Sharon eine ausgeprägte Hirnblutung erlitten hatte. Er wurde sofort in den Operationssaal gebracht, um die Blutung auszuräumen und durch Entfernung eines Teils des Schädelknochens den Druck im Schädelinnern zu senken. Er wurde in ein künstliches Koma versetzt und weiter auf der Intensivstation versorgt. Am nächsten Tag wurde er noch einmal operiert, weil sich eine Nachblutung eingestellt hatte.

Im Verlauf der nächsten Tage stabilisierte sich zwar sein Zustand, aber er erlangte das Bewusstsein nicht wieder. Seine Ärzte teilten mit, dass er sich nicht mehr in unmittelbarer Lebensgefahr befand. Der Zustand wurde als kritisch, aber stabil bewertet. Im Februar 2006 kam es zu einem Versagen der Darmtätigkeit, was die Entfernung eines großen Teils des Dickdarms in einer neuerlichen Operation erforderlich machte. Auch davon erholte sich Sharon wieder. Irgendwann fing er wieder an, allein zu atmen, sodass der Luftröhrenschnitt, der zur Beatmung erfolgt war, wieder verschlossen werden konnte. Wenig später konnte er nach Hause gebracht werden, wo er intensiv pflegerisch und ärztlich unterstützt wurde. Das Bewusstsein allerdings erlangte er nie wieder. Er befand sich über acht Jahre in einem Wachkoma oder minimalbewussten Zustand, bevor er am 11. Januar 2014 im Sheba Medical Center in Tel Aviv starb.

Verschiedene Aspekte der Behandlung von Ariel Sharon wurden in der internationalen Presse, aber auch unter Medizinern intensiv diskutiert und auch kritisiert. Die entscheidende Frage, die immer wieder gestellt wurde, war die nach der Bedeutung des PFO. Menschen mit einem PFO haben ein leicht erhöhtes Schlaganfallrisiko. Insgesamt zeigt sich diese kleine Veränderung des Herzens aber bei etwa 20 Prozent der Bevölkerung. Weil es so häufig ist, leben die meisten Menschen damit, ohne jemals einen Schlaganfall zu erleiden. Man kann also behaupten, dass es bei der Mehrzahl der Patienten einen Zufallsbefund darstellt. War das PFO bei Ariel Sharon ebenfalls ein Zufallsbefund oder war es die Schlaganfallursache und war damit die geplante Behandlung begründet? Für den Zufallsbefund spricht bei Ariel Sharon das Alter von 77 Jahren, da man weiß, dass die Bedeutung des PFO als Schlaganfallursache mit zunehmendem Alter sinkt.

Gerade in jener Zeit, in der Ariel Sharon den Schlaganfall erlitt, gab es unter Fachleuten eine kontroverse Diskussion, wie wirksam der Verschluss eines PFO mit einem Schirmchen sei. Die Studienlage war nicht eindeutig, doch gleichzeitig bestand das Bedürfnis, diese verblüffende Technologie auch anzuwenden.

Erst im Jahr 2012 wurden die Ergebnisse der CLOSURE Studie (Closure or medical therapy for cryptogenic stroke with patent foramen ovale) veröffentlicht, in der über 900 Patienten mit einem PFO und einem kryptogenem Schlaganfall untersucht wurden. Kryptogen bedeutet in diesem Zusammenhang, dass keine relevante Schlaganfallursache festgestellt werden konnte, beispielsweise eine Verengung der Halsschlagadern oder ein Vorhofflimmern. Letzteres ist eine Herzrhythmusstörung, die mit einem deutlich erhöhten Schlaganfallrisiko verbunden ist. Die Patienten erhielten entweder nur eine Blutverdünnung oder einen zusätzlichen Schirmchenverschluss. Es stellte sich heraus, dass die Patienten, die den Schirmchenverschluss bekommen hatten, innerhalb der kommenden zwei Jahre auch nicht weniger neue Schlaganfälle erlitten als die Patienten, die nur Aspirin einnahmen. Zudem hatten mehr als 3 Prozent der Patienten während des Schirmchenverschluss und kurz danach relevante Nebenwirkungen und mehr als 5 Prozent entwickelten im weiteren Verlauf ein Vorhofflimmern, was wiederum das zukünftige Schlaganfallrisiko erhöht. Seitdem gab es zwei weitere große Studien, die ebenfalls keinen Vorteil des Schirmchenverschlusses nach einem Schlaganfall und gleichzeitigem Nachweis eines PFO erbrachten.

Migräne und PFO – Kausalität oder Korrelation?

Das PFO scheint nicht nur bei Menschen, die einen Schlaganfall erlitten haben, häufiger vorhanden zu sein, sondern auch bei Menschen mit Migräne, insbesondere einer Migräne mit Aura. Die Migräne geht einher mit attackenartigem Auftreten häufig einseitiger, pulsierender Kopfschmerzen mit einer Dauer von bis zu 72 Stunden, die durch körperliche Routineaktivitäten verstärkt und von Übelkeit und Licht- oder Lärmüberempfindlichkeit begleitet werden. Bei einem Teil der Patienten treten vor den Kopfschmerzen über mehrere Minuten neurologische Symptome auf, die als Aura bezeichnet werden. Dabei handelt es sich häufig um ein Flimmer- oder Flackersehen, selten kommen Sprachstörungen oder Lähmungen hinzu. Seit vielen Jahren ist bekannt, dass der Mechanismus der Aura bei der Migräne ein etwas anderer ist als bei einem Schlaganfall mit einer Durchblutungsstörung des Gehirns oder einem epileptischen Anfall. Bei der Migräneaura kommt es zu einer sogenannten *spreading depression*, einer Erregungswelle, die langsam für mehrere Minuten über die Gehirnoberfläche wandert.

Ein kausaler Zusammenhang mit einem PFO lässt sich schwer herleiten. Eine Vermutung, die vorgebracht wurde, ist, dass sauerstoffarmes Blut über das PFO vom rechten in das linke Herz und dann über die Arterien in das Gehirn gelangt. Um einen kausalen Zusammenhang zwischen PFO und Migräne zu untersuchen, wurde in der sogenannten MIST-Studie ein PFO-Verschluss zur Migräneprophylaxe durchgeführt. MIST steht für „Migraine Intervention with STARFlex Technology". Dabei handelt es sich ebenfalls um ein Schirmchen, mit dem über einen Herzkatheter das PFO verschlossen wurde. In der Vergleichsgruppe erfolgte ein Scheinverfahren mit Hautschnitt in der Leiste und folgendem Nahtverschluss, aber ohne Einsatz eines Schirmchens. Die Studie ist im Jahr 2008 negativ ausgegangen, das heißt, die Zahl der Migräneattacken hat bei den Patienten, die einen Schirmchenverschluss erhalten haben, nicht nachgelassen. Allerdings ist es zu schwerwiegenden Nebenwirkungen, wie Einblutungen in den Herzbeutel oder Herzrhythmusstörungen, gekommen.

Warum bei der Migräne häufiger diese Veränderung des Herzens auftritt, ist nach wie vor nicht geklärt. Möglicherweise handelt es sich eben nicht um einen Kausalzusammenhang, sondern um eine gemeinsame genetische Veranlagung zu Migräne und PFO.

Im Falle Ariel Sharons gab es einen weiteren Aspekt, der bedacht werden muss: Die Blutverdünnung mit Heparin, die Sharon bis zum geplanten Eingriff erhielt, wird üblicherweise für eine Überbrückung bis zu einem operativen Eingriff angewandt, weil es im Gegensatz zu anderen Mitteln, wie zum Beispiel Marcumar, keine Eindosierungsphase braucht. Diese starke Blutverdünnung wurde gewählt, weil aufgrund des PFO ein hohes Risiko eines erneuten Schlaganfalles befürchtet wurde, bei dem Blutgerinnsel aus dem Venensystem über das PFO in die Arterien hätten übertreten können. Allerdings zeigten sich in der Kernspintomografie des Kopfes kleine Blutungen, sogenannte Mikroblutungen, wie sie bei der sogenannten Amyloidangiopathie auftreten, die man im weiteren Verlauf auch bei Ariel Sharon vermutet hatte. Bei dieser Erkrankung kommt es durch brüchige Gefäßwände zu einem Nebeneinander von wiederkehrenden Durchblutungsstörungen und Einblutungen in das Gehirn. Bei einer Amyloidangiopathie dürfen gerade keine stärkeren blutverdünnenden Mittel wie Marcumar oder Heparin verabreicht werden, eben wegen der deutlich erhöhten Blutungsgefahr. Ob die Blutverdünnung die Hirnblutung ausgelöst oder nur begünstigt hat, lässt sich nicht abschließend klären. Es lässt sich auch nicht beantworten, ob diese Amyloidangiopathie der Grund für die erste Durchblutungsstörung des Gehirns von Ariel Sharon am 18. Dezember 2005 gewesen war.

Bis heute gibt es sehr unterschiedliche Ansichten über das Vorgehen zur geplanten Behandlung des PFO bei Ariel Sharon. Wahrscheinlich wären das Beste für ihn eine einfache Behandlung mit Aspirin, das seltener zu Blutungskomplikationen führt, und ein Verzicht auf den Schirmchenverschluss gewesen. In einem Artikel in der Zeitschrift *Neurology Today* vom 17. Januar 2006 wurde vermutet, dass Ariel Sharon Opfer eines „VIP-Syndroms“ gewesen sei: Bei berühmten Patienten würden häufig mehr Diagnostik und Therapie durchgeführt als bei anderen Patienten, was erhebliche Komplikationen mit sich bringen kann. Das Gleiche kann auf Privatpatienten oder Ärzte als Patienten zutreffen.

Vielleicht war auch der weitere Verlauf der Krankengeschichte von Ariel Sharon Ausdruck eines VIP-Syndroms: Eine Hirnblutung auszuräumen bringt – und brachte auch nach den zum damaligen Zeitpunkt vorliegenden Studien – in der Regel keinen Vorteil für den Patienten, aber auch nicht unbedingt einen Nachteil. Ob es in diesem Fall besser gewesen wäre, die Blutung konservativ zu behandeln, wird sich nicht mehr beantworten lassen. Die Entfernung eines Stücks des Knochendeckels zur Druckentlastung erhöht zwar die Überlebenschancen, ist aber im fortgeschrittenen Alter meist mit schwersten neurologischen Ausfällen verbunden. Daher wäre dieser Eingriff üblicherweise nicht durchgeführt worden. Die gesamte Ausgabe des *Israel Medical Association Journal* vom November 2006 widmete sich der Frage nach der richtigen Behandlung von Ariel Sharon in den verschiedenen Phasen seiner Erkrankung und diskutierte das Für und Wider unterschiedlicher Maßnahmen. Auch die Prognose des Wachkomas war Thema eines Artikels dieser Sonderausgabe. Damals konnte man nicht voraussehen, dass dieser Zustand bei Ariel Sharon acht Jahre andauern würde. Zuletzt gab es Hinweise darauf, dass er sich in einem mimalbewussten Zustand befand.

Schlussfolgerungen

Im klinischen Alltag können Befunde festgestellt werden, die nicht unmittelbar mit den Beschwerden zusammenhängen, die für die Untersuchung ausschlaggebend waren. Die wirkliche Bedeutung dieser Befunde einzuordnen, kann bei einzelnen Patienten sehr schwierig sein. Auch im Rahmen von klinischen Studien mit Einbezug vieler Patienten kann manchmal der Kausalzusammenhang zwischen Befunden und Beschwerden nicht eindeutig geklärt werden. Zufallsbefunde in der Forschung und insbesondere bei der Durchführung von Kernspintomografien können ein Risiko für die Probanden darstellen, über das sehr ausführlich aufgeklärt werden muss.

„Herr Doktor, mein Mann ist irgendwie anders!“ Die tiefe Hirnstimulation

Markus Frings

Was hat es mit der tiefen Hirnstimulation auf sich?

Frau Ritter arbeitete schon seit langer Zeit an der Anmeldung der neurologischen Universitätsklinik. Im Laufe der Jahre hatte sie sich daran gewöhnt, gelegentlich auf Patienten mit merkwürdigen Verhaltensweisen zu treffen. Als Herr Konrad das erste Mal das Anmeldezimmer betrat, zeigte er allerdings ein besonders merkwürdiges Verhalten. Er wirbelte an den anderen Patienten in der Schlange vorbei und schleuderte seine Arme unkontrolliert hin und her.

Ein an der Ambulanz vorbeigehender Neurologe aus der Klinik glaubte, eine besondere Form der Bewegungsstörung zu erkennen: Bei den unabsichtlich wirkenden, schwungvollen Bewegungen des ganzen Körpers musste es sich um sogenannte Hyperkinesen handeln, wie man sie üblicherweise bei der Erkrankung Chorea Huntington findet, um die es bereits in dem Kapitel über genetische Diagnostik (S. 155) ging. Allerdings war der Patient für diese Erkrankung schon etwas zu alt. Tatsächlich litt Herr Konrad an einer ganz anderen Erkrankung, die man auf gewisse Weise als das genaue Gegenteil der Chorea Huntington interpretieren kann. Aufgrund ihrer Erfahrung war Frau Ritter natürlich klar, dass es sich um eine seltene neurologische Erkrankung handeln musste. Sie führte den Patienten daher aus der Anmeldung in das Wartezimmer, damit er dort erst einmal Platz nehmen konnte. Und tatsächlich wurde der Patient im Sitzen etwas ruhiger, auch wenn man weiterhin gelegentlich ausladende Bewegungen beobachten konnte. In der Zwischenzeit kam auch die Ehefrau von Herrn Konrad in der Anmeldung an. Sie entschuldigte sich, dass sie ihrem Ehemann in seinen schwungvollen Phasen nicht so schnell hinterherkäme und erklärte, dass man einen Termin bei Dr. Berger habe.

Frau Ritter informierte den Neurologen, dass der erwartete Patient angekommen sei und ganz ungewöhnliche Bewegungen ausführe. Als der Arzt jedoch die Ambulanz betrat, bot sich ihm ein ganz anderes Bild als angekündigt. Herr Konrad zeigte keine übermäßigen Bewegungen mehr. Ganz im Gegenteil: Er war plötzlich steif wie ein Brett. Frau Konrad und Dr. Berger hatten größte Mühe, den Patienten aus seinem Stuhl aufzurichten. Da es ihm plötzlich unmöglich geworden war, auch nur einen Schritt zu gehen, musste ein Rollstuhl herbeigeholt werden, um ihn zum Untersuchungszimmer zu bringen.

Als man sich endlich gegenübersaß, bemühte sich Herr Konrad zu sprechen, doch er war nicht zu verstehen, da er seinen Mund kaum bewegen und keine verständlichen Laute hervorbringen konnte. Seine Frau übernahm die Aufgabe, seine Geschichte zu erzählen, offensichtlich nicht zum ersten Mal. Ihr Mann und sie seien seit fast 50 Jahren miteinander verheiratet. Sie habe ihren Mann als junge Studentin kennengelernt. Er sei damals enorm sportlich gewesen und habe als Leichtathlet an vielen Wettkämpfen teilgenommen. Die Begeisterung für Sport habe er sich ein ganzes Leben erhalten, noch bis vor wenigen Jahren habe er Tennis gespielt und sei viel mit ihr gewandert. Er habe ein Ingenieursstudium absolviert und dann in einem Maschinenbauunternehmen Karriere gemacht. Sie selbst habe in ihrem Beruf als Lehrerin nur kurz bis zur Geburt des ersten Kindes gearbeitet. Bis vor zehn Jahren hätten sie ein relativ harmonisches Leben geführt, das nur etwas getrübt worden sei durch das entscheidungsfreudige Wesen ihres Mannes. Frau Konrad lächelte ihren Mann an. Der entgegnete ebenfalls mit einem Lächeln, dass seine Frau sich auch ganz gut durchsetzen könne. Erstaunlicherweise war er jetzt besser zu verstehen als noch vor wenigen Minuten. Frau Konrad fuhr fort: Vor etwa zehn Jahren habe Herr Konrad auffällig häufig unter Gelenkbeschwerden gelitten. Er sei immer unbeweglicher geworden, so dass sie das Gefühl hatte, dass mit ihrem Mann irgendetwas geschah, was über einen Gelenksverschleiß hinausging. Eines Morgens habe sie festgestellt, dass die Hand ihres Mannes auffällig zittere. Er habe das zunächst abgetan. Als ihn aber auch seine Söhne darauf ansprachen, konsultierte er ihren Hausarzt.

Der Neurologe, zu dem ihn der Hausarzt schickte, diagnostizierte die Parkinsonsche Krankheit. Das hätte ihren Mann damals schockiert, auch wenn der Neurologe versucht hätte ihn zu beruhigen, da mit den heute zur Verfügung stehenden Medikamenten die Symptome der Erkrankung sehr gut zu behandeln seien. Beim Morbus Parkinson kommt es zu einem Untergang von Zellen, die den Botenstoff Dopamin produzieren. Dieser Dopaminmangel kann durch Medikamente ausgeglichen werden.

Und tatsächlich schlug die Therapie rasch an. Innerhalb kurzer Zeit sei das Zittern wieder verschwunden gewesen. Ihr Mann hätte um einige Jahre jünger gewirkt.

Nach etwa fünf Jahren jedoch hätte er deutlich mehr Medikamente einnehmen müssen, um diesen Zustand zu halten. Vor einigen Jahren kamen neue Probleme hinzu. Die Tabletten brauchten immer länger, bis sie wirkten, und ließen immer schneller in der Wirkung nach. Der Neurologe habe neben dem bekannten Medikament L-Dopa, einer Vorstufe des körpereigenen Dopamins, auch sogenannte Dopaminagonisten verschrieben, die er in verschiedener Weise kombiniert habe. Dann sei ein sogenannter COMT-Hemmer dazugekommen, der den Abbau von L-Dopa verzögern und für mehr Gleichmäßigkeit in der Wirkung sorgen sollte. Aber auch das funktionierte nur begrenzt.

Im letzten Jahr seien dann diese Phasen der Überbeweglichkeit hinzugekommen. Im einen Moment könne ihr Mann nur steif in seinem Sessel sitzen und sich kaum bewegen, im nächsten würde er mit Schwung durch das Haus sausen. Deswegen habe der Neurologe ihn in eine Spezialklinik eingewiesen, in der Herr Konrad eine Injektionstherapie mit einer Apomorphin-Pumpe erhalten habe. Mit dieser kleinen Pumpe wird ein Medikament wie bei einer Thrombosespritze unter die Haut gespritzt, allerdings kontinuierlich über den ganzen Tag. Das habe auf die Beweglichkeit einen sehr guten Effekt gehabt und Gleichmäßigkeit in dieses Auf und Ab gebracht. Nach einigen Monaten sei es aber für Herrn Konrad zu belastend geworden, insbesondere wegen der Knötchen, die sich an den Injektionsstellen gebildet hatten. Das Ehepaar hatte sich auch über eine andere Form der Pumpenbehandlung informiert, bei der über einen Schlauch in der Bauchwand ähnlich einer Ernährungssonde das L-Dopa appliziert wird. Das Besondere an dieser Methode ist, dass das Medikament direkt an den Ort im Dünndarm gepumpt wird, an dem es in den Körper aufgenommen wird. Wird das Medikament als Tablette eingenommen, verweilt es erst für etwa eine halbe Stunde im Magen. Diese Verzögerung ist einer der Gründe für das Auf und Ab der Medikamentenwirkung und damit auch der Beweglich- beziehungsweise Unbeweglichkeit. Trotz vieler positiver Berichte habe sich ihr Mann jedoch gegen eine solche Form der Behandlung entschieden, weil er sich mit einem Schlauch in der Bauchdecke nicht anfreunden konnte. Stattdessen habe er sich über das Verfahren der tiefen Hirnstimulation informiert. Dabei werden Elektroden in einer komplizierten Operation ins Mittelhirn eingesetzt. Wie beim Herzschrittmacher gibt ein Generator, der in der Brust implantiert wird, elektrische Impulse ab. Durch die elektrische Hemmung bestimmter Hirnstrukturen kommt es zu einer besseren Beweglichkeit.

Da die Medikamentendosis, die er zu Beginn des Gesprächs eingenommen hatte, nun zu wirken begann, konnte sich jetzt auch Herr Konrad zu Wort melden. Ihm blieben nur ein paar Minuten, bis er wieder in eine Phase der Überbewegungen wechseln würde. In diesem Zwischenstadium konnte Herr Konrad relativ gut verständlich berichten, dass er als Ingenieur sehr begeistert von dieser Technologie sei. Er habe im Internet viel darüber gelesen. Gemeinsam mit seiner Frau habe er eine Patientenveranstaltung in einer Klinik besucht, die diese spezielle Therapie anbot. Dort hätte man beeindruckende Videos von den Patienten gezeigt. Bei vielen Patienten, deren Zustand vor der Operation aufgezeichnet worden war, hätte er verblüffende Ähnlichkeiten mit seinen eigenen Symptomen festgestellt. Nach der Operation hätten sie wieder ein ganz normales Leben geführt. Deshalb wollte er diese Therapie nun auch in Anspruch nehmen. Bei der Aussicht, sein altes Leben zurückzubekommen, wurde Herr Konrad aufgeregt – und je aufgeregter er wurde, desto mehr bewegten sich seine Arme.

Frau Konrad hingegen war skeptisch. Es wurde auch über die Nebenwirkungen informiert, zum Beispiel, dass Hirnblutungen auftreten könnten, wenn auch extrem selten. Etwas häufiger aber seien Depressionen und sogar Selbstmordversuche. Insgesamt habe sie sich wie auf einer Art Verkaufsveranstaltung gefühlt, da der Name des Herstellers der Stimulationsgeräte immer wieder aufgetaucht sei. Wie eine neutrale Informationsveranstaltung sei ihr dies nicht vorgekommen. Ihr Mann sei nun aber nicht mehr von der Idee abzubringen, eine Hirnoperation bei sich durchführen zu lassen. Deshalb habe sie darauf bestanden, eine zweite Meinung einzuholen – und darum seien sie heute hier.

Um sich ein genaueres Bild machen zu können, hakte Dr. Berger nach: Könne Herr Konrad alleine sein Essbesteck benutzen oder sich alleine an- und auskleiden? Brauchte er beim Waschen oder Baden Unterstützung seiner Frau? Auf alle Fragen erhielt er dieselbe Antwort: In den Phasen der extremen Unter- und Überbeweglichkeit war Herr Konrad auf die Hilfe seiner Ehefrau angewiesen, in den kurzen Phasen der guten Beweglichkeit hingegen völlig selbstständig. Dr. Berger erklärte dem Ehepaar Konrad, dass bei Fortschreiten der Parkinson-Erkrankung und insbesondere bei Auftreten der Wirkungsfluktuationen mit einem ständigen Auf und Ab der Beweglichkeit das Spektrum medikamentöser Behandlungsmöglichkeiten immer kleiner wird. Trotzdem gebe es immer eine Chance, durch eine Umstellung der Medikamente die Lebenssituation etwas zu verbessern.

Da Herr Konrad aber so an einer Behandlung mit der tiefen Hirnstimulation interessiert war, bot der Arzt an, während eines stationären Aufenthaltes zu klären, ob Herr Konrad von der Operation voraussichtlich profitieren würde oder ob es besondere Umstände gäbe, die das Risiko von Nebenwirkungen erhöhten. Die tiefe Hirnstimulation ist nicht mit einer Blinddarmoperation zu vergleichen. Im Vorfeld sind viele, auch belastende Untersuchungen notwendig. Die Operation selbst erfolgt im Wachzustand. Das bedeutet, dass der Patient in der Lage sein muss, während der Operation an seinem Gehirn zu kooperieren, damit der Behandlungserfolg durch klinische Untersuchungen noch während der Operation bestätigt werden kann. Im Anschluss erfolgt eine längere Rehabilitationsbehandlung. Frühestens danach ist eine stabile Einstellung der tiefen Hirnstimulation und der Medikamente erreicht. Im weiteren Verlauf sind regelmäßige Kontrolluntersuchungen erforderlich. Herr Konrad war bereits fest entschlossen, diesen Weg zu gehen. Die Ausführungen von Dr. Berger hatten darauf keinen Einfluss mehr, und so wurde ein Termin zur stationären Abklärung vereinbart.

Vorbereitung auf die Operation

Herr Konrad konnte wenige Wochen später auf die neurologische Station aufgenommen werden. Nachdem einige internistische Untersuchungen durchgeführt worden waren, um seine allgemeine Operationsfähigkeit zu überprüfen, eine aktuelle Kernspintomografie des Gehirns keine Auffälligkeiten zeigte und damit keinen Hinweis auf eine andere Ursache seiner Symptome erbrachte, nachdem in der neuropsychologischen Testung keine Hinweise für eine Demenz zu finden waren und ein Psychiater keine relevanten Erkrankungen wie eine Depression feststellen konnte, sprach Dr. Berger ausführlich mit Herrn Konrad über die nun folgende Untersuchung. Dazu mussten alle Parkinson-Medikamente abgesetzt werden. Herr Konrad sollte in einen Zustand maximaler Steifheit und Unbeweglichkeit gelangen.

Das hatte zwei Gründe. Zum einen sollte es eine Art Generalprobe für die eigentliche Operation sein. Vor der Operation musste Herr Konrad ebenfalls seine Medikamente vollständig absetzen. Nur so kann der Erfolg der tiefen Hirnstimulation schon während der Operation überprüft werden. Hierbei wird eine Elektrode langsam im Gehirn vorgeschoben und immer wieder versuchsweise Strom zur Stimulation eingeschaltet. Die Wirkung auf die Beweglichkeit wird am wachen Patienten überprüft, insbesondere an den Armen des Patienten. Der Behandlungserfolg kann aber nur sicher überprüft werden, wenn die Symptome ausgeprägt genug sind. Es wäre fatal, wenn die Medikamente während der Operation plötzlich ihre Wirkung entfalten würden. Dr. Berger musste also herausfinden, wie lange er bei Herrn Konrad die Medikamente absetzen musste, damit eine dauerhafte Steifigkeit bestand. Außerdem wollte er wissen, ob dieser Zustand für Herrn Konrad über längere Zeit auszuhalten sei und ob er in diesem Zustand gut kooperieren könne.

Der zweite Grund für das Absetzen der Medikamente war die Testung des Ansprechens auf L-Dopa. Wenn Herr Konrad sich ausreichend lange im Zustand der Unbeweglichkeit befand, würde Dr. Berger ihm eine sehr hohe Dosis von L-Dopa verabreichen. Denn nur die Patienten, die mit ihren Parkinsonsymptomen gut auf L-Dopa ansprechen, profitieren auch von der Operation. Herr Konrad war so motiviert, dass er gern einwilligte. Nachdem Herr Konrad dann schließlich eine ganze Nacht und einen halben Tag unbeweglich im Bett verharrt hatte, erhielt er die Tabletten mit L-Dopa und eilte bald im selben Tempo über den Gang wie zuvor. Besonders wichtig war Dr. Berger, dass Herr Konrad in seinem beweglichen Zustand über eine gute Kontrolle des Gleichgewichts verfügte und keine ausgeprägte Sprechstörung zeigte, da diese Symptome nur gut auf die tiefe Hirnstimulation ansprechen, wenn sie sich auch durch L-Dopa bessern lassen.

Damit waren also alle medizinischen Voraussetzungen für die tiefe Hirnstimulation gegeben. Dr. Berger bestellte Frau Konrad zu einem gemeinsamen Gespräch auf die Station. Er klärte das Ehepaar noch einmal ausführlich über den Ablauf der Operation, die Nachsorge, die Erfolgsaussichten und die möglichen Nebenwirkungen auf. Er betonte, dass durch die Operation vor allem die ausgeprägte Steifheit und Unbeweglichkeit der schlechten Phasen reduziert werden könne und darüber hinaus die Überbewegungen in den guten Phasen deutlich nachließen. Das vorrangige Ziel sei es, Herrn Konrad wieder eine gleichmäßigere und verlässlichere Beweglichkeit und Selbstständigkeit zu ermöglichen. Noch bessere Effekte auf die Beweglichkeit seien möglich, sollten aber nicht erwartet werden.

Über die unmittelbaren Nebenwirkungen der eigentlichen Operation wie Hirnblutungen oder Infektionen waren Herr und Frau Konrad schon gut informiert. Dr. Berger erklärte, dass die psychiatrischen Nebenwirkungen viel häufiger zu Problemen führen. Neben meist vorübergehender Depression und Antriebsminderung oder -steigerung kann es zu dauerhaften subtilen Veränderungen der Persönlichkeit kommen. Die Beeinträchtigungen des Konzentrationsvermögens, zu denen es kommen kann, sind im Alltag aber nur selten spürbar. Aus Gründen, die man noch nicht ganz verstanden hat, kommt es zu einem statistischen Anstieg der Scheidungsraten und Suizide. Wahrscheinlich ist eine gesteigerte Impulsivität bei einigen Patienten für beide Phänomene verantwortlich. In einer Ehe kann es zudem zu Veränderungen der Rollenverteilung kommen: Der Patient ist wieder selbstständiger, kann mehr Aufgaben im gemeinsamen Leben übernehmen. Möglich ist auch, dass der Ehepartner mit der neuen Selbstständigkeit unglücklich wird, da er sich nun überflüssig fühlt.

Herr Konrad war sich seiner Sache sicher: Er war für die Operation. Da es nach all den Untersuchungen keine Einschränkungen gab, die dagegen sprachen, und er sich in einem Krankheitsstadium befand, in dem er einen maximalen Nutzen von der Operation erwarten konnte, gab es für ihn keinen Grund mehr zu zögern. Frau Konrad war nach wie vor skeptisch und befürchtete, dass die Nebenwirkungen der Operation oder ein ausbleibender Erfolg die Lebensfreude ihres Mannes weiter einschränken könnten. Doch die sorgfältigen Vorbereitungen beruhigten sie, sie war sicher, dass die Entscheidung zur Operation nicht leichtfertig getroffen wurde. Außerdem wollte sie einer Linderung des Leidens ihres Mannes nicht im Wege stehen.

Vor dem Gespräch mit dem Ehepaar Konrad hatte sich Dr. Berger mit anderen Neurologen aus der Klinik, mit Psychologen und auch mit dem Neurochirurgen Dr. Foerster ausgetauscht, weil die Entscheidung zur tiefen Hirnstimulation von so vielen medizinischen, psychologischen und auch sozialen Faktoren abhängt, dass sie in der Regel in einem Team gefällt werden sollte. Letztlich waren sich alle Beteiligten einig, dass bei Herrn Konrad die optimalen Voraussetzungen für diese

Operation gegeben waren. Schließlich wurde ein weiteres Gespräch über den Operationsverlauf und mögliche Nebenwirkungen zwischen Dr. Foerster und dem Ehepaar Konrad vereinbart.

Die Operation

Schon zwei Wochen später war der Tag der Operation. Herr Konrad war in einem Zustand größter Steifheit gefangen. Nachdem sein Kopf kahl rasiert worden war, schraubte man an ihm ein Metallgestell, einen sogenannten stereotaktischen Rahmen, wie einen Helm fest. Mit diesem Rahmen können die dreidimensionalen Zielkoordinaten für die Elektroden der tiefen Hirnstimulation berechnet werden. Dank einer lokalen Betäubung an den Auflageflächen spürte Herr Konrad keinen Schmerz, sondern nur ein vorübergehendes starkes Druckgefühl. Anschließend wurde eine Computertomografie des Kopfes mit dem Rahmen durchgeführt.

Im Vorfeld war bereits eine Kernspintomografie angefertigt worden. Nur die Kernspintomografie hat eine so hohe Auflösungskraft, dass die Zielstruktur der Elektroden der tiefen Hirnstimulation, der winzig kleine Nucleus subthalamicus, dargestellt werden kann. Ein großer Metallrahmen, wie man ihn zur tiefen Hirnstimulation benötigt, darf aber nicht dem starken Magnetfeld des Kernspintomografen ausgesetzt werden (mehr dazu im Kapitel über Zufallsbefunde (S. 185)). Der Rahmen würde durch den Raum gezogen werden und den Patienten mit sich reißen. Deshalb müssen die Informationen der Kernspintomografie und die der Computertomografie mit den Koordinaten des Metallrahmens in aufwendigen Computeranalysen zusammengebracht werden.

Nach der Computertomografie wurde Herr Konrad in den Operationssaal gefahren. Dort wurde der Metallrahmen mit dem Operationstisch fest verbunden. Damit war der Patient in seinem unbeweglichen Körper und auf dem Operationstisch gefangen. Das ganze Team versuchte, Herrn Konrad die Situation so erträglich wie möglich zu machen. Zwei Krankengymnasten bewegten seine Arme und Beine während der ganzen Zeit. Im Hintergrund lief Musik, die Herr Konrad selbst ausgewählt hatte.

Nach einer umfangreichen lokalen Betäubung begann Dr. Foerster, eine münzgroße Stelle des Schädelknochens aufzubohren. Wieder empfand Herr Konrad keinen Schmerz, sondern ein Druckgefühl, das etwas stärker war als von einem Zahnarztbohrer. Im nächsten Schritt wurde die Elektrode über den Metallrahmen in das Gehirn vorgeschoben. Da das Gehirn keine Schmerzfasern besitzt, war auch dies für den Patienten schmerzfrei.

Jetzt begann die Aufgabe von Dr. Berger. Während der Neurochirurg Dr. Foerster die Elektrode immer weiter vorschob, kontrollierte der Neurologe die Nervenzellaktivität auf einem Computerbildschirm. Anhand spezifischer Entladungsmuster der Nervenzellen an den verschiedenen Stellen des Gehirns kann der Zielort der Elektrode ziemlich genau bestimmt werden. Wenn man am sogenannten Nucleus subthalamicus angelangt ist, sieht man aber nicht nur ein bestimmtes Entladungsmuster auf dem Bildschirm, sondern hört auch ein ganz spezifisches Geräusch, ähnlich einem „Regenprasseln auf Wellblechdach“. Als Dr. Berger und Dr. Foerster das Geräusch vernahmen, waren sie beruhigt, da sie mit ihren Berechnungen richtig gelegen hatten. Nun ging die Operation weiter mit der unmittelbaren Kontrolle der Wirkung. An dem errechneten und durch das Entladungsmuster bestätigten Zielort der Elektrode wurde ein winziger Strom angelegt. Im selben Moment ließ sich die vorher völlig steife Hand von Herrn Konrad butterweich bewegen. Genau dafür war erforderlich, dass Herr Konrad bei der Operation wach war. Denn bei Parkinsonpatienten löst sich im Schlaf und auch in Vollnarkose die Steifheit. Der Therapieeffekt des Stromes wäre unter diesen Bedingungen nicht kontrollierbar.

Im Anschluss wurden mehrere Stellen getestet, um wirklich sicher zu gehen, dass man den optimalen Punkt für die Elektrode gefunden hatte. Das Gleiche wurde für die andere Hirnhälfte wiederholt, sodass am Ende zwei Elektroden an den optimalen Stellen fest implantiert werden konnten. Danach wurde Herr Konrad durch den Anästhesisten in die wohlverdiente Vollnarkose gebracht. Die sich nun anschließende Implantation des Stromgenerators an der Brust, der über Kabel unter der Haut mit der Elektrode am Kopf verbunden wird, wäre ohne Vollnarkose sehr schmerzhaft und erfordert keine Mitarbeit des Patienten mehr.

Mögliche Nebenwirkungen

„Herr Doktor, mein Mann ist irgendwie anders." So wurde Dr. Berger am nächsten Morgen am Eingang der Intensivstation von Frau Konrad begrüßt, nachdem sie ihren Mann besucht hatte. Herr Konrad sprach verwaschen, war insgesamt sehr langsam und wusste nicht genau, wo er war, und auch nicht, warum er da war. Dr. Berger beruhigte Frau Konrad, dass es sich bei dieser Verwirrtheit um ein häufiges Phänomen unmittelbar nach einer Operation handelte. Er behielt Recht: Der Zustand des Patienten besserte sich über den Tag so, dass er auf eine Normalstation verlegt werden konnte. Am nächsten Tag wurde der Generator der tiefen Hirnstimulation das erste Mal aktiviert und konnte den beeindruckenden Erfolg der Operation bestätigen. Schon bei niedriger Spannung des Generators zeigte Herr Konrad trotz Halbierung der Medikamente eine sehr gute Beweglichkeit. Wenige Tage später wurde Herr Konrad in die Rehabilitationsklinik verlegt.

„Herr Doktor, mein Mann ist irgendwie anders.“ So wurde Dr. Berger erneut von Frau Konrad begrüßt, als sie mit ihrem Mann nach einigen Wochen Rehabilitation das erste Mal in die Sprechstunde kam. Der Erfolg der Operation war eigentlich phänomenal. Er brauchte weiterhin nur die Hälfte der Medikamente. Es gab kein Auf und Ab der Beweglichkeit mehr. Ihr Mann sei durchgängig selbstständig, könne alleine laufen, die Überbewegungen seien völlig verschwunden. Aber, so berichtete Frau Konrad, ihr Mann wolle sich gar nicht bewegen. Er verbringe viele Stunden des Tages apathisch im Sessel, wolle sich mit niemandem treffen, nicht einmal fernsehen. Sie würde ihren Mann gar nicht wiedererkennen. Herr Konrad selbst wirkte teilnahmslos, äußerte aber keine Unzufriedenheit und meinte, er könne die Aufregung seiner Frau nicht verstehen. Die Operation habe doch gut funktioniert.

Dr. Berger erklärte, dass durch die Reduktion der Medikamente, die ja nach dem Erfolg der Operation möglich war, Antriebsstörungen und auch Depressionen auftreten können. Durch die tiefe Hirnstimulation wird nur ein kleines Netzwerk innerhalb des Gehirns behandelt. Andere Teile des Gehirns, die bei der Parkinson-Erkrankung ebenfalls unter einem Dopaminmangel leiden, werden mit der tiefen Hirnstimulation nicht erreicht. Eine Reduktion der Tablettendosis macht den Mangel in anderen Regionen natürlich stärker. Das äußert sich häufig in psychischen Problemen, meist als Depression.

Mit der tiefen Hirnstimulation werden auch andere Krankheitsbilder mit Bewegungsstörungen behandelt, zum Beispiel der essenzielle Tremor, ein reines Zittern des Körpers ohne weitere Symptome, oder die Dystonie, die mit unwillkürlichen Verkrampfungen und Verdrehungen einhergeht. Bei diesen Bewegungsstörungen treten die psychiatrischen Nebenwirkungen sehr viel seltener auf. Das liegt zum einen an den anderen Zielregionen der Elektroden im Gehirn, die weniger Verbindungen zu Zentren der Gefühlssteuerung oder Handlungsplanung haben. Zum anderen fehlen die Wechselwirkungen mit Medikamenten wie bei der Parkinson-Erkrankung. Beim essenziellen Tremor und der Dystonie sind nur umschriebene kleine Netzwerke des Gehirns gestört im Gegensatz zum Parkinson, bei dem sich fast alle Bereiche des Gehirns im Laufe der Jahre verändern.

Das Problem lässt sich durch Änderung der Medikamente in der Regel nach einiger Zeit wieder bessern. Dr. Berger reduzierte die Spannung der tiefen Hirnstimulation etwas, erhöhte die Dosis der Parkinson-Medikamente wieder leicht und empfahl antriebssteigernde Mittel hinzuzunehmen. Tatsächlich hatte Herr Konrad nach einem Monat wieder etwas mehr Interesse an seiner Umwelt und schien mit seiner Frau die neu gewonnene Mobilität genießen zu können.

„Herr Doktor, mein Mann ist irgendwie anders." Leider musste Dr. Berger diesen Satz beim nächsten Besuch des Ehepaares einige Monate später wieder hören. Frau Konrad hatte das Gefühl, ihr Mann hätte sich irgendwie dauerhaft verändert. Die anfängliche Verwirrtheit war verschwunden und auch die Antriebsstörungen der ersten Wochen hatten spürbar nachgelassen. Aber irgendetwas war anders, ohne dass Frau Konrad es konkret benennen konnte. Das Interesse für die Familie, die Freunde und den Sport war nicht mehr das alte. Er war selbstbezogener geworden. Aber Frau Konrad war nicht sicher, ob das schon alles war.

Dr. Berger veranlasste eine Kontrolle der neuropsychologischen Testuntersuchung, die aber keine alltagsrelevanten Veränderungen gegenüber dem Zustand vor der Operation zeigte. Der Neurologe erklärte, dass man nach der Operation häufig das Gefühl habe, die Persönlichkeit des Patienten hätte sich subtil verändert, ohne dass man es recht greifen könne. Warum das so ist, ist bislang noch nicht abschließend geklärt. In umfangreichen wissenschaftlichen Untersuchungen an größeren Patientengruppen hat man nur eher abstrakte Störungen, zum Beispiel der sogenannten Wortflüssigkeit feststellen können, was aber im Alltag nicht erheblich ins Gewicht fällt.

Allerdings gibt es zahlreiche Einzelfallberichte über teilweise sehr eindrückliche und sehr unterschiedliche Phänomene als Nebenwirkung der tiefen Hirnstimulation. Bei einem Patienten konnte zum Beispiel ein nicht zu unterdrückendes Lachen (*mirthful laughter*) ausgelöst werden, wenn die Elektrodenspannung über den therapeutischen Bereich hinaus erhöht wurde. In einem Video, das in einer Fachzeitschrift veröffentlicht wurde, klopft sich der Patient lachend auf die Schenkel und macht sich ungeniert über die Nase des Neurologen lustig. Diese Reaktion trat innerhalb weniger Minuten auf und war nach Reduktion der Spannung wieder vollständig verschwunden. Das Team der Therapeuten wie der Patient selbst waren von dem Ereignis mehr erschrocken als amüsiert.

Genauso gibt es Beobachtungen von innerhalb weniger Minuten auftretenden, schweren Depressionen mit dem Gefühl tiefer Traurigkeit und dem starken Bedürfnis zu weinen, die nach einer Veränderung der Spannung wieder völlig verschwinden. Es gibt auch Berichte von ausschweifendem Lebenswandel mit Kaufräuschen oder gesteigertem Sexualempfinden bei bis dahin ganz biederen Menschen, was ohne große Fantasie zu massiven sozialen Konsequenzen bis hin zum Verlust des Ehepartners führen kann. Ähnliche Phänomene können allerdings auch bei Einnahme von Dopaminagonisten enstehen. Dr. Berger versuchte wieder, durch Änderung der Einstellung der tiefen Hirnstimulation und Ergänzung der Medikamente, etwas Einfluss zu nehmen.

„Herr Doktor, mein Mann ist dement." So wurde Dr. Berger von Frau Konrad etwa drei Jahre nach der Operation begrüßt. Ihr Mann litt zunehmend an Gedächtnisstörungen, zum Beispiel konnte er sich keine Termine mehr merken und vergaß die Einnahme seiner Medikamente. Er war immer schlechter in der Lage, den Tagesablauf zu planen oder komplizierte Sachverhalte zu begreifen. Dr. Berger forderte erneut eine neuropsychologische Testung an, die im Vergleich zu den vor und nach der Operation durchgeführten Untersuchungen deutliche Verschlechterungen des Gedächtnisses und der Planungsfähigkeit zeigte. Der Neurologe nahm seinen Patienten erneut auf die Station auf, um zu klären, ob eine behandelbare Ursache zugrunde liegt. Alle weiteren Untersuchungen, auch die Analyse des Liquors, also des Nervenwassers, waren unauffällig. Frau Konrad hatte Recht: Ihr Mann entwickelte eine Demenz.

Die wahrscheinlichste Form der Demenz ist in diesem Fall die sogenannte Parkinson-Demenz, die bei fast einem Drittel der Patienten mit M. Parkinson nach vielen Jahren der Krankheit, meist nach dem siebzigsten Lebensjahr auftritt. Mit der Operation hing die Demenz nicht zusammen, auch wenn sich Herr Konrad seitdem verändert hatte. Die Demenz ist bei einigen Patienten Teil der Parkinson-Erkrankung. Dr. Berger verschrieb ein Medikament, das das Voranschreiten der Symptome etwas verzögern sollte, und empfahl, die sozialen Aktivitäten so gut wie möglich aufrechtzuerhalten.

Herr Konrad konnte sich noch einige Jahre gut bewegen, aber die Demenz schritt stetig voran. Er hatte nie den Eindruck, dass sich die Operation für ihn nicht gelohnt hätte. Auch Dr. Berger war überzeugt, dass sein Patient von der Operation profitiert hatte, auch wenn es ein langer Weg mit vielen Hürden war, die überwunden werden mussten.

Nimmt die Seele Schaden?

Bei Herrn Roth, einem anderen Patienten von Dr. Berger, hatte eine Demenz tatsächlich etwas mit der Operation zu tun. Auch er litt schon seit vielen Jahren unter einer Parkinson-Erkrankung, auch bei ihm schwankte die Wirkung der Medikamente ständig. Wie Frau Konrad stellte auch die Ehefrau von Herrn Roth nach der Operation fest, dass ihr Mann irgendwie verändert war. Ihn behinderte keine Verwirrtheit oder Antriebslosigkeit, nein, Herr Roth zeigte unmittelbar nach der Operation die Symptome, die Herr Konrad im Rahmen seiner Demenz entwickelte. Bereits während der Operation, als die zweite Elektrode zur Teststimulation vorgeschoben wurde und Dr. Berger mit dem Patienten sprach, hatte der Neurologe das Gefühl, dass irgendetwas mit dem Mann geschehen war. Plötzlich kooperierte er nicht mehr so gut.

Die Operation konnte zwar technisch erfolgreich zu Ende geführt werden und auch die Tage nach der Operation verliefen komplikationslos. Ebenso wurde die Beweglichkeit durch die Operation dramatisch gebessert. Aber Herr Roth hatte Schwierigkeiten, sich Dinge zu merken. Er antwortete meist mit kurzen Sätzen. Wenn man ihm Rechenaufgaben stellte, konnte er einfache Subtraktionen nur mit Mühe durchführen, obwohl auch er früher als Ingenieur stets mit Zahlen zu tun gehabt hatte. Anders als bei Herrn Konrad besserten sich die Symptome allerdings im Laufe einiger Monate, auch wenn Herr Roth seine frühere geistige Leistungsfähigkeit nicht mehr ganz erreichte.

Dr. Berger führte viele Untersuchungen bei Herrn Roth durch, um zu klären, was wohl die Ursache dieser Störung sein könnte. Erst später erfuhr er auf einem Neurologenkongress, dass eine Struktur des Gehirns, der sogenannte Nucleus caudatus, bei manchen Patienten auf dem Weg der Elektrode zu der Zielregion der tiefen Hirnstimulation lag. Wird dieser Nucleus caudatus beschädigt, kann es zu diesen meist irreversiblen Störungen der geistigen Leistungsfähigkeit kommen. Seit das bekannt ist, wird der Nucleus caudatus bei der Planung des Weges, den die Elektrode im Gehirn nimmt, umgangen.

Genauso wie Frau Konrad konfrontierte auch Frau Roth den Neurologen mit einer Frage, auf die er keine klare Antwort finden konnte: „Hat die Seele meines Mannes Schaden genommen?" Dr. Berger musste an die vierziger Jahre, an die Zeiten der Psychochirurgie denken, als der Neurologe Egas Moniz zur Behandlung von Schizophrenie oder schwerer Depression Leukotomien durchführte: Mit einem stilettartigen Messer durchtrennte er Teile des Stirnhirns. Der amerikanische Neurologe Walter Freeman „perfektionierte" das Verfahren in den sechziger Jahren mit der transorbitalen Lobotomie: Er führte ein langes, spitzes Messer oberhalb der Augenhöhle in das Stirnhirn ein, um das Hirngewebe mit rotierenden Bewegungen zu zerquetschen. In drei Jahrzehnten wurden über 50.000 Menschen auf diese Weise verstümmelt. Die Therapie galt als Revolution in der Behandlung psychischer Krankheiten. Egas Moniz erhielt sogar 1948 den Nobelpreis für Medizin.

Erst in den siebziger Jahren wurde das Verfahren verboten. Der Film „Einer flog übers Kuckucksnest" von Milos Forman (1975) nach einem Roman von Ken Kesey aus dem Jahr 1962 machte den Wahnsinn dieser Methode der breiten Bevölkerung offenkundig. Die Operation führte zur Zerstörung der freien und selbstbewussten Persönlichkeit. Der Effekt der Therapie beruhte nur auf einer Ruhigstellung der psychiatrischen Patienten.

Mit der heutigen tiefen Hirnstimulation ist die Lobotomie nicht vergleichbar: Das Ziel der tiefen Hirnstimulation ist gerade nicht die Destruktion von Hirngewebe, sondern die reversible Hemmung bestimmter kleinster Hirnstrukturen durch elektrischen Strom. Im Gegensatz zur Lobotomie gibt es bei der heutigen tiefen Hirnstimulation sehr genaue Vorstellungen darüber, wie das Verfahren wirkt. Auch die Effekte sind durch viele Studien mit nachvollziehbaren und standardisierten Messmethoden abgesichert. Aber es gibt Nebenwirkungen wie bei Herrn Roth, die zu einer Beeinflussung der Persönlichkeit und der Willensbildung führen können, auch wenn sie bei Weitem nicht so gravierend sind wie bei Lobotomien.

Die Frage von Frau Roth zielte aber nicht auf die Beeinflussung von Persönlichkeitseigenschaften, sondern auf die Beeinflussung der Seele ab. Dr. Berger wusste auf die Frage keine direkte Antwort. Er erklärte Frau Roth aber, dass die Seele nicht nur durch die tiefe Hirnstimulation, sondern bei jedem Eingriff in das Gehirn durch Operation oder Medikamente wie den Dopaminagonisten beeinflusst werden könne. Das besondere an der tiefen Hirnstimulation sei, dass sie das Invasive einer Operation mit der Reversibilität medikamentöser Behandlungen verbinde. Bei Herrn Roth war die Beantwortung der Frage besonders kompliziert, weil seine Beeinträchtigungen zum Teil durch die reversible Stimulation und zum Teil durch die bei der Operation aufgetretene Läsion bedingt waren.

Die Philosophie des Geistes

Frau Roths Frage führt zu den schwierigen philosophischen Themen der Unsterblichkeit der Seele und der Beziehung zwischen Leib und Seele. Als sogenanntes „Leib-Seele-Problem" hat diese Thematik in der Philosophie eine bis in die Antike zurückreichende Tradition. Heute spricht man jedoch seltener von Leib, sondern benutzt lieber den Begriff Gehirn, weil davon auszugehen ist, dass unser Denken und Fühlen am meisten mit diesem Körperteil zu tun hat. Auch der Begriff der Seele wurde in der wissenschaftlichen Diskussion aufgrund der theologischen Konnotationen zum größten Teil durch „Geist“ ersetzt. In den letzten Jahrzehnten ist unter dem Begriff der „Philosophie des Geistes“ eine systematische Auseinandersetzung um unterschiedliche Positionen entstanden, die in dieser Frage eingenommen werden können. Häufig werden statt „Gehirn“ und „Geist“ auch die Begriffe des „Physischen“ und „Mentalen“ einander gegenübergestellt.

Glossar zur Philosophie des Geistes

1. *Philosophie des Geistes:* Die Philosophie des Geistes beschäftigt sich mit den Eigenschaften unseres Bewusstseins und dem Verhältnis von Gehirn und Geist. Früher wurde diese Frage auch als Leib-Seele-Problem bezeichnet.
2. *Analytische Philosophie des Geistes:* Die analytische Philosophie des Geistes hat ihre Wurzeln in der, unter anderem durch Ludwig Wittgenstein eingeleiteten, sprachanalytischen Wende (*linguistic turn*), die als Philosophie der normalen Sprache (*ordinary language philosophy*) versucht hat, die Philosophie- und Wissenschaftssprache durch Rückführung auf eine Alltagssprache von Missverständnissen zu befreien.
3. *Kognitionswissenschaft:* Die Kognitionswissenschaft steht in der Tradition der Psychologie und hat sich aus der Kritik an der frühen Verhaltensforschung entwickelt, in der sich die Untersuchungen auf äußerlich sichtbares Verhalten beschränkt haben. Der Bereich der Gedanken und Gefühle blieb jedoch eine *Blackbox*. Die Kognitionswissenschaft versucht, diese Lücke zu schließen. Ein wesentliches Merkmal ist der informationstheoretische Ansatz, der von einer strukturellen und funktionellen Vergleichbarkeit zwischen Mensch und Maschine ausgeht.
4. *Physische und mentale Zustände:* Unter dem Begriff des Mentalen werden alle geistigen und seelischen Phänomene zusammengefasst, unter anderem Gedanken, Absichten, Erinnerungen, Gefühle, Stimmungen, Empfindungen. Im Gegensatz zum Physischen wird dem Mentalen das

Attribut der Privatheit zugeschrieben. So kann der eigene Schmerz von niemand Anderem von außen gefühlt werden. Über die inneren mentalen Zustände kann man sich nicht täuschen, zum Beispiel darüber, Schmerzen zu haben. Mentale Zustände sind auch intentional, das heißt auf einen Inhalt bezogen. Denn man kann nicht denken, ohne an etwas zu denken.

Warum ist es nun so schwierig, die Frage von Frau Roth zu beantworten, ob die Seele ihres Mannes Schaden genommen hat, und was ist das eigentliche Problem bei dem Leib-Seele-Problem? Um das zu erkennen, ist es hilfreich, die Antwort des Christentums zu betrachten. Im Katechismus der katholischen Kirche heißt es: „Im Tod, bei der Trennung der Seele vom Leib, fällt der Leib des Menschen der Verwesung anheim, während die Seele Gott entgegen geht und darauf wartet, dass sie einst mit ihrem verherrlichten Leib wieder vereint wird."

Vor diesem Hintergrund stellt sich die Frage, in welchem Zustand die Seele von Patienten mit einer tiefen Hirnstimulation vor das Himmelstor tritt. Würde Herr Roth seine kognitiven Störungen, die er aufgrund der Operation erlitten hat, für alle Ewigkeiten behalten? Würden seine ursprünglichen kognitiven Fähigkeiten durch Gott wiederhergestellt? Was ist mit dem Teil der kognitiven Störungen bei Herrn Roth, der stimulationsbedingt ist? Wenn der Leib, also auch das Gehirn gestorben ist, kann die tiefe Hirnstimulation ja keinen schädlichen Einfluss auf die kognitiven Fähigkeiten mehr haben, sodass die Seele sich von den Nebenwirkungen der tiefen Hirnstimulation befreien müsste. Wie viel von einer individuellen Persönlichkeit kann in die Ewigkeit gerettet werden? Oder ist Unsterblichkeit nur erklärbar, wenn die Seele ihre personale Identität verliert?

Die Fragen, die sich aus der Trennung von Leib und Seele und der Annahme zweier verschiedener Entitäten ergeben, lassen sich mit dem Katechismus nicht beantworten. Es handelt sich aber nicht um ein spezielles Problem der christlichen Religion. Auch in der Neurowissenschaft und der Philosophie gibt es keine abschließende Antwort. In der Philosophie des Geistes wird die Theorie, die von einer Verschiedenheit von Körper und Geist ausgeht, Dualismus genannt. Ihre Wurzeln reichen bis in die griechische Antike und damit in die Zeit vor dem Christentum zurück. In Platons Dialog „Phaidon" hält Sokrates seine Abschiedsrede nach der Verurteilung zum Tode durch den Schierlingsbecher. In dieser Rede tritt er dem Tod in freudiger Erwartung entgegen. Wie begründet Sokrates diese Anschauung? Den Tod versteht er als eine Aufhebung des Dualismus von Leiblichkeit und Geistigem. Der Leib stirbt, die Seele aber geht nicht unter, sondern bleibt für immer in Bewegung. Das Ende der Körperlichkeit empfindet er nicht als Verlust, sondern ganz im Gegenteil als Befreiung der Seele aus dem hemmenden Körper.

Neben den Fragen, die sich ergeben, wenn man die Unsterblichkeit der Seele im Rahmen des Dualismus erklären möchte, führt diese Theorie noch zu einem anderen Problem: Wenn Gehirn und Geist, Leib und Seele so unterschiedlich sind, wie können sie miteinander wechselwirken? Als Vertreter eines sogenannten interaktionistischen Dualismus hat René Descartes geglaubt, die etwa erbsengroße Epiphyse (Zirbeldrüse), das aus damaliger Sicht einzige unpaare Organ des Gehirns, als Sitz dieser Wechselwirkung ausgemacht zu haben. In seinem Buch „Die Leidenschaften der Seele" aus dem Jahr 1649 stellte er die Behauptung auf, dass die Seele die zwar physischen, aber unendlich leichten *esprits animaux* (Lebensgeister) von dort aus durch die Nervenbahnen fließen lasse und so unter anderem Bewegungen hervorrufen könne.

Inzwischen wissen wir, dass die Zirbeldrüse keine so wichtige Rolle spielt. Sie steuert den Schlaf-Wach-Rhythmus und andere zeitabhängige Rhythmen des Körpers durch das Hormon Melatonin. Nur durch die Behandlung des Jetlag mit Melatonin ist die Zirbeldrüse in den letzten Jahren noch einmal zum Gesprächsstoff geworden. Für die Beantwortung unserer Fragen ist sie vermutlich eher nebensächlich.

Ein Beispiel eines modernen interaktionistischen Dualismus ist die Position von Sir John Carew Eccles. In seinem Buch „How the Self Controls its Brain“ von 1994 entwickelte er ein quantenphysikalisches Modell für die Sekretion von Botenstoffen an den Nervenendigungen. Die Sekretion eines einzelnen Moleküls lässt sich nicht vorhersagen, sie kann auch nicht vom Subjekt geistig gesteuert werden. Geistige Ereignisse können aber die Wahrscheinlichkeit der Sekretion beeinflussen. Die Wechselwirkung zwischen physischen und mentalen Zuständen findet damit auf quantenphysikalischer Ebene ohne Energieverlust statt. Diese Theorie ist experimentell jedoch kaum nachweisbar.

Versucht man andererseits, den Dualismus von Gehirn und Geist zu vermeiden, so ist nicht erkennbar, wie aus der Aktivität einer unüberschaubaren Anzahl von Nervenzellen eine einheitliche Bewusstseinserfahrung entstehen soll. In der Neurowissenschaft, der modernen Naturwissenschaft des Gehirns, versucht man jedoch genau das, nämlich geistige Funktionen auf der Grundlage von biologischen Eigenschaften der Nervenzellen und ihrer Verschaltungen zu erklären. Als Gegenspieler des Dualismus werden daher in den Neurowissenschaften häufig die Theorien des sogenannten reduktiven und des eliminativen Physikalismus vertreten.

Der eliminative Physikalismus, der zum Beispiel vom zeitgenössischen Philosophen Paul Churchland vertreten wird, geht davon aus, dass sich die Aussagen des Alltags über mentale Phänomene, also über Gedanken, Absichten oder Gefühle, letztlich durch ein Vokabular der neurobiologischen Beschreibungsebene ersetzen lassen und der Geist damit restlos eliminierbar wäre. Der reduktive Physikalismus, der zum Beispiel von Herbert Feigl in seinem Werk „The Mental and the Physical" vertreten wird, geht nicht ganz so weit. Hier wird die Welt des Geistigen nicht eliminiert, sondern nur auf physikalische Eigenschaften zurückgeführt. Gehirn und Geist sind beide Bestandteile einer materiellen Wirklichkeit, die nur durch unterschiedliche physikalische und psychologische Begriffe beschrieben wird. Daher spricht man auch von einer Identitätstheorie.

Sowohl für den eliminativen als auch den reduktiven Physikalismus ist aber der Bereich der physischen Phänomene in sich kausal geschlossen. Das Seelische oder Geistige bildet keine zusätzliche Entität. Daher ergibt sich auch kein Problem einer Wechselwirkung. Wie würde ein eliminativer oder reduktiver Physikalist die Frage von Frau Roth beantworten, ob die Seele ihres Mannes durch die tiefe Hirnstimulation Schaden genommen hat? Wahrscheinlich würde ein Physikalist antworten, dass durch die tiefe Hirnstimulation bestimmte physikalische Eigenschaften des Gehirns moduliert werden, und sich damit auch Wahrnehmungen und Verhalten ändern. Ob diese Modulationen aber durch die Verletzung des Gehirns bei der Operation, durch elektrischen Strom im Rahmen der tiefen Hirnstimulation oder durch chemische Prozesse nach Einnahme von Medikamenten erfolgen, macht aus Sicht des Physikalisten keinen Unterschied. Daher kann man nicht davon sprechen, dass etwas Schaden genommen hat. Der Begriff der Seele passt nicht ganz ins Vokabular des Physikalisten. Er würde wahrscheinlich sagen, dass im Falle des Todes mit dem Ende neuronaler Prozesse auch keine geistigen Prozesse mehr stattfinden und sich eine unsterbliche Seele damit ebenfalls erledigt hätte.

Frau Roth muss aber die Hoffnung auf Unsterblichkeit und Unversehrtheit der menschlichen Seele nicht ganz aufgeben, denn auch gegen den Physikalismus gibt es einige Argumente. Das wichtigste ist das Argument der multiplen Realisierbarkeit, das von Hillary Putnam stammt (1975). Der Physikalismus geht davon aus, dass es zu jedem mentalen Zustand einen neuronalen Zustand gibt, beispielsweise zum Schmerz die dazugehörige Reizung bestimmter Fasern des Gehirns. Aber auch Tiere können trotz einer unterschiedlichen Physiologie Schmerzen empfinden. Ebenso könnte man sich eine Schmerzwahrnehmung für Außerirdische oder für Computer vorstellen. Der gleiche mentale Zustand kann also möglicherweise durch verschiedene physische Zustände hervorgerufen werden. Als Konsequenz aus diesem Argument werden im Funktionalismus mentale Zustände nicht mit physischen Zuständen des Gehirns gleichsetzt, sondern mit funktionalen Rollen, die definiert sind durch Input, Output und die anderen mentalen Zustände des Systems.

Diese Position beruht vor allem auf Ergebnissen der Erforschung der künstlichen Intelligenz. Im Funktionalismus wird das Gehirn als eine Symbole verarbeitende Maschine gesehen, wobei sich das Mentale zum Physischen wie Computer-Software zur Hardware verhält. Der Funktionalismus ist wie der Physikalismus reduktionistisch, da er mentale Phänomene vollständig auf funktionale Zustände, und damit auf einen komplexeren Zusammenhang physischer Phänomene zurückführt. Die funktionalen Zustände sind von der physikalischen Realisierung aber unabhängig, denn der Geist eines Menschen könnte theoretisch auf einem futuristischen Computer nach dessen Tod weiterlaufen. Commander Data von Raumschiff Enterprise ist ein Beispiel dafür. Es handelt sich um einen Androiden mit einem sogenannten „Positronengehirn", der im Laufe der Serie durch Erlernen von Gefühlen und vor allem Humor nicht mehr von einem Menschen zu unterscheiden ist. Vor seinem Tod überspielt er seine Daten auf einen anderen Androiden mit einem ähnlichen Positronengehirn und kann durch den Wechsel der Hardware weiterleben.

Übertragen auf Herrn Roth könnte man also aus Sicht des Funktionalismus argumentieren, dass er durch Implantation der Elektroden der tiefen Hirnstimulation nur eine Änderung der Hardware Gehirn erfährt, die keinen Einfluss auf die Seele, also die Software hat. Man kann aber auch argumentieren, dass die Ergänzung der Hardware langfristig zu Veränderungen im Programmablauf führt, also zu dauerhaften Verhaltensänderungen, die auch bei Ausschalten der Stimulation bestehen bleiben. Damit würde die Seele in dieser Theorie Schaden nehmen.

Die Frage von Frau Roth lässt sich aber auch an dieser Stelle noch nicht endgültig beantworten. Denn natürlich sind auch gegen die Position des Funktionalismus Einwände formuliert worden. Der populärste Einwand gegen den Funktionalismus, wie er von Hilary Putnam vertreten wurde, wurde 1980 von John Searle vorgebracht und ist als das sogenannte Argument des „Chinesischen Zimmers" bekannt geworden.

Eine Schlussfolgerung des Funktionalismus ist, dass sich theoretisch alle mentalen Eigenschaften des Menschen durch einen Computer simulieren lassen und eine vollständige Simulation dem mentalen Zustand des Menschen gleichwertig ist. In dem Gedankenexperiment von Searle geht es um die Frage, ob ein Computer in der Lage sein kann, Chinesisch zu verstehen. Man stelle sich vor, in einem Zimmer befinde sich ein Mann, der nur der englischen Sprache mächtig ist. Von außen werden ihm chinesische Schriftzeichen hereingereicht. In dem Zimmer befinden sich ein Korb mit weiteren chinesischen Schriftzeichen und ein Regelbuch, das eine rein formale Anleitung enthält, welches Schriftzeichen aus dem Korb als Antwort auf das hereingereichte Schriftzeichen zu geben ist. Es erklärt jedoch nicht den Inhalt der Schriftzeichen. Wenn der Mann nun die passenden Schriftzeichen aus dem Korb sucht und hinausreicht, so erscheint es für den Außenstehenden, als verstünde irgendetwas oder irgendjemand in dem Zimmer Chinesisch, obwohl dies nicht der Fall ist.

Durch dieses Gedankenexperiment versuchte John Searle zu zeigen, dass eine Simulation aufgrund von Regeln über einen Gebrauch von Zeichen nicht mit dem Verständnis der Bedeutung dieser Zeichen gleichgesetzt werden kann. Genauso wenig besitzt ein Computer ein Bewusstsein, wenn er es durch ein Programm erfolgreich simuliert. Nach Einschätzung von Searle sind mentale Zustände von der Substanz des biologischen Gehirns abhängig. Die Lösung dieses Problems ist für John Searle die Emergenztheorie, eine Form des nicht-reduktiven Physikalismus. Aufgrund der hohen Komplexität des Gehirns entsteht der Geist als eine emergente Eigenschaft des Gehirns, als etwas gänzlich Neues, so wie aus Wasserstoff und Sauerstoff Wasser und aus vielen Molekülen eine lebende Zelle entstehen kann. Der Geist als Systemeigenschaft des Gehirns ist von seiner Existenz abhängig, kann aber nicht auf das Gehirn selbst reduziert werden.

Ähnlich formuliert es Donald Davidson in seiner Theorie des anomalen Monismus (1970), einer anderen Spielart des nicht-reduktiven Materialismus. Er benutzt statt der Emergenz den Begriff der Supervenienz für die fehlende Reduzierbarkeit mentaler auf physische Phänomene. Für die Seele von Herrn Roth besteht auch im nicht-reduktiven Physikalismus die Gefahr, dass sie durch den Eingriff der tiefen Hirnstimulation Schaden nimmt. Ohne das Gehirn kann die Seele allerdings auch unter dieser Vorstellung nicht weiter existieren. Eine Unsterblichkeit der Seele scheint nach diesen Beispielen nicht im Rahmen physikalistischer, sondern nur im Rahmen dualistischer Theorien denkbar.

Das Erklärungslückenproblem ist ein Einwand gegen die meisten physikalistischen Theorien und den Funktionalismus. Der Philosoph Thomas Nagel machte darauf aufmerksam, dass uns alle Annäherungen durch Neurowissenschaften oder Verhaltensforschung nichts über den psychischen Vorgang aus der Innenperspektive eines fremden Wesens sagen können. Berühmt ist sein Beispiel der Fledermaus von 1979 (wir erwähnten es in dem Kapitel über Komapatienten (S.68)): „Ich will nicht etwa wissen, wie mir zumute wäre, würde mein Leben fledermausartig, sondern wie es sich für Fledermäuse anfühlt, eine Fledermaus zu sein."

Anschaulich wird dieses Argument durch folgende Geschichte von Frank Jackson (1982): Stellen Sie sich eine Neurophysiologin namens Mary vor. Mary ist eine hervorragende Wissenschaftlerin, die allerdings seit ihrer Geburt in einem Raum eingeschlossen lebt, in dem sie keine Farben, nur Schwarz oder Weiß wahrnehmen kann. Mary ist über einen Schwarzweiß-Monitor mit der Außenwelt verbunden. Sie weiß alles über die Neurophysiologie des Farbensehens. Sie weiß, was in unserem Gehirn vorgeht, wenn wir zum Beispiel eine rote Tomate sehen. Was aber passiert, wenn Mary endlich ihren schwarzweißen Raum verlassen darf und zum ersten Mal in ihrem Leben mit echten Farben konfrontiert wird? Offensichtlich lernt Mary etwas Neues, sie macht eine neue Erfahrung und weiß jetzt, wie es ist, eine rote Tomate zu sehen. Neurobiologisches Wissen ist also im Hinblick auf phänomenale Erfahrungen unvollständig. Phänomenale Erfahrungen können daher nicht mit neuronalen Eigenschaften identisch sein.

Den monistischen Theorien ist es nach wie vor nicht gelungen, die psychischen Phänomene des Alltags wie Gefühle oder Empfindungen, die bei einer Wahrnehmung entstehen, durch Phänomene der physikalischen Welt oder im speziellen durch neuronale Vorgänge zu erklären. Vielleicht führt in Zukunft eine nicht-reduktionistische Theorie zur Lösung, die die Schwächen des Dualismus vermeidet. In der Frage der Unsterblichkeit der Seele müssen Neurowissenschaft und Philosophie ihre Unzulänglichkeit eingestehen, sodass ausreichender Platz für eine Antwort des persönlichen Glaubens bleibt. Weil Dr. Berger weder wusste, ob die Seele unsterblich ist, noch wie Leib und Seele zusammenhängen, konnte er die Frage, ob die Seele von Herrn Roth Schaden genommen hat, letztlich nicht beantworten.

Schlussfolgerungen

Dr. Berger war sicher, dass die Methode der tiefen Hirnstimulation bei vielen Patienten mit M. Parkinson, essenziellem Tremor oder Dystonie einen enormen Erfolg haben kann, ohne dass relevante Nebenwirkungen auftreten müssen. Gerade bei Patienten mit essenziellem Tremor oder Dystonie kommt es nur selten zu psychiatrischen Nebenwirkungen. Dr. Berger hat aber gelernt, dass er insbesondere seinen Patienten mit Parkinson-Erkrankung nicht nur den potenziellen Nutzen der Therapie, sondern auch all die möglichen unerwünschten Auswirkungen der tiefen Hirnstimulation auf Kognition, Gefühle, Persönlichkeit und soziales Gefüge sehr ausführlich an Beispielen erläutern muss, damit sie eine autonome Entscheidung treffen können. Ziel der Forschung muss es sein, diese Nebenwirkungen besser zu verstehen und sie in Zukunft zu minimieren. Über die Auswirkungen der tiefen Hirnstimulation auf die Seele kann wie bei anderen Eingriffen in das Gehirn durch Operationen oder Medikamente niemand eine abschließende Antwort geben, weil die Frage der Unsterblichkeit der Seele trotz des Fortschrittes der Neurowissenschaften und trotz aller philosophischen Erkenntnisse eine Frage des Glaubens bleibt.

Mensch oder Maschine? Über Neuroprothesen und Brain-Computer-Interfaces

Ralf J. Jox

Eine Frau des Wortes kämpft gegen ihr Verstummen

Iris Armbruster war mit ganzem Herzen Journalistin. Nach ihrem Studium der Germanistik und Politikwissenschaft sowie vielen Praktika bei Zeitungen, Radiosendern und Medienagenturen fand sie dank ihres engagierten Auftretens einen Job als Redakteurin bei einer bekannten überregionalen Zeitung, wo sie bis zur Leiterin der Feuilletonredaktion aufstieg. Ihre Liebe galt dem Theater und der Musik. Sie ließ es sich nicht nehmen, die wichtigsten Kritiken von Neuinszenierungen in den großen Häusern der Republik selbst zu schreiben. Als passionierte Pianistin liebte Iris es zudem, über Konzerte und neue musikalische Veröffentlichungen zu berichten.

Sie ging so sehr in ihrem Beruf auf, dass sie den Wunsch nach eigenen Kindern erst mit vierzig Jahren entdeckte. Doch alle Versuche, schwanger zu werden, waren vergeblich. Auch die neuesten reproduktionsmedizinischen Behandlungen halfen nichts. Die Beziehung zu ihrem Freund ging darüber in die Brüche, und Iris stürzte sich umso mehr in die Arbeit. Die Tage brachte sie in der Redaktion, im Flugzeug oder im Zug zu, die Abende in den Konzert- und Theatersälen der großen Metropolen, dazwischen in jeder freien Minute über das Notebook gebeugt oder per Smartphone die Netzwerke pflegend.

Als sie das 52. Lebensjahr erreichte, änderte sich mit einem Schlag alles. Zunächst dachte sie sich nichts dabei, als sie nach einem grippalen Infekt wochenlang etwas heiser war. Doch immer häufiger verschluckte sie sich nun, artikulierte nicht mehr so astrein wie sonst und sprach mehr und mehr verwaschen, sodass ihre Kollegen sich schon heimlich fragten, ob sie bei der Arbeit betrunken sei. Sie begann, verschiedene Ärzte aufzusuchen, mehrere Wochen lang war sie abwechselnd beim Hals-Nasen-Ohrenarzt, einer Logopädin und einer Neurologin, bis sie schließlich den Weg in die Spezialambulanz für Motoneuron-Erkrankungen der neurologischen Universitätsklinik fand. Zu diesem Zeitpunkt hatte ihr rechter Arm bereits an Kraft verloren und ihre elegante Schrift war unlesbar und kritzelig geworden. Die Diagnose lautete: Amyotrophe Lateralsklerose (ALS), eine fortschreitende, unheilbare Erkrankung, bei der die für die Willkürmuskulatur zuständigen Nervenzellen zugrunde gehen.

Dank ihrer professionellen Rechercheerfahrung informierte sich Iris umfassend über die Krankheit und die neuesten Therapiemöglichkeiten. Sie wusste, dass die Krankheit in den meisten Fällen innerhalb weniger Jahre durch eine Lähmung der Atemmuskulatur zum Tod führt, sofern man keine künstliche Beatmung nutzt. Sie wusste auch, dass die zunehmende Schwäche in Armen und Beinen sie in den Rollstuhl zwingen und ihren Beruf gefährden würde. Und ihr war bewusst, dass die ALS bei ihr eine Verlaufsform hatte, die mit Lähmungen im Gesichts- und Schlundbereich begann und relativ schnell zu Störungen beim Schlucken, Sprechen und Atmen führte.

In den ersten zwei Jahren nach der Diagnose nahm Iris Armbruster an zwei verschiedenen klinischen Studien teil, die neue Medikamente gegen die ALS testeten. Doch leider konnte sie keinen stabilisierenden Effekt dieser Mittel feststellen, die Lähmungen nahmen von Woche zu Woche weiterhin zu. Sie saß nun schon seit geraumer Zeit im Rollstuhl, hatte eine private Pflegerin, die mehrmals täglich zu ihr kam, und kommunizierte nur noch über einen spezialisierten Computer, der sie einerseits schnell ins Internet brachte und andererseits mit einem Audiomodul bestückt war, sodass eine menschliche Stimme die von ihr geschriebenen Sätze vorlesen konnte. Sie war noch immer als Journalistin tätig, wenn auch nicht mehr in leitender Stellung, schrieb Artikel und Kritiken, konnte aber leider nur noch selten an Theater- und Konzertabenden teilnehmen.

Was ihr zunehmend Sorgen bereitete, war die wachsende Mühe, die es sie kostete, den Computer zu bedienen und den Rollstuhl zu steuern. Da ihr Geist unverändert hellwach und agil war, litt sie sehr darunter, dass sie ihre flinken Gedanken nur noch schleppend in Texte und Handlungen umsetzen konnte. Da entdeckte sie eines Tages im Internet einen Aufruf zur Teilnahme an einer Studie, in der nicht ein Medikament geprüft, sondern eine praktische Hilfestellung erprobt werden sollte: Es ging um die Entwicklung eines sogenannten Brain-Computer-Interface (BCI). Bei dieser Technik wurden mit einem Elektroenzephalogramm (EEG) die Hirnströme gemessen und direkt in Computeraktionen umgesetzt. Man wollte testen, wie gut ALS-Patienten damit den Computer bedienen, aber auch ihren Rollstuhl und elektrische Geräte zu Hause wie etwa Lampen, Fernseher oder Jalousien steuern könnten.

Iris Armbruster nahm Kontakt mit Dr. David Mendez auf, der die Studie an einer Universitätsklinik einige hundert Kilometer weit weg durchführte, und war schon wenige Tage später zu einem Termin dort. Der Forscher erklärte ihr die Details der Studie und die damit verbundenen Chancen und Risiken. Iris war sofort begeistert und wollte so schnell wie möglich damit beginnen. Der Arzt hatte aber zunächst Bedenken. Zwar hatte sie ein kurzes „einverstanden“ mit ihrem Computer getippt, doch hatte Iris tatsächlich alles verstanden? Sie hatte keine Angehörigen und keinen rechtlichen Betreuer, der für sie hätte sprechen und an ihrer Stelle diese Entscheidungen hätte treffen können. Nach einer Rücksprache mit der Ethikkommission ließ Dr. Mendez schließlich seine Bedenken ruhen und schloss Iris Armbruster in die BCI-Studie ein.

Anfangs war die Journalistin überrascht, wie lange es dauerte, bis es ihr gelang, allein mit ihren Gedanken einen Cursor auf dem Display des Computers zu navigieren. Es brauchte unzählige Übungen und Wiederholungen, doch da sie entschlossen weitermachte, erreichte sie schließlich einen Punkt, an dem sie relativ zuverlässig den Cursor bewegen und Klicks setzen konnte. Das ging sogar deutlich schneller und leichter als mit den Fingern. Iris gelang es nach weiteren Wochen auch, ihren Rollstuhl mit den Gedanken zu steuern. Doch sie merkte schnell, dass Fehler riskante Konsequenzen haben konnten, etwa wenn sie statt nach vorne rückwärtsfuhr und die Wand oder den Untersucher rammte. Alles in allem aber erlebte sie durch die Studie eine ungeahnte Erweiterung ihres Aktionsradius und ihrer Selbstwirksamkeit.

Iris bedauerte es zutiefst, dass sie diese Technologie nur im Studienzentrum und nicht etwa auch zu Hause oder im Büro nutzen konnte. Als die Studie nach einigen Monaten auslief, bat sie Dr. Mendez vergebens darum. Der Wissenschaftler erklärte ihr, die Technik sei leider noch nicht marktreif und könnte in der täglichen Routine noch nicht eingesetzt werden. Es müssten noch größere Studien durchgeführt und Langzeitfolgen auf medizinischer wie sozialer Ebene erforscht werden. Auch gäbe es einige grundsätzliche ethische und juristische Fragen, die bei diesen BCIs noch klärungsbedürftig seien.

Das veranlasste Iris, gemeinsam mit ihrem Kollegen aus der Wissenschaftsredaktion eine Reportage über Brain-Computer-Interfaces zu schreiben, die in verschiedenen Zeitungen abgedruckt wurde. Sie erläuterte darin diese vielversprechende Technologie der breiten Öffentlichkeit und schilderte anhand ihrer eigenen Erfahrungen die Chancen, Risiken und ethischen Fragen, die damit zusammenhingen. Sie entwarf Szenarien der nahen und ferneren Zukunft und erklärte, sie sei sich sicher: Diese Technologie werde die Welt verändern. Sie selbst würde zu gerne mit Hilfe dieser Technik wieder Klaviersonaten spielen können, und dies werde ohne Zweifel in einigen Jahren möglich sein, auch wenn sie es wohl nicht mehr erleben werde. Die Forschung müsse verantwortungsvoll, aber zügiger vorangetrieben werden, um Kranken wie ihr zu helfen, sich möglichst gleichberechtigt in dieser Welt bewegen zu können.

Die Vielfalt der direkten Mensch-Maschine-Verbindungen

Das BCI ist eine jener Neurotechnologien, die aus der seit einigen Jahren stetig wachsenden Zusammenarbeit von Neurologen, Ingenieuren, Informatikern und Technikern entstehen. Viele der daraus resultierenden Ideen und Entwicklungen sind deshalb so interessant, weil sie das Potenzial bergen, neurologische Behinderungen und Funktionsstörungen des Nervensystems zu kompensieren. Diese nennt man deshalb auch Neuroprothesen.

Wir Menschen sind auf ein funktionierendes Nervensystem angewiesen: beim Gehen, bei jeder Handlung, beim Sprechen, Wahrnehmen, Denken und Wollen. Weil aber viele Krankheiten und Verletzungen des Nervensystems zu bleibenden Defekten führen, leiden diese Menschen unter verschiedensten Arten von Funktionsstörungen, die sie in ihrem Alltag behindern. Manche haben nach Schlaganfällen Lähmungen und Gangstörungen, andere leiden unter angeborener oder erworbener Schwerhörigkeit, wieder andere haben durch Diabetes mellitus ihr Augenlicht verloren. Je älter wir in unserer alternden Gesellschaft werden, desto häufiger treten solche „Behinderungen" auf und können sich dramatisch auf die Lebensqualität der Betroffenen auswirken. Aufgrund des technologischen Fortschritts kann aber die alte biblische Verheißung, wonach Blinde sehen, Taube hören und Lahme gehen werden, heutzutage nicht mehr nur als Einladung zum religiösen Glauben, sondern auch als Herausforderung für medizintechnische Neuroprothesen-Entwicklung aufgefasst werden.

Doch was genau sind eigentlich Neuroprothesen und wie funktionieren sie? Bei allen Neuroprothesen wird eine künstliche Verbindung zwischen einem gesunden, intakten Teil des menschlichen Nervensystems und einem elektrischen Gerät hergestellt, um verloren gegangene Funktionen zumindest ansatzweise wiederherzustellen. Das ist von der Idee her durchaus möglich, da das Nervensystem selbst als ein elektrochemisches System angesehen werden kann, das über elektrische Ströme und chemische Botenstoffe Informationen weitergibt und bei einem bestimmten Input einen bestimmten Output vermittelt. Es gibt also zumindest im Groben eine grundlegende Ähnlichkeit zwischen dem Gehirn beziehungsweise dem gesamten Nervensystem und elektrochemischen oder auch elektronischen Systemen wie etwa einem Computer.

Neuroprothesen können entweder sensorische oder motorische Funktionen des Nervensystems unterstützen. Sensorische Neuroprothesen versuchen vor allem, die Sinneswahrnehmung wiederherzustellen, wenn sie durch eine Schädigung des Sinnesorganes gestört ist. Das wohl bekannteste Beispiel ist das Cochleaimplantat, das zum Einsatz kommt, wenn die sogenannten Haarzellen des Innenohrs, welche die Schallwellen in Nervenimpulse umsetzen und dadurch das Hören vermitteln, krankheitsbedingt ausgefallen sind. Beim Cochleaimplantat werden die Schallwellen durch ein hinter dem Ohr getragenes, batteriebetriebenes Mikrophon aufgefangen, mit einem Audioprozessor digitalisiert, durch eine äußere Sendespule mittels Hochfrequenzwellen an eine unter der Haut liegende Empfangsspule weitergeleitet und von dort als elektrische Impulse an eine lange Elektrode vermittelt, die in die Hörschnecke im Innenohr implantiert wurde. Dadurch werden letztlich die zahlreichen Nervenzellen entlang dieser Hörschnecke gereizt, welche akustische Informationen zur Auswertung und Wahrnehmung ins Gehirn leiten. Die Entwicklung dieser Hörprothese reicht bis in die sechziger Jahre des 20. Jahrhunderts zurück, der erste funktionsfähige Prototyp wurde in den achtziger Jahren vorgestellt, und inzwischen gibt es einige hunderttausend Patienten weltweit, die mit den neuesten Modellen recht gute Höreindrücke gewinnen können.

Deutlich weniger ausgereift sind die technischen Versuche, den Sehsinn nach einer Zerstörung der Netzhaut wiederherzustellen. Manche Krankheiten wie die Retinitis pigmentosa zerstören spezifisch die Sinneszellen in der Netzhaut, lassen jedoch den Sehnerven intakt, wodurch prinzipiell eine elektrische Simulation des Sehnervs durch eine Sehprothese möglich ist. Bei den bisherigen Modellen werden die Lichtreize entweder durch eine äußere Kamera oder durch ein Photodioden-Array im Auge aufgenommen, in zweidimensionale elektrische Impulse umgewandelt, durch einen Mikrochip verstärkt und mit Hilfe eines über oder unter der Netzhaut liegenden Geflechts von miniaturisierten Stimulationselektroden an den Sehnerv weitergeleitet. Die Sehprothesen sind noch nicht routinemäßig einsetzbar, aber erste Studien haben gezeigt, dass damit zumindest verschiedene Gegenstände anhand ihrer Formen erkannt und Buchstaben unterschieden werden konnten.

Neben diesen beiden Beispielen für sensorische Neuroprothesen wird zurzeit intensiv an motorischen Neuroprothesen geforscht. Diese sollen, wie der Name sagt, motorische Funktionen des Nervensystems ersetzen, die letztlich Aktivitäten wie Sprechen, Greifen oder Gehen ermöglichen. Versteht man Neuroprothesen so breit, kann man auch die in einem anderen Kapitel vorgestellte tiefe Hirnstimulation (S. 205) als eine Form der motorischen Neuroprothese ansehen. Die meisten motorischen Neuroprothesen stimulieren aber nicht das Gehirn, um Bewegungen zu verbessern, sondern setzen am peripheren Nervensystem an, um gelähmte Gliedmaßen zu bewegen, oder direkt externe Geräte wie technische Prothesen, Rollstühle oder Computeranwendungen zu steuern.

Die motorischen Neuroprothesen nehmen ihre steuernden Informationen, die ja von dem betroffenen Patienten kommen, entweder auf Ebene der Muskeln und peripheren Nerven, des Rückenmarks oder des Gehirns entgegen. Ein Beispiel für eine periphere Schnittstelle ist die Neuroprothese, die eine Münchner Forschergruppe für Menschen mit einer Fußhebeschwäche nach einem Schlaganfall entwickelt haben: Hebt der Patient das Bein, registriert dies ein Drucksensor an der Ferse und meldet es einem im Oberschenkel implantierten Schrittmacher, der innerhalb von Sekundenbruchteilen den Nervus peronaeus (auch Nervus fibularis genannt) in der Kniekehle reizt, wodurch die Fußspitze hochgehoben wird. Die Patienten bekommen dadurch ein viel natürlicheres Gangbild und riskieren nicht mehr, über die herunterhängende Fußspitze zu stolpern.

Motorische Neuroprothesen, die ihre Schnittstellen am Rückenmark haben, werden vor allem für Menschen mit Querschnittslähmung entwickelt. Einer Strategie zufolge werden Signale aus der Tiefenwahrnehmung der Muskeln abgeleitet, um am Rückenmark Bewegungsautomatismen auszulösen, die zum Beispiel das Gehen erleichtern können.

Worauf aber die meisten Hoffnungen gesetzt werden, sind Neuroprothesen, die ihre Schnittstelle am Gehirn haben, wie auch in unserem Beispielfall von Frau Armbruster. Solche Neuroprothesen werden daher auch Brain-Computer-Interfaces (BCI) oder Brain-Machine-Interfaces genannt. Es sind also Schnittstellen zwischen dem Gehirn und einem Computer, die eine funktionelle Interaktion zwischen der Person und der Außenwelt unter Umgehung mancher Körperfunktionen (wie Sinneswahrnehmung oder Muskelbewegung) erlauben. Die Idee von motorischen BCIs ist, dass relevante Informationen aus dem Gehirn „ausgelesen" und durch die Vermittlung eines Computers an elektrische Geräte aller Art weitergegeben werden, sodass die Person diese Geräte direkt durch ihre Gedanken steuern kann.

Dazu braucht es also zunächst ein System der Signalaufnahme, zum Beispiel ein Elektroenzephalogramm (EEG) auf der Kopfhaut, eine Elektrokortikografie auf der harten Hirnhaut unter dem knöchernen Schädel oder sogar die Registrierung durch Elektroden, die ins Hirngewebe selbst eingebracht werden. Weiterhin gibt es auch BCI-Systeme, welche die Informationen nicht elektrisch ableiten, sondern mit Hilfe funktioneller Gehirnbildgebung, die aus Durchblutung oder Stoffwechsel der Gehirnareale Rückschlüsse auf die neuronale Aktivität verschiedener Gehirnregionen erlaubt. Die so registrierten Signale müssen digitalisiert und mit Hilfe ausgeklügelter Software und mathematischer Modelle prozessiert werden, wobei ein wichtiges Prinzip darin besteht, bestimmte Übungssituationen viele Male zu wiederholen, um das störende elektrische „Rauschen" herausrechnen und die gesuchte Information isolieren und verstärken zu können. Die somit gewonnenen Signale können nun dazu genutzt werden, elektrische Geräte gezielt zu steuern, indem entsprechende digitale Befehle weitergegeben werden. Denkbar ist so – wie in der Fallgeschichte beschrieben – die Steuerung eines Computercursors, die Bedienung eines Rollstuhls, eines Fernsehers oder anderer elektrischer Geräte sowie die Führung elektrisch steuerbarer Kunststoff- oder Metallprothesen am Körper eines Menschen (beispielsweise eine Armprothese oder ein sogenanntes Exoskelett, eine das Gehen ermöglichende Stützstruktur). Als letztes Element haben die meisten BCIs einen Feedback-Mechanismus, der es dem Patienten beziehungsweise Nutzer erlaubt, die durch seine Gedanken angestoßenen Aktionen in Echtzeit zu überprüfen und darauf reagieren zu können. Nur so ist es ihm möglich, durch Übung zu erlernen, mit welchen mentalen Zuständen er welche Veränderungen in der Außenwelt hervorrufen kann.

Realistische Anwendungen und Science-Fiction-Szenarien

Die Erforschung von Neuroprothesen und BCIs ist schon älter als viele meinen. Bereits in den siebziger Jahren des 20. Jahrhunderts begannen Forscher, primitive Formen von BCIs zu untersuchen. Die Impulse dazu kamen von der amerikanischen National Science Foundation sowie der Forschungsförderorganisation des US-Verteidigungsministeriums (DARPA, Defense Advanced Research Projects Agency). Lange Zeit blieb die BCI-Forschung aber eher ein Randphänomen, da es zahllose methodische Probleme zu bewältigen galt, gehirnphysiologische Prozesse noch nicht ausreichend verstanden waren und die Informationstechnologie noch in den Kinderschuhen steckte. In den letzten Jahren hat sich die BCI-Forschung jedoch aus der reinen methodologischen und tierexperimentellen Grundlagenforschung emanzipiert und den Sprung zur Anwendung am Menschen gemacht. Aktuell sind 51 klinische Studien zu BCI-Anwendungen im größten Studienregister der Welt „www.clinicaltrials.gov“ registriert.

Man kann BCI-Anwendungen grob in drei Anwendungsfelder unterteilen: die Anwendung als Assistenztechnologie, die therapeutische

Anwendung und die Anwendung als Neuro-Enhancement. Das erste Anwendungsfeld ist zweifellos das bekannteste: BCIs werden hier eingesetzt, um Patienten mit Lähmungserkrankungen verschiedenster Ursache Kommunikation und Handlungsfähigkeit wieder zu ermöglichen beziehungsweise sie darin zu unterstützen. Ein Beispiel für die Kommunikationsassistenz sind die in dem Kapitel über den Umgang mit Komapatienten (S. 68) beschriebenen Studien des britischen Forschers Adrian Owen, der Patienten mit schweren Hirnschädigungen, die klinisch keine Reaktion sprachlicher oder motorischer Art zeigen, bittet, sich charakteristische Bewegungen innerlich vorzustellen und damit einen Ja-Nein-Code zu entwickeln (sodass beispielsweise die Vorstellung, Tennis zu spielen, für ein Ja steht, und die Vorstellung, durch das eigene Haus zu gehen, für ein Nein). Diese Imaginationen lassen sich mit einem EEG oder einer funktionellen Magnetresonanztomografie nachweisen, sodass Owen rudimentäre Gespräche mit einigen Patienten führen konnte und auf diese Weise sogar erkannte, dass manche Patienten, die man für bewusstlos hielt, doch bei Bewusstsein waren.

Die motorische Assistenz lässt sich anhand zweier weiterer prominenter Experimente illustrieren. Im Jahr 2012 publizierte eine Gruppe amerikanischer und deutscher Forscher zwei Fallstudien, in denen Patienten mit einer Lähmung aller vier Gliedmaßen (nach einem Schlaganfall im Hirnstammbereich) durch ein BCI in die Lage versetzt wurden, einen externen Roboterarm dreidimensional im Raum zu bewegen. Eine der beiden Testpersonen konnte auf diese Weise sogar eine Kaffeetasse zum Mund führen und mit einem Strohhalm daraus trinken. Allerdings war es für diese akribische Bewegungssteuerung notwendig, die Hirnsignale mit Hilfe einer operativ eingebrachten Elektrodenplatte direkt aus dem Kortex abzuleiten. Zudem hatten die beiden Testpersonen extrem lange Übungszeiten hinter sich, bis sie diese Leistungen vollbringen konnten, im einen Fall waren es

166 Übungstage, im anderen Fall sogar knapp 2000 Übungstage, also über fünf Jahre.

Kurz nach dieser Publikation erschien eine vergleichbare Fallstudie amerikanischer Wissenschaftler aus Pittsburgh, in der eine 52-jährige Frau, die an einer neurodegenerativen Krankheit mit fortschreitenden Lähmungen litt, mit Hilfe eines ähnlichen BCI in der Lage war, mit einem externen Roboterarm verschiedene Objekte zu fassen und zu bewegen. In einem Demonstrationsfilm der Universität wurde festgehalten, wie sie eine Schokoladentafel mit dem Roboterarm ergreift, zum Mund führt und davon abbeißt. Danach bemerkte sie in Abwandlung eines berühmten Satzes des Astronauten Neil Armstrong nach der ersten Mondlandung eines Menschen: „What a small nibble for a woman, what a giant bite for BCI" – „Was für ein kleines Häppchen für eine Frau, was für ein riesiger Bissen für BCI." Auch bei dieser Patientin war allerdings eine invasive BCI-Technologie verwendet worden, ihr waren sogar zwei Elektrodenplättchen direkt in die Hand- und Schulterareale des primärmotorischen Kortex implantiert worden. Sie hatte knapp hundert Übungstage gebraucht, bis sie solche differenzierten Bewegungen mit dem Roboterarm ausführen konnte. Die beiden Experimente zeigen, was die BCI-Technologie grundsätzlich leisten kann, unterstreichen jedoch auch, wie mühevoll, riskant und voraussetzungsreich diese Anwendung aktuell noch ist.

Ein zweites großes Anwendungsfeld für BCI ist das der Therapieunterstützung. Die meisten BCI-Therapien funktionieren nach dem Prinzip des Neurofeedbacks: Eine bestimmte Gehirnaktivität wird zum Beispiel mit dem EEG gemessen und dem Patienten in Echtzeit bildlich dargestellt. Der Patient soll nun versuchen, durch bloße mentale Fokussierung und Übung diese eigene, ihm gespiegelte Gehirnaktivität zu modulieren. Auf diese Weise kann ein Patient etwa trainieren, sich leichter zu entspannen oder sich besser zu konzentrieren. Es liegt auf der Hand, dass dieses Verfahren zum Beispiel bei Kindern und Jugendlichen mit einem Aufmerksamkeits-Hyperaktivitäts-Syndrom (ADHS) untersucht wurde und dort auch bereits erste Erfolge im Sinne eines Aufmerksamkeitstraining erzielt hat. Derzeit laufen Experimente, um diese BCI-Technologie auch in der Behandlung anderer psychischer und neurologischer Krankheiten zu erproben, etwa in der Behandlung Schizophrener, in der Epilepsietherapie oder der Schlaganfallrehabilitation.

Das dritte Anwendungsfeld von BCI befindet sich außerhalb des medizinischen Settings und kann mit dem Schlagwort Neuro-Enhancement umschrieben werden, welches im letzten Kapitel (S. 259) noch ausführlich vorgestellt werden wird. Unter Neuro-Enhancement versteht man die Verbesserung normaler kognitiver (und anderer) Leistungen bei Gesunden durch pharmakologische oder medizintechnische Verfahren. Im weiteren Sinn kann man unter Neuro-Enhancement auch den Versuch fassen, neue Qualitäten von Erlebnissen und Aktivitäten zu erreichen. Mit diesem Ziel werden primitive BCIs in der sogenannten Neurogaming-Szene verwendet. Wie der Begriff schon andeutet, geht es um Computerspiele. Die Anwender tragen meist Headsets, bestehend aus ein paar EEG-Elektroden, die mit einem Computer verbunden sind. In Demonstrationen wird gezeigt, wie die Spieler durch bloße Gedanken bestimmte Aufgaben innerhalb der Computerspiele bewältigen, zum Beispiel Steine in einem virtuellen Stonehenge verrücken, einen Würfel werfen oder sich durch ein Labyrinth manövrieren. Die Neurogaming-Szene hat sogar eine eigene Messe, die einmal jährlich, meist in Kalifornien, stattfindet. Firmen wie NeuroSky, Emotiv oder MindWave vermarkten bereits spezielle BCI-Geräte an, die man für Preise von 100 bis 500 US-Dollar auch über das Internet kaufen kann.

Neben dem Neurogaming gibt es noch eine „Enhancement-Anwendung“ von BCI, über die wenig bekannt ist, an der aber intensiv geforscht wird: die militärische Anwendung. Da in modernen, hochtechnologisierten Kriegen der menschliche Soldat einen der größten Unsicherheits- und Risikofaktoren darstellt, werden viele Ressourcen in die Entwicklung von Robotern beziehungsweise in die technische Verbesserung von Soldaten gesteckt. Ein angestrebtes Szenario ist die lautlose Kommunikation (*silent talk*) über BCI, die nicht abgehört werden könnte, aber auch die sogenannte Telepräsenz: Hierbei koordiniert und lenkt ein Soldat mittels BCI einen Roboter im Einsatzgebiet oder eine Drohne aus sicherer Entfernung.

Aber nicht nur im Militär schreitet die Grundlagenforschung voran und entwickelt Techniken, die in der Zukunft neue Anwendungen möglich machen könnten, sondern auch in der Medizin. Eine solche Technik ist das „Brain-to-Brain-Interface" (auch B2B abgekürzt), eine Kombination eines BCI mit einem „Computer-to-Brain-Interface", also einer Form der Neurostimulation. In einem jüngst publizierten Versuch nutzten Forscher der Harvard Medical School die Methode des transkraniellen fokussierten Ultraschalls, um spezifische Regionen des Gehirns nicht-invasiv zu reizen, in diesem Fall den motorischen Kortex einer Ratte, speziell das Areal, das für die Bewegung des Schwanzes verantwortlich ist. Die Forscher verbanden ein EEG-basiertes BCI, das die Gehirnströme eines Menschen ableitete, mit diesem Computer-to-Brain-Interface, wodurch der Mensch in die Lage versetzt wurde, mit bloßen Gedanken den Schwanz der Ratte zu bewegen.

Noch einen Schritt weiter ging eine Gruppe von spanischen, französischen und amerikanischen Wissenschaftlern, die erstmals ein rein menschliches Brain-to-Brain-Prinzip im Sinne einer reinen Gedankenübertragung verwirklichten. Auf der einen Seite saß ein Mann, der an ein EEG-basiertes BCI angeschlossen war und mit Hilfe von Bewegungsvorstellungen einen digitalen Zahlencode vorgab. Der Output des BCI war an ein zweites Gerät angeschlossen, das mittels einer transkraniellen Magnetstimulation wahrnehmbare Lichtblitze im Gehirn eines zweiten Menschen auslöste. Dadurch konnte dieser den Zahlencode des Absenders richtig erkennen und es entstand eine – wenn auch rudimentäre und assistierte – rein gedankliche Kommunikation zwischen zwei Menschen. Sollte diese Technologie sich fortentwickeln und irgendwann einmal marktreif sein, könnte sie weitreichende Konsequenzen und Problemstellungen nach sich ziehen, von denen einige weiter unten noch angesprochen werden.

Ebenfalls weitreichende Konsequenzen könnte die Kombination von BCI und anderen Technologien aus der Medizin haben. Einer der neuen technologischen Meilensteine in der medizinischen Forschung ist die Optogenetik. Hier werden lichtempfindliche Eiweiße über genetische Carrier in Zellen eingebracht. Durch den Einsatz definierter Lichtquellen ist es dann möglich, bestimmte Gene von außen gezielt an- und abzuschalten. Forscher versuchten nun, diese Technologie mit BCI zu verbinden, und in der Tat gelang es, dass Menschen mittels EEG-basiertem BCI die Aktivität eines bestimmten Enzyms in einer Zellkultur mit ihren Gedanken beliebig beeinflussen konnten. Angesichts solcher Experimente erscheint es nicht abwegig, dass in Zukunft auch eine genetische Selbststeuerung durch BCI zumindest theoretisch möglich würde.

Interessiert an BCI sind viele Wirtschaftsbereiche, nicht nur das Gesundheitswesen, die Spieleindustrie und der militärisch-industrielle Komplex. Auch in der Automobilindustrie wird zu BCI geforscht: hier sollen BCIs etwa (beispielsweise in Form von Sensoren in der Kopfstütze eines Autositzes) den Wachheitsgrad der Fahrer kontinuierlich messen und bei einem bedrohlichen Absinken der Wachheit (etwa eine Verlangsamung der EEG-Grundaktivität oder sogar Schlafspindeln) eine akustische und optische Warnmeldung an den Fahrer geben oder gleich selbst in bestimmte Parameter der Fahraktivität eingreifen. In der Luftfahrtindustrie gibt es Versuche, durch BCI-Anwendungen die Piloten zu entlasten beziehungsweise ihnen das Steuern eines Flugzeugs zu erleichtern, was insbesondere dann wichtig sein kann, wenn Piloten mehrere Aktionen gleichzeitig durchführen müssen und ihre beiden Hände dafür nicht ausreichen. Eine Kollaboration Berliner und Münchner Forscher veröffentlichte erst vor Kurzem, dass eine Gruppe von sieben Piloten unterschiedlicher Erfahrung Testflüge im Simulator mit Hilfe eines EEG-basierten BCIs gemacht habe, ohne je die Hände zu benutzen. Manche hätten sogar alleine mit BCI-Steuerung eine sichere und zielgenaue Landung bei schlechter Sicht geschafft.

Ethische Fragen

Die vorigen Ausführungen werfen an verschiedenen Stellen Fragen auf oder provozieren Zweifel, Sorgen oder gar Ablehnung, aber auch Begeisterung und Faszination. Bei neuen, noch in Entwicklung befindlichen oder sich rasant fortschreitenden Technologien findet man oft solche emotionalen Reaktionen. Deshalb versucht die sogenannte Technikfolgenabschätzung, eine rationale, evidenzbasierte Vorhersage von Chancen und Risiken zu treffen und damit Entscheidungsträger bei der sozialen Steuerung solcher Technologien zu beraten.

Technikfolgenabschätzung (technology assessment)
Nähern sich innovative Technologien der Anwendung oder sogar Marktreife, ist es inzwischen Standard, eine Technikfolgenabschätzung vorzunehmen. Ihr Ziel ist es, die wahrscheinlichen Folgen der neuen Technologie, Chancen wie Risiken, möglichst umfassend vorauszusehen und dabei verschiedene Aspekte im Blick zu haben, etwa die ökonomischen, die sozialen, die ethischen und auch die ökologischen.

Die Technikfolgenabschätzung entstand in den sechziger und siebziger Jahren des 20. Jahrhunderts und basiert auf den Einsichten, dass neue Techniken nicht nur diejenigen Folgen zeitigen, die sie intendieren, sondern auch unbeabsichtigte, unvorhergesehene, und dass die Richtung der Technikentwicklung umso besser steuerbar ist, je früher man fatale Trends entdeckt. Konzeptionell lehnt sich die Technikfolgenabschätzung an die Entscheidungstheorie an und bedient sich verschiedenster sozialwissenschaftlicher (und philosophischer) Methoden, etwa Informationssammlung, Expertenbefragungen, Nutzertests, Fallstudien oder Simulationen. Ethische Fragen betreffen insbesondere die Abwägung zwischen verschiedenen Interessen, etwa ökonomischen versus ökologischen oder Mehrheiten- versus Minderheiteninteressen oder Interessen heute lebender Menschen gegenüber jenen künftiger Generationen. Eine der ethischen Forderungen ist, dass die Technikfolgenabschätzung partizipativ sein soll, dass diejenigen in die Erforschung möglicher Folgen einbezogen werden sollen, die von der Technologie betroffen sind oder sein werden.

Technikfolgenabschätzung wird in Deutschland an Universitäten und Hochschulen, aber auch privaten Instituten und politischen Einrichtungen praktiziert. Am bekanntesten und größten ist das Institut für Technikfolgenabschätzung und Systemanalyse am Karlsruher Institut für Technologie (KIT), das auch das Büro für Technikfolgen-Abschätzung im Deutschen Bundestag betreibt.

Ethische und philosophische Fragen werden aber nicht erst bei der gesellschaftlichen Anwendung oder Markteinführung einer neuen Technologie aufgeworfen, sondern bereits bei der Erforschung am Menschen, am Tier, ja sogar in der Grundlagenforschung. So ist es auch bei der BCI-Technologie. Wissenschaftsethisch relevant ist zum Beispiel, welche Forschungsziele als valide und verantwortungsvoll gelten können, aber auch welche Methodenstandards in der Studiendurchführung und Publikation zu beachten sind. Die Wissenschaft heutiger Tage wird zunehmend merkantilisiert und enthält Momente von Marketing und Werbung, um Forschungsfördermittel zu gewinnen, brillante Forscher anzuziehen, in den besten Journalen zu veröffentlichen und generell im harten Wettkampf der Wissenschaft nicht unterzugehen. Diese Entwicklung erklärt auch, weshalb es in der Wissenschaft immer mehr Filme und Podcasts gibt, die professionell gemacht sind und Forschungsergebnisse als vermeintlich „bahnbrechende“, epochale Ereignisse anpreisen. Solche Videos findet man auf dem Feld der BCI-Forschung in großer Zahl, denn es bietet sich an, Experimente wie die oben genannten Einzelfallstudien mit gelähmten Patienten, die Roboterarme bewegen, aufzuzeichnen und entsprechend einzusetzen. Dabei wird selten berücksichtigt, dass Einzelfallstudien methodologisch und wissenschaftstheoretisch betrachtet von geringem Wert sind, denn beim Einzelfall kann vieles dem Zufall geschuldet sein, und die Auswahl des Einzelfalls geschieht oft nach Kriterien der Erwünschtheit. Weiterhin stellt sich bei all diesen Patientenvideos die Frage, ob und wie die Einwilligung der gezeigten Patienten erhoben wurde.

Aber die Einwilligung in Foto- und Videoaufnahmen ist nur ein nachgelagerter Aspekt für betroffene Patienten und Probanden, noch wichtiger ist die Frage der Einwilligung in die Untersuchungen selbst. In der Wissenschaft hat sich inzwischen, insbesondere nach den verbrecherischen Menschenversuchen der Nationalsozialisten, aber auch anderer Forscher in verschiedensten Ländern bis weit in die zweite Hälfte des 20. Jahrhunderts, die Erkenntnis durchgesetzt, dass der *Informed Consent*, also die informierte Einwilligung, der Kern jeder Forschung am Menschen sein muss. Hierzu werden etwa in der Deklaration von Helsinki, dem zentralen forschungsethischen Normenkatalog, ausführliche Bestimmungen formuliert.

Der *Informed Consent* setzt allerdings auf der Seite des Patienten unter anderem die Entscheidungskompetenz voraus, was bedeutet, dass ein Patient in der Lage sein muss, die Studieninformation zu verstehen, das Für und Wider für seine persönliche Lage abzuwägen, auf dieser Basis eine stabile Entscheidung zu treffen und diese unmissverständlich mitzuteilen. Dr. Mendez, der Studienarzt von Iris Armbruster im eingangs geschilderten Fall, hatte zunächst Zweifel an Iris' Entscheidungskompetenz, da es ihm schien, als sei ein differenziertes Gespräch mit ihr kaum möglich. Er konnte sich zunächst nicht davon überzeugen, dass sie wirklich alle Informationen verstanden und eine selbstbestimmte Entscheidung getroffen hatte. In vielen Fällen können Angehörige oder rechtliche Betreuer weiterhelfen, doch im Fall von Iris gab es keine solchen Personen. Besonders eklatant tritt dieses Problem bei bewusstseinsgestörten Patienten zutage, die Forscher wie der genannte Adrian Owen in einen Scanner legen. Sie gelten in der Regel nicht als entscheidungskompetent beziehungsweise einwilligungsfähig, um die Einwilligung wird dann der rechtliche Vertreter ersucht. Doch wenn sich durch die BCI-Untersuchungen eine Kommunikation mit dem Patienten herstellen lässt, stellt sich die Frage, ob dieser Kommunikationskanal genutzt werden kann oder gar soll, um die Einwilligungsfähigkeit zu testen und eventuell sogar die Einwilligung des Patienten in Forschung und Therapie direkt abzufragen.

Die Fallgeschichte von Iris Armbruster verdeutlicht, wie wichtig die ausführliche, ehrliche und ausgewogene Aufklärung vor Forschungsstudien insbesondere dann ist, wenn die zu testende Intervention das Einzige ist, worauf die Patienten hoffen können, wenn es also sonst keine effektive Therapie gibt. In solchen Situationen blenden Menschen gerne die Risiken und Probleme aus. Gerade bei BCIs ist es wichtig, die Patienten auf die mitunter lange und mühevolle Übungsphase hinzuweisen, damit es nicht zu Enttäuschung und Frustration kommt. Zu dieser Aufklärung muss auch die Information darüber gehören, was nach Studienende passiert, also ob und wie die Patienten darauf vertrauen können, auch nach Studienende die hoffentlich hilfreiche und wirksame Intervention weiterhin nutzen zu können. Bei medizintechnischen Studien von aufwendigen Verfahren wie etwa dem BCI, das bei Iris getestet wurde, ist es deutlich schwieriger, den Studienpatienten auch nach Studienende weiterhin Zugang zu der Intervention zu ermöglichen, als dies bei Medikamentenstudien der Fall ist.

Ein weiterer Kernpunkt ethischer Prüfung ist ohne jede Frage das Verhältnis von Nutzen und Risiken einer bestimmten Technologie. Bei BCI besteht hier ein klarer Unterschied zwischen invasiven Verfahren und nicht-invasiven. Die invasiven BCIs setzen eine neurochirurgische Operation voraus, die nicht zu unterschätzende Blutungs- und Infektionsrisiken birgt. Aus diesem Grund wurden invasive BCIs lange Zeit nur bei solchen Patienten getestet, die ohnehin aus therapeutischen Gründen eine Hirnoperation über sich ergehen lassen mussten, um etwa mittels einer Elektrokortikografie den Ursprung epileptischer Anfälle zu lokalisieren und epilepsiechirurgische Operationen planen zu können.

Doch auch nicht-invasive BCIs halten gewisse Risiken bereit. So ist noch unzureichend geklärt, wie sich eine BCI-Nutzung langfristig auf die kortikale Plastizität, also die Anpassungsfähigkeit des Gehirns, und die Balance verschiedenster Gehirnfunktionen auswirkt. Eine weitere Sorge muss bei allen Technologien einkalkuliert werden: die Gefahr des Missbrauchs beziehungsweise des ethisch unverantwortlichen Gebrauchs. Wenn BCIs etwa zur Kommunikation genutzt werden, so stellt sich die Frage, wie sehr diese Kommunikation vor dem Zugriff unautorisierter Personen und Institutionen geschützt werden kann. Wenn man Gedanken gar nicht mehr auszusprechen braucht und sie bereits eine erkennbare Signatur haben, die andere theoretisch abgreifen könnten, ist die Sorge vor Gedankenspionage nicht mehr so abwegig – insbesondere in einer Zeit, in der staatliche Organe und private Firmen immer mehr persönliche Informationen über Bürger sammeln. In der Rechtswissenschaft gibt es bereits einen Begriff für die Sorge um den Daten- und Persönlichkeitsschutz bei Neurotechnologien, die sogenannte Neurosecurity.

Auf der anderen Seite stehen jedoch die Nutzenpotenziale der BCI-Technologie, die, wie der Fall von Iris anschaulich macht, beträchtlich sein können. Dabei geht es nicht nur um die Assistenz bei kleineren Aktivitäten im Alltag, sondern letztlich um eine Zunahme persönlicher Freiheit, eine Verbesserung der Lebensqualität und eine Ermöglichung sozialer Teilhabe.

Anthropologische Aspekte

Neben eher praktisch orientierten ethischen Fragen stellen sich im Zusammenhang mit BCIs aber auch grundsätzlichere philosophische Fragen, die mit dem Selbstverständnis und der Identität des Menschen beziehungsweise der Menschheit als Ganzes zu tun haben. Der Mensch hat sich im Lauf der Geschichte an viele neue Werkzeuge, Hilfsmittel und Techniken gewöhnt, die oftmals zunächst als fremd oder gar entfremdend wahrgenommen wurden. Darunter befanden und befinden sich auch Dinge, die Menschen direkt am oder im Körper tragen, um bestimmte natürliche oder krankheitsbedingte Defizite auszugleichen. Ein banales Beispiel ist die Brille oder die Kleidung, invasive Beispiele sind etwa der Herzschrittmacher oder das künstliche Kniegelenk. Es stellt sich jedoch die Frage, ob bei technischen Hilfsmitteln, die im (oder am) Gehirn platziert werden und Einfluss auf Gehirnprozesse haben, nicht eine neue Qualität erreicht wird, sodass diese den Menschen mehr und mehr von sich und seinem natürlichen Wesen (so es dieses überhaupt gibt) entfremden.

Nach der sogenannten *Extended-Mind*-Theorie ist der Geist eines Menschen gar nicht unbedingt auf das Gehirn beschränkt, sondern kann quasi auch ausgelagerte Hilfsmittel einschließen, sodass diese Teil des Ich werden: etwa das Smartphone, der Taschenkalender als Gedächtnisstütze, aber auch Neuroprothesen oder BCIs. Das kann aber praktische Fragen nach sich ziehen, die beispielsweise Juristen beschäftigen: Sind BCI-gesteuerte Prothesen rechtlich eher als Werkzeuge zu betrachten, zu denen ein Eigentumsverhältnis besteht, oder sind sie als Teil des Körpers zu verstehen, sodass etwa eine Beschädigung einer Körperverletzung und nicht einer Sachbeschädigung gleichkäme?

Die Frage der Identität lässt sich auch anders stellen, nämlich als eine Frage der Kontinuität über die Zeit hinweg: Ist eine Person nach einer BCI-vermittelten, drastischen Erweiterung ihrer bisherigen Fähigkeiten immer noch dieselbe Person wie zuvor? Diese Frage wurde bereits im Kapitel über die tiefe Hirnstimulation (S. 205) aufgeworfen, doch sie stellt sich auch bei BCIs, potenziell sogar in noch stärkerem Maße. Eine weitere Spielart der Identitätsfrage betrifft die noch ganz am Anfang stehende Technologie der Brain-to-Brain-Interfaces: Wenn Menschen durch bloße Gedanken miteinander kommunizieren können, ist dann die Trennlinie zwischen den beiden Personen beziehungsweise dem einen und dem anderen Ich immer noch so trennscharf wie bisher zu ziehen? Hätte man in diesem Fall nicht eine ähnliche Situation wie bei siamesischen Zwillingen, deren Gehirne physisch miteinander verbunden sind? Wie ließen sich dann zum Beispiel noch Fragen des intellektuellen Eigentums klären, also etwa wer von zwei BCI-vernetzten Personen eine bestimmte Idee als Erster hatte?

Die BCI-Technologie hat auch das Potenzial, die Vorstellung der Menschen vom Handeln generell zu verändern (engl. *agency*). Wenn man bereits mit bloßen Gedanken Handlungen in der Welt ausführen kann, die mitunter weitreichende Konsequenzen haben können, erhebt sich auch die Frage, ob die klassische Trennung zwischen Absicht und Handlung noch aufrechtzuerhalten ist. Gerade Juristen, aber auch Ethiker, unterscheiden traditionell in ihrer normativen Bewertung, ob jemand zum Beispiel nur verbrecherische Gedanken hat (*mens rea*) oder zusätzlich die verbrecherische Handlung auch tatsächlich ausführt (*actus reus*). Im ersten Fall besteht keinerlei Recht, als Gesellschaft Sanktionen gegen die Person zu verhängen, im zweiten durchaus.

Überhaupt ist die Zurechenbarkeit und Verantwortlichkeit von BCI-vermittelten Handlungen noch eine offene Frage, die nicht einfach zu beantworten ist. Würden Menschen sich auch bei komplexen BCI-Anwendungen immer noch als Autoren ihres eigenen Handelns begreifen oder würden sie vielleicht sogar schleichend zu sogenannten Cyborgs, also Verbindungen aus Mensch und Maschine? Dies klingt zugegeben nach Science Fiction, doch im Rahmen einer philosophischen Reflexion, die das Prinzip Verantwortung ernstnimmt, lässt sich diese Frage durchaus ernsthaft stellen. Konkret wird das Problem der Mensch-Maschine-Verbindung immer dann, wenn bestimmte Handlungsfehler geschehen: Der Mensch kann Fehler begehen, aber auch die Technik ist fehleranfällig. Wie könnte man nachweisen, ob eine bestimmte, fehlerhafte und vielleicht fremdschädigende BCI-Handlung der Verantwortung des BCI-Nutzers oder einem technischen Systemfehler zuzurechnen wäre? Möglicherweise hat sich auch Iris Armbruster diese Frage gestellt, als sie mit ihrem BCI-vermittelten Rollstuhl rückwärts gegen den Untersucher fuhr.

Das Prinzip Verantwortung

Der deutsch-amerikanische Philosoph Hans Jonas (1903–1993) veröffentlichte im Jahr 1979 sein Hauptwerk „Das Prinzip Verantwortung", das eine bis heute anhaltende Wirkung auf die Technikphilosophie und Bioethik hat. Darin entwickelt er eine Ethik der technischen Zivilisation, weil er der Überzeugung war, dass die traditionelle Ethik dafür nicht mehr ausreiche.

Da laut Jonas die weitreichenden Folgen neuer Technologien niemals erschöpfend vorherzusehen seien, müsse von einer Heuristik der Furcht ausgegangen werden, sodass pessimistische Zukunftsszenarien durchaus gerechtfertigt seien, um rechtzeitig Grenzen zu ziehen und das Bewahrenswerte zu erkennen. In allen Bewertungen neuer Technologien sei darauf zu achten, dass die Existenz menschlichen Lebens langfristig nicht gefährdet sei. Jonas formuliert dementsprechend in Anspielung an Kants Kategorischen Imperativ seinen neuen ethischen Imperativ so: „Handle so, dass die Wirkungen deiner Handlungen verträglich sind mit der Permanenz echten menschlichen Lebens auf Erden."

Seine Sorge galt vor allem der unter anderem durch Technologien hervorgerufenen ökologischen Krise, die das Weiterleben der Menschheit in Frage stellt, aber auch der atomaren Bedrohung. Anwendbar sind seine Überlegungen auch auf den Bereich der Medizinethik und speziell der medizintechnologischen Entwicklungen. Jonas' Reflexionen haben zudem die Grundlegung für das sogenannte Vorsorgeprinzip (*precuationary principle*) gelegt, ein in der Gesundheits- und Umweltpolitik heute weltweit gefordertes Prinzip, wonach insbesondere bei der Entwicklung und Einführung neuer Technologien künftigen Schäden frühzeitig vorgebeugt werden sollte.

Schlussfolgerungen

Neuroprothesen im Allgemeinen und Brain-Computer-Interfaces im Besonderen sind faszinierende technologische Innovationen, die sich in den letzten Jahren so rasant entwickelt haben, dass sie in manchen Bereichen unmittelbar vor der medizinischen Anwendung stehen oder bereits (auch außerhalb der Medizin) Anwendung finden. Sie bergen enorme Potenziale, das Leben der Menschen zu verändern und sowohl großen Nutzen als auch beträchtliche Risiken und Verwerfungen grundlegender anthropologischer Konstanten zu bewirken. Eine rechtzeitige Reflexion über ethische und anthropologische Fragen muss darum Teil einer Technikfolgenabschätzung sein.

Schneller, höher, weiter? Neuro-Enhancement menschlicher Leistungen

Ralf J. Jox

Ein Partyerlebnis der anderen Art

Dr. Felix Citius hatte sich schon seit Tagen auf diesen Abend gefreut. Sein achttägiger Hintergrunddienst für die Psychiatrische Klinik war vorbei, endlich konnte er abends wieder ein normales Privatleben führen. Heute war er eingeladen. Seine frühere Studienfreundin Anne, mit der er lange in einer Wohngemeinschaft gelebt hatte, hatte es geschafft, alle Adressen der früheren Mitbewohner ausfindig zu machen. Heute Abend würde es eine Revival-Party geben.

Als er bei Anne ankam, war die Feier schon in vollem Gange. Schnell erkannte er die vertrauten Gesichter wieder. Die Gäste tauschten sich über die vergangenen zehn Jahre aus, berichteten, was seitdem geschehen war – und bald entstand wieder das Gefühl von Heimat, verschwörerischer Zusammengehörigkeit und juvenilem Übermut, wie damals vor vielen Jahren in der Wohngemeinschaft. Der Einzige, der ein wenig verloren und angespannt in der Ecke stand, war Andreas, der damals Physik studiert hatte und Wissenschaftler hatte werden wollen. Der Mediziner sprach ihn an, plauderte etwas mit ihm, erzählte, dass er Psychiater geworden sei und als Oberarzt an einer Klinik arbeite. Als er Andreas fragte, was er beruflich mache, reagierte dieser sonderbar und meinte: „Komm, lass uns mal kurz nach draußen auf den Balkon gehen."

Dort berichtete Andreas ihm, dass er tatsächlich eine wissenschaftliche Karriere in der theoretischen Physik eingeschlagen hatte. Vor vier Jahren habe er sich sogar habilitiert, und seither versuche er verzweifelt, eine Professur zu bekommen. Er sei jetzt 42 Jahre alt, und wenn er nicht innerhalb der nächsten achtzehn Monate eine Professur finde, würde seine befristete Stelle ablaufen und dann könne er, aufgrund des Wissenschaftszeitvertragsgesetzes, nicht mehr an der Universität bleiben. Unter anderem deshalb zerreiße er sich derzeit im Beruf, tanze auf tausend Hochzeiten, schreibe unentwegt Forschungsanträge, tingele von Vortrag zu Vortrag, bemühe sich um gute Unterrichtsbeurteilung durch die Studenten, versuche ständig Artikel zu veröffentlichen, bewerbe sich auf jede noch so entlegene Stelle. Da ihn aber nachmittags und am Wochenende seine drei Kinder bräuchten, arbeite er meist nachts, sitze bis ein oder zwei Uhr am Computer, könne sich dabei aber kaum noch wachhalten und sei auch wenig produktiv. Aber anders schaffe er schlicht das Pensum nicht. Schon die mehr als fünfzig E-Mails pro Tag zu lesen und zu beantworten dauere Stunden.

Dr. Citius bedauerte seinen Freund und befürchtete, dieser stände kurz vor dem Burn-out. Da dämpfte Andreas auf einmal die Stimme und flehte ihn an: „Felix, du bist doch Psychiater und kommst an Medikamente ran. Ich brauche dringend was, damit ich abends länger geistig fit bleiben und effektiver arbeiten kann. Ich habe gehört, dass Kollegen Stimulanzien nehmen, Ritalin oder Modafinil. Wenn ich mithalten und in dem System überleben will, dann muss ich das auch nehmen. Verstehst du das? Kannst du mir bitte was verschreiben?“ Felix Citius war irritiert und wusste nicht recht, wie er darauf reagieren sollte. Er bat seinen Studienfreund, bei ihm in der Klinik vorbeizukommen, damit sie in Ruhe darüber reden konnten.

Tags darauf sprach Felix Citius mit seiner Frau über dieses Partyerlebnis. Beide konnten Andreas’ Notlage gut verstehen. Felix wandte jedoch ein, dass er für die Verschreibung solcher Medikamente eine klare medizinische Indikation benötige. Außerdem hatte er Zweifel, ob die Medikamente bei Gesunden tatsächlich die gewünschte Wirkung hätten und ob die Risiken der Nebenwirkungen bis hin zur Suchtentwicklung wirklich vertretbar wären. Seine Frau sah dies entspannter: Das sei doch ähnlich wie das Trinken von Kaffee oder Tee, um wach und fit zu bleiben. Außerdem sei Andreas ein erwachsener, hochintelligenter und verantwortungsvoller Mensch, der die Vorteile und Risiken bei angemessener Aufklärung selbstbestimmt abwägen könne. Als Felix darauf hinwies, dass ihm das wie Doping vorkäme und Andreas dadurch heimlich einen ungerechten Wettbewerbsvorteil erhielte, entgegnete seine Frau, dass es eher anders herum sei: Wenn inzwischen wirklich so viele Kollegen leistungssteigernde Mittel einnähmen, dann sei eher Andreas der Benachteiligte, wenn ihm das verweigert würde.

Als der Physiker einige Tage später tatsächlich in die Klinik kam und seinen ehemaligen Studienfreund besuchte, führte Felix ein längeres Gespräch mit ihm. Er erkannte natürlich das Dilemma, in dem sich Andreas befand. Es stellte sich aber heraus, dass Andreas eigentlich ganz andere Probleme hatte. Sie sprachen über seine ambitionierten Eltern und über die Krise in seiner Ehe. Seine Frau drohte, sich von ihm zu trennen, wenn er nicht mehr Zeit für sie und die Kinder finden würde. Felix hatte den Eindruck, dass Andreas durch das Gespräch die eigentlichen Ursachen seiner Probleme erkannte. Wochen später erhielt er von Andreas eine E-Mail, in der sich dieser bei ihm bedankte und berichtete, dass er nach ihrem Gespräch die Notbremse gezogen hätte. In einem privaten Unternehmen, das er von Kooperationen mit seiner Universität kannte, hatte er eine Stelle mit geregelten Arbeitszeiten angenommen. Ihm war klar geworden, dass in seinem Leben der Traum von einer Professur nicht mit der Familie vereinbar war. Er hatte sich für eines von beiden entscheiden müssen. Ein leistungssteigerndes Medikament hätte sein eigentliches Problem nicht gelöst.

Alter Wein in neuen Schläuchen?

Was der Physiker Andreas im vorgestellten Fall anstrebt und wofür er um Mithilfe bittet, firmiert heutzutage unter den Schlagworten „Enhancement" oder „Neuro-Enhancement". Damit meint man pharmakologische oder medizintechnische Eingriffe, die das Ziel verfolgen, normale, also nicht pathologisch verminderte Fähigkeiten oder Leistungen von Individuen zu steigern. Der Anglizismus, der keine passende Entsprechung im Deutschen hat und deshalb auch hierzulande weit verbreitet ist, kommt vom englischen *enhance* für „verbessern, steigern, aufwerten".

Die Fähigkeiten und Leistungen, die gesteigert werden sollen, sind zumeist kognitiver Natur: Wachheit, Aufmerksamkeit, Konzentration, Merkfähigkeit, Reaktionsschnelligkeit, Kreativität. In diesen Fällen spricht man deshalb vom „kognitiven Enhancement". Auch Andreas hatte ein kognitives Enhancement im Sinn, da es ihm ja um die Verlängerung der intellektuell-wissenschaftliche Produktivität am Abend beziehungsweise in der Nacht ging, also um Wachheit, Konzentration, geistige Aufnahmefähigkeit und Leistungsfähigkeit.

Davon zu unterscheiden sind zwei weitere Formen von Enhancement: Beim „emotionalen" oder „sozialen Enhancement" geht es darum, Gefühle zu beeinflussen, um so (zumeist) soziale Interaktionen zu verändern. Beispiele hierfür wären der Versuch, mit medikamentösen Mitteln das Vertrauen zwischen bestimmten Menschen zu fördern, der Liebe auf die Sprünge zu helfen, Wutausbrüche abzumildern oder das Lampenfieber vor dem öffentlichen Auftritt zu dämpfen. Eine dritte Form des Enhancements ist das „moralische Enhancement", welches das Ziel verfolgt, die moralische Sensibilität von Personen, ihre Empathie, ihren Gerechtigkeitssinn, ihre Urteilskraft oder ihre ethische Bewertungsfähigkeit zu verbessern.

Nun sind dies alles grundsätzlich positiv besetzte menschliche Fähigkeiten, denen wir in unserem Leben eine hohe Wertschätzung und Bedeutung zumessen. Das wird schon daran deutlich, dass die pathologischen Zustände, bei denen uns diese Fähigkeiten krankheitsbedingt mangeln, durchaus schwerwiegend sind: Demenzerkrankungen rauben uns eine Vielzahl kognitiver Fähigkeiten, psychisch-affektive Krankheiten wie schwere Depressionen oder Angsterkrankungen stören unsere emotional-sozialen Fähigkeiten, und sogar die moralischen Fähigkeiten können im Rahmen etwa einer Psychopathie, einer Schizophrenie oder anderer psychischer Krankheiten beeinträchtigt sein. Charakteristisch für das Enhancement ist es aber gerade nicht, dass verlorengegangene oder krankheitsbedingt verminderte Fähigkeiten wiedergewonnen oder kompensiert werden sollen. Die Betreffenden sind in dieser Hinsicht gesund und ihre Fähigkeiten liegen im Korridor des normalen, also durchschnittlichen Bereichs.

Nun ist die Trennlinie zwischen Krankheit und Gesundheit insbesondere auf psychischem Gebiet nicht immer eindeutig und unstrittig, was gerade auch der Fall von Andreas andeutet, da der Physiker ja durchaus Anzeichen einer Anpassungsstörung beziehungsweise eines Burn-out-Syndroms zeigt. Aber die kognitiven Fähigkeiten, um die es ihm geht, scheinen zumindest gut ausgeprägt, sonst wäre er nicht so wissenschaftlich produktiv, wie er es schildert. Die bloße Tatsache, dass ein Mensch seine kognitiven Fähigkeiten steigern will, ist kein Zeichen von Krankheit, sondern (bis zu einem bestimmten Maß) eine ganz normale und gesunde Facette der menschlichen Natur. Dennoch können die Übergänge zwischen Therapie und Enhancement fließend sein, wenn etwa ein Schüler, der aufgrund von Konzentrationsproblemen schlechte Leistungen zeigt, Ritalin einnehmen soll. Dann hängt die Einstufung dieser Medikation als Therapie oder Enhancement davon ab, ob bei ihm die Diagnose einer Aufmerksamkeits-Defizit-Hyperaktivitäts-Störung (ADHS) gerechtfertigt ist oder nicht.

In der Definition des Enhancements kommt es neben dem Ziel der Verbesserung normaler Fähigkeiten insbesondere auf die Methode an: Enhancement bezieht sich ausschließlich auf im weitesten Sinne *medizinische* Methoden, mit denen das Ziel der Leistungsverbesserung angestrebt wird. In den allermeisten Fällen sind das Medikamente, die üblicherweise zur Behandlung von Krankheiten eingesetzt werden, aber auch technische Verfahren wie etwa nicht-invasive oder invasive Hirnstimulation durch elektromagnetische Reize. Deshalb ist Enhancement auch ein Thema der Medizinethik oder, genauer betrachtet, der Neuroethik, und aufgrund ihres Arzneimittelverordnungsmonopols sind Ärzte ganz besonders herausgefordert, wenn es um Enhancement geht.

Enhancement ergänzt und erweitert die in verschiedensten Kulturen seit Jahrtausenden benutzten Mittel der individuellen und kollektiven Verbesserung – wie vor allem Erziehung und Bildung – durch neue Methoden. Im weiteren Sinne dienen auch Politik, Kunst und andere Bereiche der Kultur der Verbesserung menschlicher Sozialsysteme und der in ihnen lebenden Bürger. Im Gegensatz zu diesen sozialen Prozessen setzt Enhancement aber nicht am Menschen als sozialem Wesen an, sondern am Menschen als biologischem Organismus. Es versucht, die gewünschten Effekte auf direktem Wege durch Wirkung auf das Gehirn zu erzielen. Diese Gegenüberstellung macht deutlich, dass der heutige Trend des Enhancements viel mit der materialistischen und speziell biologistischen Weltsicht unserer Gesellschaft zu tun hat.

Es gibt noch eine weitere Methode, individuelle Fähigkeiten zu verbessern, die zwar auch direkt auf das Gehirn einwirkt, aber oftmals in traditionelle soziale Kontexte eingebunden ist und gesellschaftlich anerkannt sein kann: Das sind im weitesten Sinn die Drogen. Zu denken ist hier nicht primär an die illegalen Drogen, die Suchtkranke auf dem Schwarzmarkt erwerben, sondern an die legalen, sozial zumeist positiv bewerteten und kulturell traditionsreichen Drogen wie Koffein, Alkohol, Nikotin, auch manche Nahrungsmittel bis hin zu Süßwaren. Auch hier sind die Grenzen nicht so klar zu ziehen, wie man anfangs vermutet: Sowohl die Grenze zu den normalen Lebensmitteln, die wir zu unserem Überleben brauchen, als auch die Grenze zu den Arzneimitteln, mit denen wir Krankheiten behandeln, verwischen mitunter. Während Andreas seinen Freund um Modafinil bittet, um nachts besser und länger arbeiten zu können, nutzen andere grünen Tee, Kaffee, Schokolade, sehr helles Licht oder andere Methoden, um dieselben Ziele zu verfolgen.

Es stellt sich also die Frage, ob Enhancement nur alter Wein in neuen Schläuchen ist und deshalb mehr oder weniger ignoriert werden kann oder ob es sich wirklich ein neues Phänomen handelt, das eine intensive Betrachtung und Diskussion verdient. Uralt ist sicherlich der Wunsch des Menschen, sich kontinuierlich zu verbessern, andere zu überflügeln, ja über sich hinauszuwachsen. Aus den ältesten Kulturen ist bekannt, dass der Mensch stets ein lernendes und strebendes Wesen war, dass Menschen Werkzeuge entwickelt und damit auf Ebene der Spezies letztlich auch eine Art „Enhancement“ hervorgebracht haben, um die biologischen Unzulänglichkeiten des menschlichen Organismus auszugleichen: die kulturelle Evolution. Demgegenüber ist der Gedanke der individuellen Selbstgestaltung und Selbstoptimierung ein moderner, der seine Vorläufer in Aufklärung und Idealismus, im Liberalismus und im Existenzialismus hat. Hinzu kommt, dass der Gedanke des sozialen Wettbewerbs zwar ebenfalls althergebracht ist und bereits in den Olympischen Spielen oder den Rednerwettbewerben der Antike greifbar wird, jedoch in der kapitalistischen Marktwirtschaft heutiger Prägung auch jenseits der Sphäre von Sport und Freizeit beinahe alle Lebensbereiche dominiert, das Berufsleben, das Privatleben, sogar das Gesundheitswesen. Es kommt also nicht von ungefähr, dass das bekannte olympische Motto „schneller, höher, weiter" nicht aus der Antike stammt, sondern von Pierre de Coubertin und Henri Didon aus dem ausgehenden 19. Jahrhundert.

Die treibenden Kräfte des Enhancements sind also spezifisch modern, hinzu kommt die Vorliebe für medizinisch-biologische Lösungen allerlei Probleme, Bedürfnisse und Wünsche. Diese Entwicklung hängt zusammen mit der Erweiterung der Rollenerwartungen, die an die Medizin herangetragen werden. Die Medizin dient längst nicht mehr nur der Heilung von Krankheiten, sondern soll Gesundheit bis ins hohe Alter bewahren, Alterung selbst zurückdrängen, ein würdiges Sterben ermöglichen, äußere Schönheit wiederherstellen, die sexuelle Potenz steigern, die Gesellschaft vor Anormalen schützen und vieles mehr. Insbesondere zur ästhetischen Chirurgie hat das Enhancement eine auffallende Parallele, die manchmal auch unter dem Schlagwort der Lifestyle-Medizin gefasst wird.

Zusammengefasst lässt sich also mit guten Gründen behaupten, dass Enhancement nicht alter Wein in neuen Schläuchen ist, sondern tatsächlich auch im Wein selbst einige neue Gewürze und Zusatzstoffe enthalten sind, die es rechtfertigen, kritisch darüber zu reflektieren, wie wir mit Enhancement umgehen sollen.

Wer tut es eigentlich? Von der Verbreitung des Enhancements

In der kurzen Geschichte von Andreas gab es nur das vertraulich geführte Gespräch zwischen ihm und seinem ehemaligen Studienfreund Felix. Seinen Wunsch hat er weder den anderen ehemaligen Studienfreunden mitgeteilt, noch ihn zum allgemeinen Partygespräch gemacht. Daraus können wir schließen, dass diese Form des Enhancements zumindest in dieser sozialen Gruppe nicht zum Normalfall gehört. Gleichwohl können wir nur spekulieren, welches Bild sich ergeben hätte, wenn Andreas alle Partygäste gebeten hätte, in einer spontanen Blitzumfrage anonym auf Zettel zu schreiben, ob sie jemals Mittel zu Enhancement-Zwecken eingenommen hätten. Möglicherweise hätte ihn die Vielzahl der Enhancement-User sogar überrascht.

So jedenfalls erging es dem britischen Wissenschaftsmagazin „Nature" im Jahr 2008. In einer Umfrage hatte die Redaktion 1440 ihrer Leserinnen und Leser aus dem Wissenschaftsbetrieb gefragt, ob sie bereits Medikamente zur Steigerung der kognitiven Leistungsfähigkeit eingenommen hatten. Das Ergebnis frappierte die Redaktion ebenso wie viele Leser: Etwa ein Fünftel bejahten diese Frage, wobei die allermeisten das Psychostimulans Methylphenidat (Markenname Ritalin) eingenommen hatten, etwas weniger das ähnlich wirkende Modafinil und eine kleinere Gruppe noch den Einsatz von Betablockern zur Dämpfung von Angst zugab. Diese überraschend hohe Zahl von Enhancement-Nutzern mag einerseits daran liegen, dass der Leistungs- und Wettbewerbsdruck in der Wissenschaft enorm hoch ist. Andererseits ist auch plausibel, dass Wissenschaftler, insbesondere aus den Lebenswissenschaften, einen besonders leichten Zugang zu verschreibungspflichtigen Arzneimitteln haben.

Die am häufigsten zum Thema Enhancement befragte Gruppe sind jedoch nicht Wissenschaftler, sondern Studierende und Schüler. Bereits vor vielen Jahren kursierten Befragungen amerikanischer Studenten, wonach 7 bis 12 Prozent einen Enhancement-Gebrauch zugaben, auf die gesamte Lebensspanne berechnet sogar 20 Prozent. Nun lag es nahe, diese relativ hohen Zahlen mit einem Hinweis auf die amerikanische Ellbogengesellschaft und deren Selfmade-Man-Mentalität zu ignorieren. Seitdem aber eine sorgfältige Befragung von 2500 deutschen Studierenden aus dem Jahr 2013 ergab, dass sogar 20 Prozent der Hochschüler mindestens einmal im Jahr zu Mitteln für die kognitive Leistungssteigerung greifen, und eine Schweizer Studie eine Häufigkeit von 14 Prozent errechnete, lassen sich die amerikanischen Daten nicht mehr so leicht als kulturell verschieden abtun. Nach der Schweizer Studie waren die eifrigsten Enhancement-Nutzer die Studenten der Architektur, des Journalismus, der Chemie, Wirtschaft, Medizin und Pharmazie. In der deutschen Umfrage nahmen die Sportstudenten einen der vordersten Plätze ein.

Vergleicht man diese Zahlen mit Umfragen in der Allgemeinbevölkerung, ergibt sich ein starker Kontrast. Für die Schweiz hat eine große Umfrage unter mehr als 5 000 Männern ergeben, dass lediglich drei Prozent Medikamente zu Enhancement-Zwecken einnehmen. In Deutschland hat die Krankenkasse DAK eine Häufigkeit von fünf Prozent der Erwerbstätigen ermittelt. Dieser Kontrast lässt vermuten, dass die Neigung, Enhancement zu nutzen, in manchen Berufen, sozioökonomischen Schichten und gesellschaftlichen Kontexten größer ist als in anderen. Es liegt nahe, dass in kognitiv anspruchsvollen Berufe und Tätigkeiten kognitives Enhancement eher ein Thema ist als in anderen. Fördernde Faktoren könnten aber auch der Wettbewerbsdruck sowie der Zugang zu den Medikamenten sein.

Gewiss, auch an Hochschulen und Schulen ist Enhancement immer noch die Sache einer Minderheit, und man sollte auch nicht das Risiko übersehen, dass eine Überschätzung der Enhancement-Verbreitung zu einer sich selbst erfüllenden Prophezeiung werden und Nachahmer ermuntern könnte. Dennoch kann man aufgrund dieser empirischen Daten mit Sicherheit behaupten, dass Enhancement in Studium und Beruf praktiziert wird.

Was genommen wird und was es bewirkt

Die Liste der vermeintlichen Enhancer ist sehr lang, die in Deutschland am häufigsten benutzen und bekanntesten Mittel sind in der nachfolgenden Tabelle zusammengefasst. Neben pflanzlichen Substanzen (mit teils fraglicher Wirkung) wie Ginkgo biloba und Nahrungsergänzungsmitteln sind die allermeisten Mittel Psychopharmaka, die zur Behandlung bestimmter Krankheitsbilder in der Medizin zugelassen sind. So auch das im obigen Fallbeispiel gewünschte Modafinil: Es gehört zur Gruppe der Psychostimulanzien oder sogenannten zentral wirksamen Sympathomimetika, da es die Wirkung des sympathischen Nervensystems nachahmt, das den biologischen Sinn hat, dass wir auf Gefahren mit Flucht oder Kampf reagieren. Das sympathische Nervensystem versetzt uns also in Alarmbereitschaft und macht uns handlungsbereit.

Modafinil ist in Deutschland aktuell nur zugelassen für eine kleine Gruppe von Patienten, die an einer exzessiven Schläfrigkeit durch Narkolepsie leiden, einer seltenen Erkrankung, bei der eine Störung der Schlaf-Wach-Regulation zu Tagesmüdigkeit, Einschlafattacken, Durch-

Häufig genutzte Enhancer und deren beabsichtigte Wirkungen.

Wirkstoffgruppe	Wirkstoffe	Beabsichtigte Wirkungen
Xanthine	Koffein	Wachheit, Aufmerksamkeit und Kognition steigern
Psychostimulanzien	Methylphenidat, Modafinil	Wachheit, Aufmerksamkeit und Kognition steigern
Antidementiva	Piracetam, Donepezil	Gedächtnisfunktionen steigern
Antidepressiva	Fluoxetin	Wohlgefühl steigern
Betablocker	Metoprolol	Nervosität dämpfen

schlafstörungen und gelegentlich zu emotional ausgelösten Sturzanfällen führt. Auch beim „Schichtarbeitersyndrom" mit chronischen Schlaf-Wach-Rhythmusstörungen wurde das Medikament früher verschrieben, doch diese Zulassung wurde aufgrund eines ungünstigen Nutzen-Risiko-Profils widerrufen.

Das Medikament kann neben seiner erwünschten Wirkung vielfältige unerwünschte Wirkungen zeitigen, die teilweise durch die Sympathikusaktivierung erklärt sind: Kopfschmerzen, Schwindel, Nervosität, Angst, Schlafstörung, Depression, Bluthochdruck, Beschleunigung des Pulses bis zum Herzrasen, Mundtrockenheit, Durchfall und eine Schädigung der Leber. Aus dieser Beispielliste ist schon ersichtlich, dass die Einnahme eines solchen Medikaments bei gesunden Patienten wie Andreas durchaus mehr Risiken als Nutzen haben könnte. Insbesondere ist die Gefahr einer Depression bei einem Menschen ernst zu nehmen, der ohnehin schon durch die Überlastung von einer solchen nicht mehr weit entfernt scheint. Besonders risikoreich wäre es, wenn Andreas zusätzlich regelmäßig viel Alkohol trinkt, eine Herz- oder Leberkrankheit hat. Das müsste vor einer ärztlichen Verschreibung sorgfältig ausgeschlossen werden.

Das Medikament ist vor allem deshalb so beliebt, weil es im Gegensatz zu Amphetaminen, die ebenfalls aufputschen, nicht als Betäubungsmittel eingestuft wird und daher nicht den strengen gesetzlichen Verschreibungsregeln dieser Medikamentenklasse unterliegt. Es genügt also ein normales Rezept, um Modafinil zu erhalten; allerdings muss der Betreffende die Kosten für den Enhancement-Gebrauch selbst zahlen. Zwar können die Krankenkassen die Erstattung übernehmen, wenn ein Medikament aus guten Gründen „off-label" verschrieben wird (also außerhalb der Zulassung), doch dass Enhancement als Grund dafür akzeptiert würde, ist eher zu bezweifeln.

Die große Frage ist allerdings, ob Modafinil überhaupt die Wirkung hat, die sich Andreas und mit ihm zahlreiche andere Nutzer erhoffen. Die Studien, die es hierzu gibt, erlauben keinen eindeutigen Aufschluss darüber: Manche haben eine gewisse Verbesserung der Aufmerksamkeit und kognitiven Leistungsfähigkeit vermerkt, andere nicht. Wie bei vielen anderen Enhancern scheint es so zu sein, dass das Medikament am ehesten bei denjenigen Menschen wirkt, die generell eine erhöhte Müdigkeit und reduzierte Aufmerksamkeit haben, die also tendenziell aus dem Normbereich in Richtung Krankheit abweichen. Bei den ohnehin alerten und hoch leistungsfähigen Menschen kann das Mittel den erhofften zusätzlichen Booster-Effekt wahrscheinlich nicht auslösen.

Insgesamt scheint es so zu sein, dass die Wirkung von Enhancern sehr stark zwischen den Individuen variiert und unter anderem vom bisherigen Funktionsniveau abhängt. Dabei können manche Enhancer möglicherweise einen nivellierenden Effekt haben, indem sie die Leistungsschwachen etwas verbessern, zugleich aber die Leistungsstarken sogar in ihrer Leistung beeinträchtigen. Diese für viele überraschende Entdeckung hat wohl damit zu tun, dass die Botenstoffe im Gehirn, welche durch Enhancer in eine bestimmte Richtung verschoben werden, nur dann optimale Leistungen hervorrufen, wenn sie in einem gewissen Gleichgewicht stehen. Zudem gibt es große genetische Unterschiede zwischen den Individuen, die sich unter anderem darin niederschlagen, wie sich bestimmte Botenstoffe und bestimmte Medikamente im Gehirn auswirken. Das bedeutet zugleich, dass Menschen auch auf verschiedene Enhancer ganz unterschiedlich reagieren können, sodass man nicht daraus schließen kann, dass jemand, den Kaffee aufputscht, auch auf Modafinil mit einer Verbesserung der Aufmerksamkeit und kognitiven Leistung reagiert.

Eine weitere Wirkstoffklasse, die für Enhancement eingesetzt wird, sind die Antidementiva, also Medikamente zur Behandlung von Demenzen. Diese Wirkstoffe können bei manchen Demenzkranken in Frühstadien der Erkrankung den Verfall des Gedächtnisses verlangsamen. Deshalb erhoffen sich manche gesunde Nutzer, dass die Mittel auch bei ihnen zu einer Verbesserung der Gedächtnisleistungen führen.

In diesem Zusammenhang rief eine kleine Studie aus dem Jahr 2002 ein besonders großes Medienecho hervor: US-amerikanische Forscher aus Stanford in Kalifornien hatten 18 Piloten gebeten, verschiedene Tests im Flugsimulator zu absolvieren. Im Anschluss bekamen alle Piloten ein Döschen mit 30 Tabletten, die sie über 30 Tage hinweg regelmäßig einnehmen sollten. Ohne dass die Piloten oder die Forscher es genau zuordnen konnten, bekamen neun Piloten Donepezil (ein Demenzmedikament), die anderen neun ein Placebo (ein Scheinmedikament). Nach den 30 Tagen absolvierten alle Piloten erneut im Flugsimulator bestimmte Tests und Flüge. Es zeigte sich, dass die Piloten, die das Placebo eingenommen hatten, nun eine schlechtere Flugleistung aufwiesen als bei den Ausgangstests, während hingegen die Piloten, welche Donepezil erhalten hatten, dieselben guten Flugleistungen erzielten. Insbesondere beim Landeanflug, der eine intensive Aufmerksamkeit verlangt, waren die Piloten nach dem Enhancement deutlich besser. In einer Ergänzungsstudie fanden die Forscher heraus, dass auch ein Nikotinkaugummi dieselbe Wirkung entfaltete wie das Medikament Donepezil.

Die Studie wurde methodisch sauber durchgeführt, aber dennoch enthüllt sie die Schwäche vieler wissenschaftlicher Untersuchungen zur Enhancement-Anwendung von Medikamenten. Die Stichproben sind in der Regel sehr klein, sodass die Effekte auch durch zufällige Schwankungen hervorgerufen sein können. Für die Zulassung von Medikamenten sind große Studien mit hunderten oder tausenden von Studienteilnehmern erforderlich, möglichst an vielen geographisch verstreuten Zentren. Solche großen Studien werden aber für den

Enhancement-Einsatz nicht durchgeführt, denn erstens wäre es schwierig, genügend Probanden zu finden, zweitens sind die klinischen Studienzentren primär auf therapeutische Zwecke ausgerichtet und drittens zögern Forschungsförderer und Pharmaunternehmen bei Investitionen in Enhancement-Studien, vor allem wenn absehbar ist, dass der zu erwartende Gewinn durch den Verkauf eher gering ausfallen wird, weil etwa der Patentschutz des Medikaments schon abgelaufen ist.

Zwar durchlaufen alle Medikamente, die für die medizinische Anwendung zugelassen werden, sogenannte Phase-I-Studien an einer überschaubaren Zahl gesunder Probanden. Doch diese Studien sind nur darauf ausgelegt, die Sicherheit der Medikamente zu überprüfen. Aus methodischen Gründen geben sie kaum Aufschluss darüber, ob die Medikamente bei Gesunden als Enhancer wirken.

Ist, was Leistung verbessert, auch gut für den Menschen?

Die ethische Bewertung des Neuro-Enhancements erfolgt auf zwei Ebenen: zunächst auf der individualethischen Ebene, wo es primär um den Enhancement-Nutzer, sein Wohlergehen, seine Interessen und Rechte geht. In der zweiten Bewertungsebene ist zu fragen, was Enhancement für die Gesellschaft bedeutet, wie es sich mit der Gerechtigkeit zwischen den Individuen verträgt und was es für das Selbstbild des Menschen generell bedeutet. Beginnen wir mit der individualethischen Ebene.

Es wurde bereits angesprochen, dass die beabsichtigten Effekte, die oft auch werbewirksam vermarktet und angepriesen werden, alles andere als sicher sind: Es gibt zu wenig wissenschaftliche Evidenz für die generelle Wirksamkeit von Enhancern, und es gibt das Problem der interindividuellen Wirkungsunterschiede. Nun könnte die Lösung darin liegen, dass der Nutzer einfach ausprobieren soll, ob es die erhofften Effekte hat oder nicht. Das Problem ist nur, dass dann die Wirkung des Mittels nicht von einer Placebo-Wirkung zu unterscheiden, letztere aber deutlich weniger riskant wäre.

Doch selbst wenn ein Enhancer die beabsichtigte physiologische Wirkung entfaltet, bedeutet das noch nicht, dass dies auch dem Wohlergehen des Betreffenden dient. Angenommen, Modafinil würde Andreas tatsächlich helfen, länger wach zu bleiben, noch mehr zu arbeiten, noch mehr beruflichen Erfolg zu haben. Wäre das auf lange Sicht wirklich gut für ihn? Wenn sein Nachtschlaf dauerhaft unter sechs Stunden fällt, wird er ein großes Risiko für zahlreiche Krankheiten eingehen, unter anderem Herzinfarkt, Schlaganfall, Adipositas und Demenz. Denkbar wäre auch, dass Andreas sich dadurch eine Arbeitskultur angewöhnt, die auf Dauer nicht gesundheitsförderlich ist und Lebensqualität raubt, weil sie ihm immer weniger Freizeit und Muße lässt. Möglicherweise hilft ihm das Modafinil zwar kurzfristig bei der Erledigung seiner aktuellen Aufgaben, bestärkt aber mittelfristig die Entwicklung eines Burn-out-Syndroms oder sogar einer Depression.

Hinzu kommt, dass bei manchen Enhancern eine Suchtgefahr bestehen kann. Offensichtlich ist dies für Koffein und Nikotin, nicht auszuschließen ist es aber auch bei Stimulanzien oder Antidepressiva, insbesondere wenn der Nutzer zu Abhängigkeitserkrankungen neigt. Auf der Risikoseite der Abwägung stehen zudem all die körperlichen Nebenwirkungen und Gesundheitsgefahren, die mit der Einnahme dieser Medikamente verbunden sein können und die manchmal erst nach vielen Jahren der Anwendungsbeobachtung bekannt werden. Ein historisch eindrückliches Beispiel ist das Zigarettenrauchen: Was bis in die siebziger Jahre des 20. Jahrhunderts als Enhancement gang und gäbe war und in bestimmten sozialen Kontexten sogar zum guten Ton gehörte (man denke an so manches Universitätsseminar), ist inzwischen verpönt und gesetzlich an vielen öffentlichen Orten verboten, weil man herausgefunden hat, dass Zigarettenrauchen zu zahlreichen tödlichen Krankheiten führt, insbesondere Krebs und Herz-Kreislauf-Erkrankungen. Zwar muss das keineswegs bedeuten, dass heute eingesetzte Enhancer in einigen Jahrzehnten Ähnliches erwartet, doch es sollte zumindest zu Vorsicht und kritischer Betrachtung gemahnt werden.

Auf dem Anwendungsfeld des emotionalen Enhancements stellt sich insbesondere die Frage, ob die kurzfristige pharmakologische Herstellung von Wohlgefühl möglicherweise auf Kosten des langfristigen Erlebens einer glücklichen, sinnerfüllten Existenz geht. Gewiss ist es richtig, dass das Leben auch die Summe der einzelnen Augenblicke ist und dass viele glückliche Augenblicke auch ein glückliches Leben bedeuten können. Doch zugleich ist fraglich, wie sehr sich der Einzelne mit diesem Glück identifizieren kann und wie sehr er das Glück sich selbst zurechnen kann oder äußeren Faktoren zuschreiben muss. Anders gewendet: Vielleicht fühlt sich ein Mensch, der jahrelang Antidepressiva zur Förderung des eigenen Wohlgefühls und Glückserlebens einnimmt, am Ende ähnlich wie der Reiche, der sein Geld nicht durch harte eigene Arbeit *verdient*, sondern durch einen Zufall an der Börse *gemacht* hat und vielleicht andere hat glauben lassen, er sei nur durch seine Arbeit so reich geworden.

Es kommt also bei der individualethischen Betrachtung des Neuro-Enhancements sehr auf die konkrete Nutzen-Risiko-Abwägung für den Betroffenen an. Doch selbst wenn diese positiv ausfällt, selbst wenn ein Medikament einen großen und für den Betreffenden sehr relevanten Nutzen entfaltet, ohne nennenswerte gesundheitliche oder andere Risiken mit sich zu bringen, stellt sich immer noch die Frage, wer dann eigentlich dieses Medikament verschreiben darf. Ärzte sind nach der klassischen Auffassung der Medizinethik und des Medizinrechts an eine Indikation gebunden. Ein Medikament muss indiziert, also notwendig sein, um eine bestimmte Krankheit zu verhindern, zu behandeln oder einen bestimmten Gesundheitszustand wiederherzustellen. Beim Enhancement hat der Arzt jedoch einen gesunden Menschen vor sich, der das Medikament überhaupt nicht für gesundheitsbezogene Zwecke braucht oder will, sondern aus ganz anderen Gründen, seien es berufsbezogene oder freizeitbezogene: Er will erfolgreich sein, viel Geld verdienen, Spaß haben, länger durchhalten können. Hier stellte sich auch für den Arzt Dr. Citius im Eingangsbeispiel die Frage, ob das noch seine Aufgabe als Arzt ist. Im beschriebenen Fall könnte Dr. Citius sich vielleicht damit trösten, dass er nicht in seiner Rolle als Arzt gefragt worden war, sondern als Freund oder Bekannter. Doch andererseits gilt es gerade auch beim Enhancement, den Nutzen gegen die gesundheitlichen Risiken abzuwägen, wofür nur der Arzt die erforderliche Kompetenz besitzt.

Die Indikation in der Medizin

Es gilt seit jeher als Grundsatz des ärztlichen Berufsethos, dass nur diejenige Behandlung durchgeführt werden soll, die indiziert ist. Indiziert, also angezeigt, ist eine Behandlung immer dann, wenn sie notwendig dafür ist und mit großer Wahrscheinlichkeit dazu führen wird, dass ein bestimmtes Therapieziel erreicht wird, welches für den Patienten mehr Nutzen als Schaden bedeutet. Therapieziele lassen sich in aller Regel der Heilung von Krankheiten, Linderung von Leiden, Erhaltung des Lebens, Verbesserung des Gesundheitszustandes und Verhütung von Krankheit zuordnen. Auch der palliative Beistand für Sterbende zählt seit einigen Jahrzehnten offiziell zu den ärztlichen Therapiezielen.

Aktuell sind aber immer mehr Aufgaben zu verzeichnen, welche halb von der Gesellschaft an die Medizin herangetragen und halb von ihr bereitwillig übernommen oder sogar beworben werden, ohne traditionell als ärztliche Tätigkeiten zu gelten – zu denken wäre etwa an die Schönheitschirurgie, die Anti-Aging-Medizin, manche Facetten der Reproduktionsmedizin oder auch Schwangerschaftsabbrüche aus sozialen Gründen. Strenggenommen begibt sich der Arzt, der eine nicht indizierte Behandlung vornimmt, in den Bereich der „Futility", der medizinischen Nutzlosigkeit.

Insbesondere das Medizinrecht betont, dass jeder medizinische Eingriff in die körperliche Unversehrtheit des Patienten eine Körperverletzung darstellt, sofern sie nicht medizinisch *indiziert* und vom Patientenwillen getragen ist. Allerdings wird der Indikationsbegriff oft sehr weit gefasst und bereits dann eine Indikation bejaht, wenn eine bestimmte Behandlung oder Tätigkeit innerhalb der ärztlichen Profession akzeptiert ist.

Wichtig ist außerdem, dass eine Indikation stets individuell zu stellen ist, also mit Bezug zu einem konkreten Patienten, seinen individuellen Merkmalen und seiner besonderen Lage. Weil die Indikation die Bewertung eines Therapieziels im Hinblick auf das Wohlergehen eines konkreten Patienten beinhaltet, ist sie kein rein fachlich-neutrales Urteil, sondern ein Urteil mit fachlichen als auch wertenden (normativen) Bestandteilen.

Was bedeutet Enhancement für die Gesellschaft?

Neuro-Enhancement ist eine Praxis, die fast immer in einen sozialen Kontext eingebettet und von dem Wunsch, in einer Konkurrenzsituation andere zu übertreffen, motiviert ist. Kaum einer nimmt Enhancer lediglich, um sich selbst besser zu fühlen oder sich zu vervollkommnen, sondern um in beruflichen, schulischen oder sonstigen Wettbewerben zu reüssieren und andere zu überflügeln. Das trifft auch auf

Andreas zu: Er will Modafinil nehmen, um seine kognitive Leistungsfähigkeit zu steigern, damit er wissenschaftliche Erfolge erzielen kann, die ihm dazu verhelfen, sich gegenüber seinen Konkurrenten um Professorenstellen, Forschungsfördermittel oder andere Statusziele durchzusetzen.

In diesem Kontext stellt sich aber die Frage, ob Neuro-Enhancement nicht eine Art Betrug darstellt. Dieser Gedanke liegt vor allem deshalb nahe, weil die Nutzung von Enhancement in der Regel nicht transparent gemacht wird, sondern heimlich geschieht. Auffällig ist ja, dass Andreas schon für das Gespräch darüber einen abgeschiedenen Ort sucht. In wissenschaftlichen Artikeln und Dissertationen hat es sich eingebürgert, dass am Ende des Textes in einem sogenannten „Acknowledgement" alle Personen und Institutionen erwähnt werden, deren förderlicher Beitrag für das wissenschaftliche Werk wichtig war. Es ist jedoch kein Beispiel bekannt, dass ein Wissenschaftlicher oder eine Wissenschaftlerin den Gebrauch eines Enhancers erwähnt und den Pharmafirmen und Entwicklern dankt, denen er oder sie dieses Medikament zu verdanken hat. Obwohl über Neuro-Enhancement auf theoretischer Ebene diskutiert wird, ist es ein gesellschaftliches Tabu, den eigenen Gebrauch offenzulegen. Ob Enhancement nun tatsächlich als Betrug gewertet wird, hängt zum einen damit zusammen, ob der Nutzer den anderen absichtlich falsche Tatsachen vorspiegelt und sie im irrigen Glauben bestärkt, seine Leistungen gründeten allein auf Anstrengung, zum zweiten auch damit, ob es in dem jeweiligen sozialen Kontext die (explizite oder implizite) Regel gibt, dass Enhancement nicht eingesetzt werden darf, um die eigenen Leistungen zu steigern.

Betrachtet man sich die Wissenschaft, aber auch andere Berufsfelder genau, so spricht vieles dafür, dass eine solche implizite Regel existiert, wonach die Leistungen ohne medikamentöses Enhancement zustande kommen, also alleine auf Arbeit, Studium, Übung, Intelligenz und anderen persönlichen Leistungsmerkmalen basieren sollen. Hier drängt sich der Vergleich zum Sport auf: Zumindest im Profisport herrscht die ausdrückliche Regel, dass eine pharmakologische Förderung von Leistungen – hier Doping genannt – nicht eingesetzt werden darf. Doping wird als unfair gebrandmarkt und wird selbst dort nicht offen zugestanden, wo die Mehrheit der Sportler Doping nutzt.

Wie ist es aber beim „Gehirndoping", also dem Neuro-Enhancement? Zumindest gelten im Gegensatz zum Sport nicht dieselben *ausdrücklichen* Regeln, und vergleichbare Sanktionen drohen kaum. Der Student darf zwar nicht abschreiben, der Doktorand nicht plagiieren, doch die Einnahme von Enhancern wird bislang nicht bestraft, geschweige denn kontrolliert.

Ein Argument gegen das Neuro-Enhancement lässt sich aus dem sogenannten Universalisierungsgebot moralischer Aussagen herleiten. Der Königsberger Philosoph der Aufklärung, Immanuel Kant, hat in einer berühmten Formulierung seines Kategorischen Imperativs gefordert: „Handle nur nach derjenigen Maxime, durch die du zugleich wollen kannst, dass sie ein allgemeines Gesetz werde." (siehe auch das Kapitel über Forschung an Nichteinwilligungsfähigen (S. 37)). Auf das Enhancement angewandt hieße dies, dass man nur dann zu Enhancern greifen sollte, wenn man bereit wäre, es als eine offene und ausdrückliche Regel zu akzeptieren, dass alle Menschen in vergleichbaren sozialen Situationen Enhancement nutzen sollten. Andreas dürfte also nur dann Modafinil einnehmen, wenn er das auch tun würde und immer noch Sinn darin sähe, wenn er wüsste, dass alle anderen Wissenschaftler in der theoretischen Physik ebensolche Medikamente nutzen wollten (oder dies gar tun).

Stellt man sich in einem Gedankenexperiment vor, dass alle Wissenschaftler Modafinil einnähmen, so könnte man auf den ersten Anhieb meinen, es käme zu einer Nivellierung der Leistungen beziehungsweise es änderte sich nichts gegenüber der Situation, dass gar niemand Modafinil einnähme: Alle wären um dieselbe Spanne besser als bisher, was den gesamten Sinn des Enhancements ad absurdum führte. Doch berücksichtigt man die interindividuell unterschiedliche Wirkung der Substanz, so erkennt man, dass die Leistungsunterschiede zwischen lauter Menschen, die Modafinil nutzen, sehr stark auf der jeweiligen genetisch bedingten Ansprechbarkeit auf das Medikament beruhen. Es käme also wohl zu einer anderen Leistungsverteilung unter den Menschen, als sie ohne Modafinil zu beobachten ist. Wäre dies ungerecht? Man könnte einwenden, dass ja auch ohne jedes Enhancement die Leistungsunterschiede zwischen Menschen auf den genetisch-natürlichen Ausstattungen beruhen und Enhancement also nur eine bestimmte genetische Verteilung durch eine andere ersetzen würde.

Schwerer wiegt jedoch ein anderes Problem: De facto wäre es höchst unwahrscheinlich, dass *alle* Wissenschaftler Modafinil einnähmen, genauso wie es unrealistisch ist, dass alle Sportler einer bestimmten Sportart Doping gleichermaßen nutzen. Denn hier besteht keine Chancengleichheit: Manche Menschen können sich Doping beziehungsweise Enhancement schlechterdings finanziell nicht leisten oder haben praktisch-organisatorisch keinen Zugang zu entsprechenden Substanzen oder Experten, die sie ihnen verschreiben oder verschaffen können. Insbesondere in der Wissenschaft, die ja eine transnationale, ja globale Konkurrenzsituation darstellt, wären Forscher in ärmeren Ländern mit schlechterem Gesundheits- und Informationssystem systematisch diskriminiert, da sie kaum an die entsprechenden Enhancer gelangen würden, geschweige denn überhaupt darüber informiert wären, dass es diese Möglichkeit gibt.

Weiterhin besteht die Sorge, dass die Freiwilligkeit und Selbstbestimmung der Menschen eingeschränkt würde, wenn ein potentes Neuro-

Enhancement bekannt würde, das viele nutzten. Hier könnte also ein Konformitätsdruck entstehen, der heute schon aus anderen Bereichen bekannt ist, etwa bei der Nutzung von Informations- und Kommunikationstechnologie (ohne E-Mail-Zugang oder Smartphone kann man in manchen sozialen Kontexten nicht mithalten).

Neben den Gefahren für soziale Gerechtigkeit berührt Neuro-Enhancement grundlegende anthropologische Fragen. Manche Kritiker des Enhancement weisen darauf hin, dass der Mensch sich dadurch von sich selbst und seinem ureigenen Wesen entfremden könnte, da er sich diese Leistungen nicht anerzogen oder antrainiert habe und sich deshalb auch nicht damit identifizieren könne. Alle bisherigen Erfahrungen sprechen indes dafür, dass Neuro-Enhancement die kulturellen Institutionen wie Erziehung, Bildung, Training, Kunst faktisch nicht ersetzt, sondern ergänzt. Ob dadurch wirklich die Identifikation mit sich selbst und die Authentizität gefährdet werden, darf in Frage gestellt werden, wenn man sich vor Augen hält, dass Alltagsdrogen wie Kaffee oder Alkohol schon lange genutzt werden, ohne dass es offenbar zu einer Selbstentfremdung der Menschen gekommen wäre.

Die Sorge vor Selbstentfremdung kann vor allem dann aufkommen, wenn man überhaupt von einem historisch unveränderlichen menschlichen Wesen ausgeht, was in der Philosophie als Essentialismus bezeichnet wird. Es gibt jedoch auch Philosophen, die der Ansicht sind, es gäbe kein notwendigerweise auf ewig unveränderliches menschliches Wesen, sondern der Mensch sei dazu bestimmt, sich stetig weiterzuentwickeln und zu verbessern. Die philosophische Richtung des Transhumanismus sieht sogar die Verpflichtung, dass der Mensch sich durch Nutzung technologischen Fortschritts im weitesten Sinn immerzu fortentwickeln und verbessern soll.

Essentialismus

Grundsätzlich bezeichnet Essentialismus in der Philosophie eine Theorie, wonach bestimmte Entitäten (also Dinge, Wesen, Seiende) bestimmte Eigenschaften *notwendig* besitzen, ohne die sie nicht mehr dieselben Entitäten wären. In der Anthropologie, also der philosophischen Lehre vom Menschen, besagt Essentialismus, dass es eine unveränderliche Natur des Menschen gebe, die den Kern seines Wesens ausmache. Verliert der Mensch diese Essenz, ist er nicht mehr wirklich Mensch. Dieses Wesen unterscheide den Menschen von den Tieren, Maschinen oder Robotern.

Manche Verfechter dieser anthropologischen Theorie gehen noch weiter und behaupten, dass Neuro-Enhancement das Wesen des Menschen verfälsche oder sogar vernichte. Der Mensch gehe dadurch das Risiko ein, sich selbst als Mensch abzuschaffen, seine typisch menschliche Fehlbarkeit und die Kultur der Überwindung von Fehlern und Schwächen einzutauschen gegen eine materialistische Selbstinstrumentalisierung.

Andere Philosophen kritisieren den Essentialismus und weisen darauf hin, dass die Wesensbestimmungen des Menschen sich im Lauf der Geschichte zahllose Male geändert hätten und der Mensch sich mitten in einer biologischen und kulturellen Evolution befinde, die er selbst mitgestalte. Der Mensch entwerfe und erschaffe sein Wesen immer wieder neu. Wenn es überhaupt einen konstanten Wesenszug gäbe, dann diesen, dass der Mensch über sich hinauswachsen, nach den Sternen greifen und sich fortwährend weiterentwickeln wolle – und so handle.

Moralisches Enhancement

Eine Sonderform den Neuro-Enhancements, die erst in den letzten Jahren diskutiert wird, soll noch kurz vorgestellt werden: das moralische Enhancement. Diese Form des Enhancement geht davon aus, dass nicht nur die kognitiven Fähigkeiten auf Gehirnfunktionen basieren, sondern auch unser Sozialverhalten und damit auch die Moralität von Menschen. Die Hirnforschung hat in den letzten Jahren einiges darüber herausgefunden, wo und wie unser Gehirn moralische Urteile fällt (siehe auch das Kapitel über Hirnforschung und Moral (S. 14)). Gleichzeitig sind aus der Psychiatrie Menschen bekannt, die ganz spezifische Defizite im Sozialverhalten und in der moralischen Einstellung gegenüber ihren Mitmenschen haben. So können etwa der Verlust jeglicher Empathie oder auch Defizite im Gerechtigkeitssinn erklären, weshalb manche Menschen sich auf eklatante Weise unmoralisch verhalten (und sogar Verbrechen begehen).

In dem Maße, wie die Hirnforschung und die Psychiatrie mehr über die neurophysiologischen Grundlagen von Moral und ihren Störungen herausfindet, entstehen auch neue Ansatzpunkte für die Beeinflussung von Moralverhalten durch direkte Einwirkung auf das Gehirn. Am bekanntesten ist in diesem Zusammenhang das Hormon Oxytocin, das in manchen experimentellen Settings Empathie fördert, also das Einfühlen in andere Menschen. Oxytocin ist ein Neuropeptid, das im Hypothalamus gebildet und im hinteren Teil der Hypophyse ausgeschüttet wird. Es wird vor allem gegen Ende einer Schwangerschaft in hohen Dosen gebildet und bewirkt die Kontraktion der Gebärmutter für die Wehen und leitet nach der Geburt die Nachwehen ein. Gleichzeitig bewirkt es den „Milcheinschuss“, fördert die Wundheilung und schützt vor Stress. Das Hormon wirkt aber auch auf das Gehirn und stärkt hier offenbar die Bindung zwischen Mutter und Kind, indem es Vertrauen, Empathie und Zuwendung begünstigt. In den Medien wird es darum oft als „Kuschelhormon“ oder „Liebeshormon“ bezeichnet. Auch beim Sex wird Oxytocin freigesetzt und fördert das Gefühl der Verbundenheit zwischen den Geschlechtspartnern.

Aufgrund dieser physiologischen Funktionen verwundert es nicht, dass Oxytocin inzwischen für das Enhancement entdeckt wurde. Hinzu kommt, dass es relativ leicht als Nasenspray angewandt werden kann. Die Vision einiger Forscher und Vordenker ist es nun, Oxytocin einzusetzen, um Ehen zu verbessern, Vertrauensbeziehungen in der Diplomatie zu stärken oder ganz generell die Moral in der Gesellschaft zu erhöhen, indem die Menschen empathischer aufeinander reagieren. Ob diese Visionen aber tatsächlich durch Oxytocin realisiert werden können (ganz zu schweigen von den Risiken der Oxytocineinnahme), steht noch in den Sternen.

Schlussfolgerungen

Neuro-Enhancement ist ein vielschichtiges Thema, das seit Jahres heiß diskutiert wird, zumeist noch im theoretischen Kontext und mit überwiegend zukunftsorientierten Szenarien. Dennoch zeigen die empirischen Umfragen, dass Enhancement in manchen Bereichen unserer Gesellschaft bereits heute praktiziert wird und zu ethischen Fragen führt. Ärzte sind aufgefordert, darüber nachzudenken, wie sie auf die zunehmenden Anfragen nach der Verschreibung von Medikamenten zu Enhancement-Zwecken reagieren sollen. Die Gesellschaft als Ganze sollte bewusst reflektieren, wie sie die „schöne neue Welt“ des Enhancements bewertet und wo sie Grenzen oder Leitplanken setzen will.

Literatur und Internet-Links

Literatur

[Anonym]. Der Fall Neisser. In der Artikelserie: Arme Leute in Krankenhäusern. Münchener Freie Presse; 20.01.1899

Aristoteles. Nikomachische Ethik. 4. Aufl. Hamburg: Meiner; 1985

Beauchamp TL, Childress JF. Principles of Biomedical Ethics. 7th ed. New York: Oxford University Press; 2012

Bentham J. Prinzipien der Gesetzgebung [An Introduction to the Principles of Morals and Legislation]. Frankfurt am Main: Auvermann; 1969 [1789]

Birnbacher D. Analytische Einführung in die Ethik. 2. Aufl. Berlin: de Gruyter; 2007

Churchland P. Die Seelenmaschine: eine philosophische Reise ins Gehirn [The Engine of Reason, the Seat of the Soul. A Philosophical Journey into the Brain]. Heidelberg: Spektrum; 1997 [1995]

Clausen J. Man, machine and in between. Nature 2009; 457: 1080–1081.

Descartes R. Über die Leidenschaften der Seele [Les Passions de l´Âme]. Hamburg: Meiner; 1984 [1649]

Dörries A, Neitzke G, Simon A, Vollmann J. Klinische Ethikberatung. Ein Praxisbuch für Krankenhäuser und Einrichtungen der Altenpflege. 2. Aufl. Stuttgart: Kohlhammer; 2010

Dowson A, Mullen MJ, Peatfield R et al. Migraine Intervention With STARFlex Technology (MIST) trial: a prospective, multicenter, double-blind, sham-controlled trial to evaluate the effectiveness of patent foramen ovale closure with STARFlex septal repair implant to resolve refractory migraine headache. Circulation 2008; 117: 1397–1404

Dworkin R. Die Grenzen des Lebens: Abtreibung, Euthanasie und persönliche Freiheit [Life's Dominion: An Argument about Abortion, Euthanasia and Individual Freedom]. Hamburg: Rowohlt; 1994

Eccles JC. Wie das Selbst sein Gehirn steuert [How the Self Controls its Brain]. München: Piper; 1994 [1994]

Feigl H. The Mental and the Physical. Minneapolis: University of Minnesota Press; 1967

Furlan AJ, Reisman M, Massaro J et al. Closure or medical therapy for cryptogenic stroke with patent foramen ovale. New England Journal of Medicine 2012; 366: 991–999

Greene JD, Sommerville RB, Nystrom LE et al. An fMRI investigation of emotional engagement in moral judgment. Science 2001; 293: 2105–2108

Grübler G, Hildt E. Brain-Computer Interfaces in their social, ethical and cultural contexts. Dordrecht: Springer; 2014

Habermas J. Die Zukunft der menschlichen Natur: auf dem Weg zu einer liberalen Eugenik? Frankfurt: Suhrkamp; 2005

Heinemann T, Hoppe C, Listl S et al. Zufallsbefunde bei bildgebenden Verfahren in der Hirnforschung. Deutsches Ärzteblatt 2007; 104: 1982–1987

Hildt E. Neuroethik. München, Basel: Reinardt (UTB); 2012

Illes J, Kirschen MP, Edwards E et al. Practical approaches to incidental findings in brain imaging research. Neurology 2008; 70: 384–390

Illes J, Sahakian BJ. Oxford Handbook of Neuroethics. Oxford: Oxford University Press; 2011

Jackson F. Epiphenomenal qualia. Philosophical Quarterly 1982; 32: 127–136

Jonas H. Das Prinzip Verantwortung. Versuch einer Ethik für die technologische Zivilisation. Frankfurt: Suhrkamp; 2003

Jox RJ, Assadi G, Marckmann G. Organ Transplantation in Times of Donor Shortage. Dordrecht: Springer; 2015

Jox RJ, Ach JS, Schöne-Seifert B. Der „natürliche Wille“ und seine ethische Einordnung. Deutsches Ärzteblatt 2014; 111(10): A394–396.

Kant I. Kritik der praktischen Vernunft. Band VII der Werkausgabe in 12 Bänden. Frankfurt am Main: Suhrkamp; 2008 [1788]

Katz, J. Experimentation with Human Beings. The authority of the Investigator, Subject, Professions, and State in the Human Experimentation Process. New York: Russell Sage Foundation; 1972

Klee E. Auschwitz. Die NS-Medizin und ihre Opfer. Frankfurt am Main: Fischer; 1997

Levy N. Consiousness and Moral Responsibility. Oxford: Oxford University Press; 2014

Marckmann G, Jox RJ. Ethik in der Medizin. Ethische Grundlagen medizinischer Behandlungsentscheidungen. Bayerisches Ärzteblatt 2013; 9: 446– 447

Mill JS. Utilitarismus [Utilitarianism]. Stuttgart: Reclam; 2006 [1859]

Mitscherlich A, Mielke F. Medizin ohne Menschlichkeit. Dokumente des Nürnberger Ärzteprozesses. Frankfurt am Main: Fischer; 1995 [1960]

Monti MM, Vanhaudenhuyse A, Coleman MR et al. Willful modulation of brain activity in disorders of consciousness. New England Journal of Medicine 2010; 362: 579–589

Moore GE. Principia Ethica [Principia Ethica]. Stuttgart: Reclam; 1996 [1903]

Müller S, Christen M. Tiefe Hirnstimulation. Mögliche Persönlichkeitsveränderungen bei Parkinson-Patienten. Nervenheilkunde 2010; 29: 779–783

Nagel T. Letzte Fragen [Mortal Questions]. 2. Aufl. Hamburg: Europäische Verlagsanstalt 2012 [1979]

Naparstek Y. Ariel Sharon's illness: should we dedicate a medical journal issue to a single case study? Israel Medical Association Journal 2006; 8: 739–740

Neisser A. Was wissen wir von einer Serumtherapie bei Syphilis und was haben wir von ihr zu erhoffen? Archiv der Dermatologie und Syphilis 1898; 44: 431–539

Newman L. Sharon's stroke puts spotlight on care for intracerebral hemorrhage. Neurology Today 2006; 6 (2): 15

Okuda D et al. Incidental MRI anomalies suggestive of multiple sclerosis. The radiologically isolated syndrome. Neurology 2009: 72: 800–805

Putnam H. The nature of mental states. In: Putnam H, Hrsg. Mind, Language and Reality. Philosophical Papers, Vol. 2. Cambridge: Harvard University Press; 1975: 429–440

Racine, E. Pragmatic Neuroethics. Improving Treatment and Understanding oft he Mind-Brain. Cambridge, USA: MIT Press; 2010

Rüdin E. Psychiatrische Indikation zur Sterilisierung. Das kommende Geschlecht 1929; 5: 1–19

Schopenhauer A. Preisschrift über die Grundlage der Moral. In: Arthur Schopenhauer. Sämtliche Werke. Schriften zur Naturphilosophie und Ethik. Leipzig: F. A. Brockhaus; 1972 [1840]

Searle JR. Minds, brains and programs. The Behavioural and Brain Sciences 1980; 3: 417–457

Singer P. Praktische Ethik [Practical Ethics]. Stuttgart: Reclam; 1994 [1979]

Witt K, Kuhn J, Timmermann L et al. Deep Brain Stimulation and the Search for Identity. Neuroethics 2013; 6: 499–511

Internet-Links

Akademie für Ethik in der Medizin:
www.aem-online.de (Stand: 28.05.2015)

Arbeitspapier zum Verhältnis von Patientenverfügung und Organspendeerklärung:
www.aerzteblatt.de (Stand: 28.05.2015)

Arzneimittelgesetz:
www.gesetze-im-internet.de (Stand: 28.05.2015)

Bioethikkonvention des Europarates:
http://conventions.coe.int/Treaty/EN/Treaties/Html/164.htm (Stand: 28.05.2015)

Deklaration von Helsinki:
www.wma.net/en/30publications/10policies/b3/index.html (Stand: 28.05.2015)

Deklaration von Helsinki in der deutschen Übersetzung:
www.bundesaerztekammer.de (Stand: 28.05.2015)

Deutscher Ethikrat: Stellungnahme zu Hirntod und Entscheidung zur Organspende
www.ethikrat.org (Stand: 28.05.2015)

Drittes Gesetz zur Änderung des Betreuungsrechts („Patientenverfügungsgesetz"):
www.bmjv.de (Stand: 28.05.2015)

Gendiagnostikgesetz:
www.gesetze-im-internet.de (Stand: 28.05.2015)

Gesetz zur Verhütung erbkranken Nachwuchses:
www.1000dokumente.de (Stand: 28.05.2015)

International Society for Neuroethics:
www.neuroethicssociety.org (Stand: 28.05.2015)

Internationale Datenbank registrierter Studien:
www.clinicaltrials.gov (Stand: 28.05.2015)

Richtlinien der Gendiagnostik-Kommission:
www.rki.de (Stand: 28.05.2015)

Richtlinie zur Feststellung des Hirntodes, Bundesärztekammer:
www.bundesaerztekammer.de (Stand: 28.05.2015)

The President's Council on Bioethics: „Controversies in the Determination of Death":
https://bioethicsarchive.georgetown.edu/pcbe/reports/death/ (Stand: 28.05.2015)

WHO Definition of Palliative Care.:
http://www.who.int (Stand: 28.05.2015)

Zeitschrift „American Journal of Bioethics Neuroscience":
www.ajobneuroscience.com (Stand: 28.05.2015)

Zeitschrift „Neuroethics":
www.springer.com (Stand: 28.05.2015)